Claus Aktoprak

Wie wir an der OSTSEE segeln

millemari.

Dieses Buch widme ich
den Seenotrettern dieser Welt,
die immer und überall für uns da sind.

Claus Aktoprak

Inhalt.

Teil 2: Wie wir auf der Ostsee segeln.

Claus Aktoprak „Warum ich die Ostsee liebe.“

Ich bin gebürtiger Hamburger und damit in meinem Wesen der Elbe und der rauen Nordsee näher als der sanfteren Ostsee. Trotzdem sind meine schönsten Erinnerungen an die Sommer meiner Kindheit und Jugend von der Ostsee geprägt. Von den wenigen Besuchen an der Nordsee blieben nur viel Regen, Watt, flaches Land, Deiche und Schafe in meinem Kopf übrig. Dass die Nordsee viel mehr zu bieten hat als nasses Wetter, kann man in Holger Petersons Liebeserklärung an die Nordsee „Wie wir im Norden segeln" nachlesen. Ich vermute allerdings, dass es schon ein Boot braucht, um dieses oft so graue Meer aus einer anderen Perspektive kennen- und liebenzulernen.

Die Ostsee hingegen war unser Mittelmeer, unsere Karibik, unsere Südsee. Meine Liebe zur Ostsee sieht man bereits auf Fotos mit mir als Zweijährigem an einem Strand in Dänemark. Tatsächlich verbrachten wir – bis auf zwei Ausnahmen in den bayerischen Bergen und am österreichischen Wörthersee – unsere Familienurlaube stets in Dänemark. An wechselnden Orten zwar, aber immer in diesen dänemarktypischen Holzhäusern in

Strandnähe, deren Geruch nach trockenem Holz mir auch heute noch sehnsüchtig in der Nase hängt.

Dänemark lag für mich weit entfernt. Es brauchte oft lange Autostunden und eine Fährüberfahrt, bis ich hineintauchen konnte in eine andere Welt aus Strand, Soft-Eis mit Krokant und viel unbeschwerter Zeit mit unseren Eltern. Unbeschreiblich war daher das Gefühl, als ich das erste Mal auf eigenem Kiel in Dänemark festmachte. Der Sandkasten meiner Kindheit wurde damit zum Abenteuerspielplatz eines Erwachsenen.

Doch der Reihe nach: Meine Eltern waren keine Segler, und so blieben mir nur die Fährüberfahrten als erster Kontakt zur Seefahrt. Ich war allerdings davon so begeistert und spielte die An- und Ablegemanöver im Garten nach, bis meine Mutter vermutete, ich hätte einen „Bändertick“. Er ist wohl auch der Grund dafür, dass mir später Seemannsknoten und Leinenhandling so leicht von der Hand gehen sollten. Den Kinderschuhen entwachsen, folgten mit 15 erste Reisen auf dem Mofa und dem für die 1980er-Jahre typischen Mokick. Mein Ziel war klar. Es blieb immer die Ostsee. Scharbeutz, Kiel, Dänemark erfuhr ich auf zwei Rädern mit dem Zelt im Gepäck und in meiner Erinnerung ist es dabei stets warm und sonnig.

Ich wurde größer. Meine Welt wurde es auch. Mit 16 hob ich den Daumen, war mit einem Freund drei lange Wochen in Frankreich unterwegs und verlor mein Herz dabei endgültig an das Meer. Dieses Mal war es das Mittelmeer. Ich nahm mir damals ganz fest vor, eines Tages am Meer zu leben und dort auch ein Boot zu besitzen. Nach dem Abitur rief die Bundesmarine, ich wehrte mich nur halbherzig und plötzlich brüllte man mich als Neu-Matrosen an. Die schönen Ostseeorte Eckernförde, Flensburg und Gelting waren meine Standorte als Funker – alle jedoch befanden sich an Land. Auf See verbrachte ich während meiner gesamten Wehrpflichtzeit als Matrose leider nur zwei Tage. Von einem Landungsboot aus bargen wir nach einem Gewitter während der „Kieler Woche“ haufenweise havarierte und völlig durchnässte Jollensegler über die heruntergeklappte Luke des Bootes. Dies war mein erster Nahkontakt zum Segelsport, der mich allerdings noch nicht so recht überzeugen wollte, es doch auch einmal selbst zu wagen.

So blieb ich zunächst noch mehr an der Ostsee als auf der Ostsee. Aber das war mir mehr als genug. Ob nun mit Motorroller oder Motorrad – mindestens einmal im Jahr ging es mit einem Freund nach Dänemark, Schweden oder Norwegen. Nach wie vor war ich immer mit Zelt und Schlafsack unterwegs. Als meine Musikerkarriere langsam Fahrt aufnahm, hatte ich als Musiker zahllose Auftritte und spielte in den mondänen Hotels, den Beachclubs, Restaurants, Bars und Campingplätzen entlang der Ostsee. Es gab wohl kaum einen Ort an der schleswig-holsteinischen Ostseeküste, den ich nicht schon vor meinem Einstieg in das Fahrtensegeln kennengelernt hätte. Und das zu allen vier Jahreszeiten, die im Norden jede ihren eigenen Reiz haben. Ich wusste genau, wie es sich anfühlte, voller Sehnsucht hinaus auf das Meer zu schauen, aber noch nicht, wie es sich anfühlte, von einem Boot aus die gleiche Küste zu betrachten. Und genau dieser Blick sollte schließlich alles verändern.

Meine Liebe zum weit entfernten Mittelmeer ist mittlerweile ebenso groß geworden wie die zur nahen Ostsee. In unserer Ferienwohnung in der Türkei (Jugendwunsch 1 – abgehakt) mit Blick auf das sonnenglitzernde Wasser der Ägäis und die vielen Charterschiffe darauf, kam ich endlich auf die Idee, selbst zur See zu fahren. Von dieser Idee bis zu ihrer Umsetzung verging nur knapp ein Jahr und ich besaß mein erstes eigenes Boot (Jugendwunsch 2 – abgehakt). Damit zog ich ein Jahr später von der Elbe auf die Ostsee um.

Als sich nach der grauen und eintönigen Fahrt durch die Elbe und den Nord-Ostsee-Kanal das Schleusentor zur Ostsee öffnete, befand ich mich in einer anderen Welt. War es Zufall, dass plötzlich die Sonne schien? Die Förde so tiefblau strahlte? Weiße Wölkchen am Himmel ostwärts zogen? Ich werde diesen Moment jedenfalls nie vergessen. Ich zog das Ölzeug aus und war in meinem Traumrevier angekommen.

Und was gibt es dort alles zu entdecken! Meine Sehnsucht nach der See hatte mich schon so einige Male auf die Fähre von der schleswig-holsteinischen Insel Fehmarn hinüber ins dänische Rødby gezogen. Zweimal 45 Minuten hin und zurück ohne Aussteigen. Für 10 Euro – das ist Seefahrt kompakt. Es war genug, um meine Träume wachsen zu lassen. Diese Strecke irgendwann mit dem eigenen Boot zu schippern und parallel zu den Fähren hinein in den Hafen von Rødby zu segeln, das ist dann noch einmal etwas ganz anderes. Es fühlt sich an wie die Erfüllung eines fast vergessenen Jugendtraums.

Zunächst war mein Revier in und um die Kieler Förde herum jedoch noch recht begrenzt. Erst langsam traute ich mich Meile für Meile und Hafen um Hafen weiter hinaus. Die Eckernförder Bucht, die Schlei, die Flensburger Förde, die Lübecker Bucht ... Alle Reviere wollten Stück für Stück erkundet werden. Ich kannte die Orte und Städte ja bereits, lernte sie aber nun ganz neu kennen. Wenn man von See kommt und über Nacht im Hafen einer Stadt liegt, erlebt man diese ja ganz anders, als wenn man nur sein Auto auf dem Großparkplatz für einen kurzen Tagestrip abstellt. In einem Hafen wird man ein wenig vom Tagestouristen zum Einwohner. Das verändert alles.

Mit der um 5 Fuß größeren und 2 Tonnen schwereren LA MER, die mein erstes Boot nach zwei Jahren ersetzte, rückten dann urplötzlich die Ziele der gesamten Ostsee in ersegelbare

Entfernung. Ich hatte mein perfektes Boot für die Ostsee gefunden und machte mich direkt auf den Weg.

Ob „Dänische Südsee", „Rund Als", die Küsten Mecklenburg-Vorpommerns oder Rügens – überall gibt es unbekannte Häfen und Ansteuerungen und dieses „Hafensammeln" wurde mein neues Hobby. Das Segeln ist die konsequente Weiterführung meiner bisherigen Art zu reisen. Meiner Neugier auf Unentdecktes. Meiner Suche nach dem Gras, das auf der anderen Seite immer grüner sein soll. Die zwei Räder wurden eingetauscht gegen einen Kiel, das Zelt gegen Vorschiffskabine und Salon. Ich habe es beim Reisen nie eilig und bin daher auch kein Regattasegler.

So sehr ich auch jede Fahrt unter Segeln genieße, bleibt ein Törn ohne Ziel für mich doch ein wenig sinnlos. Zwei bis drei Nächte unterwegs sollten es schon sein, bevor ich Lust habe, überhaupt den Heimathafen zu verlassen. Ich segelte viel und schneller, als mir eigentlich lieb war, und auf diese Weise wurde so auch die Ostsee bald kleiner und meine noch unbekannten Ziele lagen in weiterer Ferne.

2014 ging es daher nach Schweden, auf die Åland-Inseln und durch den verträumten Götakanal zurück quer durch den schwedischen Sommer. Ein Einhand-Törn über 1.900 Seemeilen und 100 Ostseehäfen in sechs langen Monaten. Aus diesem lebensverändernden Törn entstand mein Buch „SchärenSegeln", der Film und das Album „Zeitmillionär" sowie das Lehrvideo für Einhandsegler „Allein an Bord". Nun hatte mich die Ostsee in ihrer endlosen Vielfalt wohl endgültig gepackt und ich wollte sie nicht nur selbst erleben, sondern auch anderen von ihr erzählen.

Ich kenne bisher weltweit kein anderes Segelrevier, das einem auf so kleinem Raum so viel zu bieten hat. Entweder sind anderswo die Distanzen größer, die Tidenhübe stärker, die Häfen voller, teurer oder schlicht nicht existent. Oder es gibt Bojenfelder, an denen man vorab reservieren muss, behördliche Willkür oder die Gefahr eines Hurrikans.

Keine dergleiche Unbill erwartet einen in der Ostsee. Der nächste Hafen liegt höchstens ein paar Stunden entfernt, ein grünes Schild markiert freie Liegeplätze und die Hafengebühren sind moderat. Oder man wirft seinen Anker einfach in einer Bucht oder macht an einer Schäre fest. Mit ein bisschen Glück (oder wenn man sich in der Vor- bzw. Nachsaison aufmacht) ist man mutterseelenallein und glücklich sowieso. Das Wetter ist moderat, die Wetterberichte zuverlässig und (ich sagte es ja bereits) der nächste schützende Hafen bei Starkwind oder Sturm immer in Reichweite.

Und so wagte ich mich 2018 erneut auf einen langen Törn und erkundete dieses Mal nicht nur die Geografie Skandinaviens, sondern auch dessen Geschichte auf der „Route der Wikinger", der ältesten Wegbeschreibung für die Ostsee. Dieser Törn sollte mich über 2.000 Seemeilen aus der Schlei über Schweden und Finnland bis nach Tallinn und über Estland, Lettland und Gotland zurückführen.

Von allen diesen Törns – den kurzen wie den langen – möchte ich euch (unter Seglern duzt man sich an der Ostsee) berichten und davon erzählen, wie wir auf der Ostsee segeln. Ich möchte euch die Schönheiten dieses Reviers zeigen, von meinen liebsten Häfen berichten, auf Gefahren und Besonderheiten hinweisen und euch vor allem Lust darauf machen, die von mir beschriebenen Törns so oder in abgewandelter Form selbst nachzusegeln.

Man braucht auf der Ostsee kein hochseetüchtiges Boot, um viel zu erleben. Denn ob ganz in der Nähe auf der Schlei oder in weiter Ferne in Estland, überall gibt es lohnende Ziele und trotz meinen mittlerweile fast 10.000 Seemeilen, die ich in zehn Jahren auf der Ostsee gesammelt habe, entdecke ich immer noch auf jedem Törn neue Attraktionen und wundervolle Menschen. Wie etwa gerade gestern auf der Schlei in Sieseby, einem Ort, den ich erst bei der Recherche zu diesem Buch das erste Mal besucht habe. Er ist absolut sehenswert und die nette Dame des örtlichen Segelvereins bot mir auf der Suche nach einem Ankerplatz spontan an, doch lieber eine ihrer Bojen zu nutzen. „Der kommt erst Pfingsten wieder!“, rief sie kurz herüber und bewies einmal mehr, dass an der Ostsee Nettigkeit, Hilfsbereitschaft und Gastfreundschaft großgeschrieben werden – in Skandinavien sowieso, was neben der oft atemberaubenden Natur auch einen großen Reiz dieses Segelreviers ausmacht.

Ein herzliches Dankeschön möchte ich am Schluss sagen: an meine Gastautorinnen und -Autoren Anja Rathmer, Beate Warnecke, Vincent Regenhardt, Markus Howest und Ümit Uzun, die mit ihren Geschichten über ihre Lieblingsreviere dieses Buch über die Ostsee erst komplett machen. Sowie an Sebastian Wache, dessen Wetterkenntnisse nicht nur diesem Buch zugute kommen, sondern der auch das Wetterrouting für meinen neuen Abenteuertörn „Islands & Highlands“ macht, zu dem ich nach den letzten Arbeiten am Text aufbreche.

Ich wünsche euch nun viel Spaß beim Lesen und Pläneschmieden. Und ich hoffe, auf den folgenden Seiten genug Anreize und Hilfestellungen zu geben, um eure Pläne bald auch einmal Realität werden zu lassen.

Dabei wünsche ich euch immer eine Handbreit Wasser unter eurem Kiel.

Claus Aktoprak

Teil 1

Wo wir an der Ostsee segeln.

Der Begriff „Südsee“ war schuld, dass ich drei Jahre lang davon geträumt habe, dieses Revier zu besegeln. Meine Erwartungen wurden nicht enttäuscht.

Südseeträume in der Dänischen Südsee.

Die Dänische Südsee (dänische Seemannssprache: „dansk Sydhav“ – „dänisches Südmeer“) meint laut Definition das Segelrevier südlich des Großen und Kleinen Belts. Neben der großen Insel Fünen liegen die Inseln Als, Langeland, Ærø, Lolland, Falster, Møn und viele weitere.

In Dänemark nennt man diese Region „Sydfynske Øhav“ (zu deutsch: „Südfünisches Inselmeer“). Damit ist die Inselwelt südlich Fünen mit ihren mehr als 55 Inseln, kleinen Eilanden und Holmen gemeint. Der Begriff ist nicht identisch mit der deutschen Bezeichnung „Dänische Südsee“. Meine Definition der dänischen Südsee deckt sich ganz mit der dänischen.

Denn nur in den im Schutze des Südens von Fünen und des Nordens von Ærø gelegenen, relativ flachen Gewässern, stimmen Fantasie und Realität des Begriffs „Südsee“ überein. Der Wind kann schon einmal sehr kräftig durchpfeifen, aber hat einfach nicht genug Raum, um große Wellen aufzubauen. Und das klare Wasser, welches an sonnigen und windstillen Tagen türkis über den weißsandigen Ufern von Ærø, Drejø, Lyø oder Birkholm leuchtet, hat das Prädikat „Südsee“ verdient. Von Deutschland kommend, läuft man entweder über Marstal im Osten Ærøs in das Segelrevier ein oder rundet dessen Nordwestkap am Leuchtturm Skjoldnæs Fyr und segelt dabei an einem der schönsten Leuchttürme Dänemarks vorbei.

Unterwegs in die Südsee

Im Corona-Spätsommer 2020 breche ich mit LA MER von Maasholm in der Schleimündung zu einem mehrtägigen Törn in die Südsee auf. Von dort sind es mit knapp über 20 Seemeilen nur ein paar Segelstunden zu beiden Ansteuerungen. Das letzte der vier Folkeboote der Charterflotte meines Freundes Mike ist mittags in Maasholm gerade hinter der Hafenecke verschwunden und wir haben nun beide einige Tage frei. Spontan beschließen wir, gemeinsam in die Südsee aufzubrechen, das tolle Wetter zu genießen und dort vor Anker zu grillen. Schnell machen wir unsere Boote klar und dümpeln bei sehr wenig Wind in Richtung Schleimünde, um auf die offene Ostsee zu gelangen. Schnell wird es mir zu langsam – vor allem, als Mike mich mitleidig lächelnd überholt – und ich setze mein Parasail. Er hat noch kein Leichtwindsegel an Bord seines 4 Fuß längeren Neukaufs, sodass ich mir Vorteile erhoffe.

Am Ende laufen wir aber doch mehr oder weniger gleichzeitig um die rot-weiße Ansteuerungstonne des Fahrwassers nach Marstal im Osten der Insel Ærø. Segel runter, Motor an und den Tonnenpärchen in den Hafen folgen, die ein wenig wie Spülbürsten für Gläser in der Gastronomie aussehen, denn diese Tonnen sehen mehr wie schmale Stiele mit einer Bürste als Toppzeichen aus. Über Funk verabreden wir uns, in Marstal kurz festzumachen und für unseren Grillabend einzukaufen.

Marstal ist ein ganz netter Ort, kann für mich aber nicht mit anderen Städten in der Südsee konkurrieren. Der Hafen ist mir stets noch etwas zu deutsch. Wenn ich schon einmal im Ausland bin, dann auch gerne unter Einheimischen. Hier in Dänemark und international. Mike geht an der Kaimauer längsseits und ich gehe ins Päckchen. Ein kurzer Fußweg bringt uns zum „SuperBrugsen“ und wir füllen unsere Rucksäcke mit Proviant. 30 Minuten später lassen wir die Fähre in der Hafeneinfahrt noch passieren und laufen dann wieder in das betonnte Fahrwasser ein. Segel hoch, Motor aus und mit leichtem achterlichen Wind krebsen wir mit etwa 2 Knoten die letzten 6 Seemeilen bis zu unserem Ankerplatz.

Das Wartehäuschen in Strynø

Es geht vorbei an der Insel Strynø, die ich in guter Erinnerung habe. Es gibt dort neben dem Fährhafen einen kleinen, aber recht unattraktiven Yachthafen. Und – typisch für Dänemark – ein aus rotem Holz zusammengezimmertes Wartehäuschen, in dem man einige Bücher und Zeitschriften findet und das bei schlechtem Wetter den wartenden Fahrgästen Schutz bietet. Einen kurzen Fußmarsch weiter kommt man in ein kleines Dorf. Vor einigen Jahren habe ich dort mit einem Freund in einer Art Restaurant an einem kalten Herbstabend und nach langen Segelstunden einen lebensrettenden Teller dänische Hausmannskost – bestehend aus Frikadelle, Kartoffeln und Gemüse in einer dicken weißen Soße – direkt vom heimischen Herd bekommen. Dazu ein paar Bier und schon waren wir glückliche Seemänner.

Grillen auf der Insel Langeland

Doch wir wollen heute ja ankern. Im Hafen ist mein Bordgrill an der Reling keine Option, so fahren wir ein kleines Stückchen weiter in die Ankerbucht Lindelse Nor im Westen der Insel Langeland. Ein wenig Obacht bei der Einfahrt ist angebracht, dann erreichen wir am Scheitel der Bucht ein gut geschütztes Eckchen. Ich lasse den Anker fallen und fahre ihn rückwärts ein. Ich glaube, er hält nicht richtig, und gebe einfach noch mehr Kette. Egal, bei dem nicht vorhandenen Wind wird das schon reichen und mein Magen knurrt vernehmlich. Also wird der Grill hochgeklappt und angeheizt. Seit neun Jahren leistet er mir jetzt treue Dienste und sieht auch schon sehr mitgenommen aus, aber das Gesundheitsamt wird schon nicht vorbeikommen.

Dafür aber Mike auf seinem SUP – einem aufblasbaren Stand Up-Paddling Board – samt Vorräten. Es wird ein wunderbarer, langer Abend voller Geschichten, Pläne und neuer Ideen. Natürlich muss diese Idylle von Rasmus beendet werden, der jetzt seine Winde um 180 Grad gedreht böig aus Ost einfallen lässt. Mir fällt der slippende Anker wieder ein: Ich gehe Anker auf. Dieser sieht aus wie ein großer Klumpen Seegras. Dann verhole ich kurzerhand an eine ausliegende Tonne. Zu so später Stunde wird sicher niemand mehr kommen. Ruhe im Schiff. Licht aus.

Der nächste Morgen bringt zwar Sonnenschein, aber ungünstigen Nordostwind. Ich will unbedingt nach Svendborg, meiner Lieblingsstadt im Süden Dänemarks, muss also aufkreuzen. Mike hat andere Pläne und vor allem ein paar Tage weniger Zeit als ich, deshalb trennen sich unsere Wege. Aus dem Langelandsbelt kommt bei der Windrichtung nun auch noch Schwell.

Ich kreuze auf, was das Zeug hält, und immer so weit, bis der Alarm des Echolots bei 2 Meter Wassertiefe mich wieder in die nächste Wende zwingt. Fürs Aufkreuzen würde das betonnte Fahrwasser allein nicht ausreichen. Irgendwann aber gebe ich entnervt auf, starte den Diesel und lasse die, wie ich finde, etwas vollgestopfte Stadt Rudkøbing an Steuerbord liegen. Unter der Brücke hindurch motore ich immer weiter durch das Fahrwasser, bis ich an der rot-weißen Tonne endlich wieder Segel setzen kann. Es ist bullenheiß und für Svendborg fehlt mir die Energie.

Lakritzeis in Troense

Der Törnführer von Jan Werner empfiehlt mir den kleinen Hafen von Troense in der Ansteuerung von Svendborg. Perfekt. Ich finde einen Liegeplatz und springe vom Steg ins Wasser. Im Ort hole ich mir ein Lakritzeis und warte erfrischt die größte Mittagshitze ab. Einige Kopfsprünge später, laufe ich zu Fuß zu König Waldemars Schloß, eine der Sehenswürdigkeiten in Troense.

Es ist so heiß, dass der Asphalt an meinen Schuhen klebt. Noch mehr Südsee brauche ich nicht. Ich hole mein zusammengelegtes Gumotex Kajak aus der Backskiste, pumpe es auf und verbringe den Abend paddelnd und ganz entspannt in der Vorfreude auf Svendborg.

Svendborg ist am darauffolgenden Morgen nur ein kleiner Hüpfer und ich mache an einer Heckboje etwas abseits des Trubels fest. Heckbojen sind sowieso meine Lieblingsanleger. Ich stecke meinen großen Edelstahl-Bojenhaken mit einem Palstek an eine Heckleine und dann durch das Auge der Heckboje, lasse mich nach vorne treiben und mache die Bugleinen am Steg fest – fertig. Ich lag 2014 für vier Tage in Svendborg eingeweht und habe die Stadt dabei kennen und lieben gelernt. Der Hafen ist schön gebaut, nachts traumhaft beleuchtet, die Fischbude direkt am Hafen ist legendär und die Stadt bietet wirklich alles, was das Herz begehrt. Man muss ein wenig herumstreifen, um alle Ecken dieser recht großen Stadt zu entdecken, doch es lohnt sich. Ich kann nicht alle Highlights aufzählen, daher sucht einfach unter dem Link www.Visitsvendborg.de nach dem Stichwort „Bummeln durch Svendborg". Oder scannt einfach den QR-Code oben ein und sucht nach den entsprechendem Stichwort.

Ich liebe es, morgens den Cafés und Bäckereien eines neuen Hafens einen Besuch abzustatten. Es sind diese kleinem Entdeckungen, die den Morgen verschönern. Abends geht es ins „Kammerateriet", im Sommer eine Mischung aus Beach-Club, Bar und Live-Bühnen in einer alten Schiffswerft zwischen dem Yachthafen und einem Museumshafen. Unter diesem Stichwort oder über den QR-Code unten auf der Seite findet ihr den Club auf www.Visitsvendborg.de.

Ich bleibe zwei Tage und brauche nach all dem (leider durch Corona stark gedämpften) Trubel etwas Ruhe. In Dänemark scheint 2020 die Pandemie vergessen, die Leute tragen keine Masken, die Gastronomie ist proppevoll. Nach all den Monaten der Vorsicht ist mir das Abstandhalten zur zweiten Natur geworden. Trotzdem fühle ich mich unter all der Ferienfreude etwas kauzig.

Also doch lieber Einsamkeit. Ich suche und werde sie auf Birkholm, meiner Lieblingsinsel des Archipels, finden.

Ich verlasse Svendborg, fahre unter der Brücke hindurch und biege nach Backbord ab in das betonnte Fahrwasser Højestene Løb. Ich passiere die Inseln Skarø, Drejø und Hjortø, die alle einen Besuch wert sind – vor Hjortø ist die Wassertiefe allerdings sehr gering! – und laufe anschließend in das betonnte Fahrwasser nach Birkholm (und weiter nach Marstal) ein. Wenig später biege ich im rechten Winkel zur Einfahrt in den Hafen von Birkholm ab. Man muss wirklich penibel den Baken folgen, um nicht aufzulaufen.

Birkholm – 28 Fuß haben immer Platz

Im Hafen von Birkholm haben nur sehr wenige Boote Platz und bei diesen Temperaturen ist er natürlich voll. ‚Obwohl', denke ich, ‚ganz vorne am Fähranleger festmachen und dann per Hand verholen, könnte doch gehen.' Ich könnte meinen Bugkorb vorne noch neben den Bugkorb einer großen Ketsch quetschen, gut abfendern und festmachen. Passt. 28 Fuß sind eben nur 28 Fuß und haben immer irgendwo noch Platz.

Von den vielen bewohnten Inseln ist Birkholm die wohl unberührteste. Am 1. Januar 2017 gab es hier genau neun Einwohner und diese treffen sich allabendlich am Hafen auf ein Bier. Es gibt außerdem ein paar Ferienhäuser und einen Fischersteg am anderen Ende der Insel. Das war's aber dann schon. Die Fahrräder am Hafen kann man sich einfach nehmen und damit das Inselchen erkunden. Bezahlt wird in einer kleinen Holzhütte und per Umschlag und das Wechselgeld liegt einfach so herum. Alles Vertrauenssache. Irgendwo soll es sogar eine Dusche geben, doch mir reicht die kristallklare Ostsee und der kleine Strand neben dem Hafen vollkommen. Birkholm ist wirklich einzigartig, nur einen Liegeplatz muss man finden. Der Abend geht mit einem vollauf kitschigen Sonnenuntergang in sommerwarmer Nacht irgendwann zu Ende und ich klettere glücklich in meine Koje.

Beim Bäcker in Ærøskøbing

Wenn ich einhand unterwegs bin, lasse ich das Frühstück gern mal ausfallen und breche lieber als Erster aus dem Hafen auf. Ich will das kurze Stück hinüber nach Ærøskøbing zum Bäcker segeln. Diese Stadt wird als Märchenstadt bezeichnet und das trifft es ganz gut, denn Ærøskøbing ist die besterhaltene mittelalterliche Stadt in Dänemark und gilt dazu noch als eine der schönsten Kleinstädte. Ich würde sagen, sie ist somit für mein Frühstück mehr als geeignet.

Es sind zwar nur ein paar Meilen, auf denen man sich aber – wie überall in den flachen Gewässern – genau an die Betonnung halten sollte. Einmal in Sichtweite, stellt sich die Frage: Gewerbehafen oder Yachthafen? Diese Frage stelle ich mir jedes Mal. Ich mag das Liegen an der Kaimauer im Gewerbehafen lieber, aber er ist übervoll. Der Yachthafen ist aber auch in Ordnung und bietet genügend Liegeplätze. 13.000 Segler legen jedes Jahr in diesem Hafen an.

Die Stadt wurde im frühen Mittelalter gegründet und hat vor nicht allzu langer Zeit ihr 750-jähriges Bestehen gefeiert. Das Kopfsteinpflaster der kleinen, gewundenen Straßen soll genauso alt sein. Viele der gut erhaltenen Häuser mit vielen liebevollen Details stehen unter Denkmalschutz. Die dänischen Spezialitäten Tebirkes (mit Mohn bestreute Blätterteigtaschen mit einer Innenfüllung aus Sirup oder Marzipan) oder das Wienerbrød (Teigschnecken mit Zimt- oder Vanillecremefüllung) zum Kaffee schmecken ganz hervorragend.

Auf der Insel Avernakø

Als ich mich sattgegessen und -gesehen habe, kaufe ich mir neues Grillgut und fahre weiter in Richtung der Insel Avernakø. In der Dänischen Südsee liegt alles angenehm dicht beieinander und schon nach zwei Stunden sonnigem Leichtwindsegeln komme ich an. Avernakø besteht eigentlich aus zwei Inseln, die durch einen Damm verbunden wurden. Es gibt zwei Marinas, doch ich will in die idyllische Ankerbucht Revkrogen ganz im Osten des Inselteils Korshavn.

Dort gibt es einen kleinen, aber privaten Hafen, der zum sogenannten „Mærsk-Møller"-Haus gehört. Anfang des 20. Jahrhunderts als Sommerhotel erbaut, wird das Haus heute von der bekannten Reedereifamilie gleichen Namens als Sommerhaus genutzt.

Diese Bucht ist ein Traum, in dem man gern verweilt. Zudem liegt man in der bis zum Strand hin recht tiefen Bucht gut vor südlichen, westlichen und nordwestlichen Winden geschützt. Trotzdem werde ich von meinem in die Ankerkette ruckenden und stampfenden Boot um 03:15 Uhr unsanft aus dem Schlaf gerissen. Grund ist der Nordwind, dessen Schwell gerade so um das Kap herumkommt. Der Wetterbericht verspricht noch mehr davon, also gehe ich kurzerhand nur unter Fock Anker auf und fahre die 4 Seemeilen vor dem Wind südwestwärts bis in den schützenden Hafen von Søby. Hier werde ich voraussichtlich etwas mehr Schlaf finden als auf Legerwall zur Steinmole in der unruhigen Ankerbucht.

Søby – und gute Nacht!

Um 04:30 Uhr liege ich in Søbys geräumigem Yachthafen in einer Box und falle beruhigt in einen tiefen Schlaf. Dieser wird allerdings unsanft von dem hier werkelnden, deutsch-dänisch lispelnden Hafenmeister gestört, dessen Hauptaufgabe neben dem Kassieren der Gebühr das Entertainen der Gäste zu sein scheint. Die meisten mögen es. Ich um diese frühe Uhrzeit eher weniger. Er ist feinfühlig genug, schnell Geld gegen Bändchen und Quittung zu wechseln, und sucht sich andere, willigere Opfer.

Søby ist schlicht unspektakulär: Fähre, Yachthafen, Supermarkt, Fischbude: fertig. Fähre? Mir kommt eine Idee ... Ich checke die Abfahrtszeiten von Fynshavn auf dem dänischen Festland und rufe meine Frau Merih an. „Hast du Lust auf zwei Nächte Dänische Südsee?“ Wer kann dazu schon Nein sagen? Ich schwärme vom Wetter und den schönen Städten Faaborg und Svendborg. Mit einer einsamen Insel wie Birkholm muss ich ihr gar nicht erst kommen. Doch der Begriff Dänische Südsee wirkt wie immer Wunder. Drei Stunden später steigt sie in Fynshavn auf die Elektrofähre.

Ich mache das Boot schon einmal seeklar, besorge etwas Essbares für die Überfahrt – ganz wichtig für die Stimmung an Bord – und empfange sie strahlend am Hafen.

Der Wind hat weiter auf Nordost 4 bis 5 Windstärken gedreht. Wir können hart am Wind einen Anleger fahren. Es sind 9 Seemeilen, ein klein wenig kreuzen muss ich auch noch, aber es baut sich zumindest keine Welle auf, die uns ausbremsen könnte, und so halten wir unser zügiges Tempo. Den vielen Fähren geht man einfach deutlich erkennbar aus dem Weg, dann tun sie es auch.

Kurz vor Faaborg lasse ich die Insel Bjørnø an Steuerbord liegen. Es ist jetzt nicht die Zeit und das Wetter für einen Besuch. Ich kann diese Insel aber jedem wärmstens ans Herz legen. Es gibt bloß einen winzigen Anleger, an dem regelmäßig eine Fähre festmacht. Man muss sich schon Mühe geben, unterzukommen. Möglich wird es aber durch ein paar Pfähle, die zuerst wie eine zum Hafen gehörige Absperrung wirken.

Sie sind eigentlich dazu gedacht, eine Heckleine aufzunehmen und vorne mit dem Bug anzulegen. So bekommt man schon ein paar Boote mehr nebeneinander platziert. Es ist ein wirklich schöner Fleck, egal ob man am Strand oder an einer Steilküste entlangläuft: Die Insel bietet zahllose schöne Ecken und Fotomotive. Über dem Hafen gibt es zwei kleine, sehr lauschige Cafés mit Panoramablick auf Fünen und Faaborg.

Faaborg – die gelbe Stadt

Dort laufen wir auch bei mittlerweile Ost 6 und mit viel Seitenwind in den vorderen Hafen ein und zwängen uns zwischen zwei große Motorboote. Diese bieten guten Windschutz und bei Wind bleibt meist das Cockpit leer – oder wie heißt es korrekt bei Motorbooten? Achterdeck? Wir jedenfalls hatten genug Wind für heute und erkunden lieber diese alte, wunderschöne und in den engen Gassen windstille Kleinstadt. Die Farbe Gelb dominiert die gesamte Altstadt von Faaborg mit ihrem freistehenden Glockenturm. Es gibt neben zahlreichen Geschäften, Cafés und Restaurants auch ein einladendes Museum, in das ich es aber noch nicht geschafft habe.

Der Name „Foburgh“ wurde im sogenannten „Erdbuch“ von König Waldemar im 13. Jahrhundert erwähnt – dem gleichen Buch, in dem ich die Segelroute durch die Schären entdeckte, die ich für die Trilogie „Die Route der Wikinger“ nachgesegelt bin. Ich bin sehr gerne in Faaborg und bestelle mir morgens in der „SOZE Kaffebar & Risteri“ den in eigener Rösterei hergestellten Kaffee bei leisem Jazz mit Blick auf den Hafen. Beliebt und einen Besuch wert sind gleichermaßen das toll gelegene „Spisehuset“ mit Blick auf den Hafen sowie das Restaurant „Kompasset-Faaborg“ im ersten Stock des weiter westlich liegenden Yachthafens auf einer Terrasse mit nicht minder schönem Ausblick. Auf dieser beenden wir auch unseren ersten Abend in Faaborg und machen mit Blick auf den Sonnuntergang Pläne für den nächsten Tag.

Aufgrund des starken Windes fahren wir am nächsten Morgen mit dem Bus nach Svendborg, das ich Merih unbedingt zeigen möchte. Fahrscheine gibt es in Dänemark offenbar nicht mehr, wir müssen uns eine App installieren, um im Bus mitgenommen zu werden. Das funktioniert allerdings immerhin problemlos. Wir genießen das Leben in Svendborg und kommen erst am späten Abend zurück. Nach zwei Nächten an Bord heißt es nun Abschied nehmen und ich bringe Merih zum Taxi. Denn es gibt merkwürdigerweise keinen Bus zur Fährstation hinüber nach Fynshavn und auch ein Taxi bekommen wir nur unter Mühen und mit der Hilfe einiger Einheimischer.

Im Einhandblues

Und dann sitze ich wieder in meinem Jazzcafé und habe den Einhandblues – wie immer, wenn jemand von Bord geht und ich allein zurückbleibe.

Der Wind kommt immer noch aus Ost und ballert ganz schön, ich mag allein nun aber auch nicht mehr bleiben. Am Telefon berichtet Merih live von der Fähre von anderen Booten im Kleinen Belt. „Was die können, kann ich auch“, denke ich mir und mache das Boot seeklar, binde das zweite Reff ein und ab geht der wilde Ritt südwärts in den Kleinen Belt. Ich rausche mit viel Krängung vorbei an der Insel Lyø, die allemal einen Besuch und den Weg bis zum Dorf wert ist. Sie scheint direkt aus dem Auenland aus „Der Herr der Ringe“ zu stammen und könnte mit ihren schmalen Wegen zwischen schönen alten

Fachwerkhäusern und fünf Dorfteichen kaum idyllischer sein. Aber schnell bin ich bei dem Wind vorbei an Lyø und befinde mich auch bald am Nordwestkap von Ærø.

‚Bye bye, Dänische Südsee, ich komme wieder!' In der Dunkelheit suche ich sehr viel später mithilfe einer Taschenlampe nach den unbeleuchteten, doch reflektierenden Fahrwassertonnenpärchen der Schlei und mache irgendwann müde, aber sehr glücklich, in Maasholm fest. Die Dänische Südsee? Sie ist kein leeres Versprechen!

Zwischen Fehmarn und Warnemünde liegt die edle Ecke der Ostsee. Der Dreiklang aus Sandstränden, Strandkörben und Strandpromenaden prägt das Bild. Selbst Hotels und Boote scheinen ein bisschen größer und luxuriöser als anderswo.

Die Lübecker Bucht – ein Törn wie eine Playlist.

Heiligenhafen ist das Zentrum des Yachtcharters auf der Ostsee. Und das nicht ohne Grund, denn von dort aus kann man bei jeder Windrichtung lossegeln. Bei allen Winden – außer aus nördlichen Richtungen – ist Dänemark als Törnziel nie weit entfernt.

Alle in diesem Buch beschriebenen Törns dorthin lassen sich auch von Heiligenhafen aus fahren. Der Weg nach Marstal oder auch nach Mommark ist dann zwar etwas weiter, man kann aber sehr gut in Bagenkop Zwischenstation machen und von dort aus das Revier erkunden. Es gibt Fürsprecher für Bagenkop, ich allerdings segle meist weiter. Der Hafen sieht nett aus, ist sicher, meist gut anzulaufen und bietet auch ein paar Versorgungsmöglichkeiten im Ort. Aber sein Charme ist geringer als der der meisten übrigen dänischen Häfen. Außerdem ist er oft recht voll. Irgendwo findet sich dann doch noch ein Plätzchen; oder man ankert alternativ – außer bei West und Südwest – ganz gut auf 4 Meter Tiefe in der Bucht vor Bagenkop.

Auch um die Lübecker Bucht zu erkunden, ist Heiligenhafen eine gute Wahl. Den nachfolgenden Törnvorschlag bin ich selbst noch nicht in einem Stück abgesegelt, aber doch in zwei Teilschlägen, von denen ich erzählen möchte.

Ich beginne mit meiner Ostsee-Hafentournee 2017. Ihm liegt die Idee zugrunde, mein Album „Zeitmillionär" in möglichst vielen Häfen entlang der Ostseeküste mit meiner Band live vorzustellen. Ich will dabei die einzelnen Häfen mit dem Boot ansteuern, während Steffi und Andi von meiner Plattenfirma mich mit ihrem Segelboot abschnittsweise begleiten werden. Zu diesem Zeitpunkt habe ich meinen Sommerliegeplatz noch in der Marina Minde in der Flensburger Förde – ein Hafen auf der dänischen Seite der Förde, der mich mit einem günstigen Einsteigerrabatt angelockt hat. Die Marina liegt gut geschützt zwischen Innen- und Außenförde und ist ein uriger Naturhafen, der außer einem Restaurant und im Sommer einem Eis- und Hotdog-Stand an Einrichtungen nicht allzu viel zu bieten hat. Dafür aber lockt er mit schönster Natur zum Erwandern in beiden Richtungen vom Hafen aus. Auch Sønderborg ist nicht weit. Ich hatte hier drei Jahre lang meinen Liegeplatz, bis ich in die für mich leichter erreichbare Schlei umzog.

„The Sailing Bassman"-Tour

In Minde heißt es „Leinen los" und nach Zwischenstationen für Auftritte in Damp (im Hafen Café) und in Eckernförde (im Spieker) sind wir nun in Laboe angekommen für ein großes OpenAir-Konzert in der Baltic Bay Marina. Zweit Tage später sollen wir dann schon in Travemünde sein, was für uns bedeutet, noch heute Abend nach dem Konzert die Leinen loszuwerfen, um in Heiligenhafen Zwischenstation zu machen. Doch es kommt, wie es kommen muss: Das Konzert ist ein voller Erfolg, viel zu schnell vorbei und wir gehen zweimal in die Verlängerung. Aus künstlerischer und finanzieller Sicht ist das natürlich wunderschön, nur mit dem langen Nachttörn in Aussicht bedeutet es doch ein etwas getrübtes Vergnügen. Bis alles verpackt und verladen ist und wir segelfertig sind, ist es längst dunkel geworden. Merih, meine Frau – mit ihrem Händchen für die schlechten Törns –, begleitet mich und wir nehmen mit beiden Booten Kurs hinaus aus der Förde und Richtung Heiligenhafen. Das Schießgebiet ist um diese Zeit geschlossen, wir müssen nur das Sperrgebiet vor Wendtorf beachten. Wir haben ungemütlichen südlichen Wind mit guten 5 Windstärken und richten uns auf einen langen Törn von fünf bis sechs Stunden für die gut 30, immerhin bequem segelbaren, Seemeilen ein.

Doch plötzlich verschwindet die Buglaterne von Andi achteraus. Über Funk meldet er den Ausfall seiner Elektrik beziehungsweise die Entladung beider Batterien. Er hat die Laternen ausgeschaltet, um Strom zu sparen, damit Funk und vor allem der Start des Diesels später funktionieren. Er ist in der Dunkelheit jetzt nur sehr schwer auszumachen, aber wir geben ihm Geleitschutz und es sind sowieso keine anderen Boote in Sicht. Ich beneide die beiden an Bord jedenfalls nicht. Merih und der Wind gehen bald schlafen und erst mit der Dämmerung erreichen wir todmüde Heiligenhafen. Der Diesel des Boots von Steffi und Andi sprang zum Glück an, sie machen direkt im Werfthafen am Eingang der Halbinsel Graswarder fest, während ich noch das Stück bis in die große Marina motore. Ich lege mich zu Merih und schlafe sofort ein.

Heiligenhafen hat jede Menge Gastronomie, wir sitzen um 11 Uhr beim Bäcker mit einem wunderschönen Blick über den sonnigen Hafen. So sieht die Welt doch gleich ganz anders aus. Wir packen ein paar Brötchen mehr vom Bäcker ein und fahren zur Werft. Batterien und Ladegerät sind neu, Steffi und Andi um einige Euro ärmer, aber allgemein guter Stimmung. Wir machen los, dümpeln unter der Fehmarnsundbrücke hindurch und setzen hinter der rot-weißen Tonne Kurs auf den Leuchtturm Dahme, den es auf dem Weg nach Travemünde zu passieren gilt. Bei einem südlichen Wind der Stärke 3 kneifen wir Höhe. Das geht auf's Tempo und auf die Laune. Nach einigen Kreuzschlägen sind wir dem Leuchtturm immer noch nicht wesentlich nähergekommen. So wird das heute nichts mehr.

Das Funkgerät meldet sich wieder. Die beiden schlagen vor, direkt Boltenhagen anzulaufen, der ihr Heimathafen ist und den Vorteil eines Autos vor Ort hat. Von dort nach Travemünde ist es nicht weit. Und noch viel besser: Die 20 Seemeilen bis nach Boltenhagen können wir hoch am Wind fahren, auch wenn wir vieles in der Lübecker Bucht verpassen.

Rückblende – Mitsegeln auf der Ostsee

Zeitsprung. Es ist das Frühjahr 2009: Ich habe gerade den Sportbootführerschein See gemacht, besitze noch kein eigenes Boot und bin immer auf der Suche nach Törns zum Mitsegeln. Also habe ich mich mit meinem Arbeitskollegen Heiko (damals war ich Freigeist einmal für ein paar Jahre meines Lebens fest angestellt), dem befreundeten Medientechniker Oliver und dessen Freund Ralf verabredet. Ralf besitzt ein Boot, welches er in einem Finanzierungsmodell auch zur Charter anbietet. Heute hat er es quasi bei sich selbst gemietet und wir teilen uns die Kosten für ein verlängertes Wochenende.

Am Donnerstagnachmittag geht es nach Feierabend daher nach Burgtiefe auf Fehmarn. Charakteristisch für diesen Hafen ist der große Rundsteg. Die schnittige EULOGIA liegt etwas weiter innen. An das genaue Schiffsmodell kann ich mich heute nicht mehr erinnern, aber ich denke, sie war um die 36 Fuß groß. Auf dem Weg kaufen wir noch ein und gehen am frühen Abend aufs Boot. Tagsüber ist am nahen Strand immer viel los, doch abends wird es etwas ruhiger. Wir hören jedoch Livemusik in der Nähe und landen im rustikalen „Sailor's Inn" direkt am Hafen. Hier essen wir gemütlich und läuten den Wochenendtörn bestens gelaunt mit ein paar Drinks ein. Sonst sehen wir uns in dieser Konstellation eigentlich immer nur auf der Musikmesse mit wenig Zeit und viel Arbeit und es gibt daher jetzt viel zu erzählen.

Morgens nach dem Frühstück legen wir Kurs an auf den Leuchtturm Dahme mit dem Ziel Lübecker Bucht. Doch unsere gute Laune ist buchstäblich weggeblasen, als stürmische Böen der Stärke 9 durch den Fehmarnsund fegen. Der Himmel wird schwarz, es blitzt und donnert. Hochmotiviert turne ich nach vorne an den Mast, picke mich dort an einem Auge ein und zerre das Segel herunter. Unser Skipper wirkt angesichts dieser unangekündigten Überraschung etwas blass um die Nase und beschließt, unter Maschine in den schützenden See bei Großenbrode einzulaufen. Die Anfahrt ist etwas knifflig, aber bei Westwind frei von Schwell, sodass wir dort schnell etwas Ruhe finden. Leider ist Oliver durch die Schaukelei etwas grün im

Gesicht geworden und beschließt, aufgrund zuvor bereits vorhandener Probleme mit dem Innenohr, abzubrechen. Sehr schade.

Wir machen in der „Yachtwerft Klemens" fest, die auch Gastliegeplätze anbietet und ideal liegt, um Großenbrode mit seinem langen und breiten Sandstrand zu erkunden. Die Schaukelei hat uns hungrig gemacht, wir finden direkt neben der Werft eine sehr gute Currywurstbraterei. Ob das nun an dem Abenteuer lag oder nicht, auf jeden Fall schwärmen wir noch Jahre später von dieser Mahlzeit. Bis Olivers Taxi kommt, üben wir noch etwas, in der engen Boxengasse auf dem Teller zu drehen, dann verabschieden wir uns von Oliver und starten den Diesel.

Der Wind ist nach dem Gewitter vollständig eingeschlafen. Unter Maschine fahren wir an Dahme vorbei und laufen bald im sommerlichen Grömitz ein. Wenn Grömitz einen Geruch hätte, dann wäre dies Sonnencreme. Es mag daran liegen, dass für mich als Hamburger die Strände der Lübecker Bucht schon als Jugendlicher immer am dichtesten waren, der Abschnitt von Travemünde bis Grömitz weckt in mir jedenfalls stets Urlaubsgefühle. Wie oft haben wir gefeiert und in den Strandkörben übernachtet, bis man uns früh morgens verjagte. Wie viele Konzerte habe ich an diesem Ort gespielt! An die Ostsee zu fahren, bedeutet für die meisten Hamburger vor allem diese Region. Die schönen (und deutlich leereren) Strände um Kiel, Eckernförde und Flensburg habe ich erst viel später für mich entdeckt.

Grömitz mit seiner belebten Promenade ist ein echtes Sommerhighlight. Es gibt laue Sommerabende, in denen vor der Promenade unzählige Boote ankern und mit ihren Ankerlichtern Sterne an den Nachthimmel malen, die sich dann im Wasser spiegeln. Urlauber, Musik und die Gerüche der Restaurants und Buden definieren die Atmosphäre des Sommers in der Lübecker Bucht. Im Gegensatz zu vielen dänischen Häfen vermischen sich Segler und „normale“ Urlauber auf der langen und abwechslungsreichen Promenade.

Der Abend wird jedenfalls lang und wir nehmen noch einige Absacker in der „Santé Weinlounge“ direkt am Hafen, bis wir in unseren Kojen an Bord verschwinden. Die Hundekoje im Salon links ist meine. Am nächsten Morgen haben wir es nicht eilig, denn die Köpfe brummen noch ein wenig. Frühstücken kann man auch gut im Hafen und wir lassen uns viel Zeit. Es ist sonnig, warm und der Wind ist lau, aber segelbar. Nach Travemünde sind es nur 11 Seemeilen, wir planen daher einen Zwischenstopp in Niendorf ein.

Bis dahin üben wir abwechselnd die verschiedensten Segelmanöver, denn dazu reicht der Wind gerade noch aus. Es ist schön, ich freue mich über alle Tipps und praktische Erfahrung, die ich bekommen kann. Die Einfahrt nach Niendorf ist, so wie auch der ganze Hafen, eng und schmal. Ich habe noch nie einen Platz bekommen und auch heute werde ich nur kurz abgesetzt, um einige der so leckeren Fischbrötchen zu holen.

Weiter geht es die letzten paar Meilen nach Travemünde. Angesichts des schönen Wetters verlieren wir nun aber alle Übungsambitionen und nehmen gerne eine gemütliche, sonnige Kreuz mit langen Schlägen in Kauf. Die Einfahrt nach Travemünde ist wie immer etwas anspruchsvoll. Wir schleichen uns abseits des Fahrwassers bis zum Leuchtturm vor. Dort gibt es immer wenig Manövrierraum, die vielen großen Autofähren nach Skandinavien und ins Baltikum kommen und gehen, dazwischen fährt die Hafenfähre von der Marina Passathafen auf der anderen Seite der Trave und es sind viele weitere Segler und Motorboote unterwegs – kurz: Es ist ein Gewimmel, das Aufmerksamkeit fordert. Auch wir suchen uns einen Platz im Passathafen und besichtigen anschließend die gleichnamige Viermastbark, die hier liegt.

Danach geht jeder seinen eigenen Weg – das muss auch mal sein. Nirgendwo habe ich wohl so viele Auftritte gehabt wie in Travemünde mit seinen mondänen Hotels. Ich bin also etwas vorbelastet und verbinde Travemünde immer mit meiner Arbeit als Musiker. Ich verbringe daher heute die meiste Zeit dösend und lesend am Strand und suche mir etwas Essbares an den vielen Ständen der Promenade. Wir sind zufrieden, leicht gebräunt und genießen die Freiheit. Erst abends im Cockpit finden wir wieder zusammen und erzählen uns von unseren Erlebnissen.

Tags darauf geht es mit einem schönen Butterfly vor dem Wind entspannt zurück in Richtung der drei hässlichen Hochhäuser, die Burgstaaken weithin sichtbar markieren. Von Travemünde aus hätte man mit mehr Zeit die Trave hinauf bis nach Lübeck fahren können. Da ich lieber unter Segeln als mit dem Diesel unterwegs bin, habe ich das selbst noch nie gemacht; es soll sich aber lohnen. Mit gelegtem Mast kommt man übrigens über den Elbe-Lübeck-Kanal bis in die Elbe, nach Hamburg und in die Nordsee – eine gemütliche Variante zum doch immer recht eintönigen Nord-Ostsee-Kanal.

Genug Proviant an Bord kann eine Ehe retten

Doch gehen wir nun wieder acht Jahre vorwärts in der Zeit und zurück zu unserem spontanen Kurswechsel auf Boltenhagen. Mittlerweile ist es früher Abend geworden, der Wind schwächelt und mehr als 3,5 Knoten sind aus dem Boot einfach nicht herauszuholen. Die zusätzlichen Brötchen aus Heiligenhafen sind längst aufgegessen und der wachsende Hunger meiner Frau lässt sie etwas muffelig werden. Es wird später und später und als wir endlich durch das Offentief in die Wismarer Bucht einlaufen, sinkt die Sonne. Jetzt nehme ich endlich den Diesel zu Hilfe, doch die 5 Seemeilen bis Boltenhagen ziehen sich. Es wird dunkel und Merih sucht im Netz zur Ablenkung nach einem Pizza-Lieferservice. Doch mittlerweile ist es selbst dafür zu spät geworden. Ich weiß nicht, was kälter ist: die Stimmung an Bord oder der kühle Nachtwind. Mit der Taschenlampe suchen wir uns einen Liegeplatz in dem komplett überfüllten Hafen. Steffi und Andi gehen an ihren Saisonplatz und helfen uns anschließend bei der Suche nach einem freien Plätzchen.

Wir treffen uns später in der einzigen noch geöffneten Hotelbar. Aber auch dort gibt es nichts Essbares mehr außer Erdnüssen und Oliven. Merih kombiniert das mit zwei Bloody Marys und fertig ist das verspätete Mittagessen um 22:30 Uhr. Naja. Das Frühstücksbuffett im zum Hafen gehörenden 4-Sterne Iberotel macht am nächsten Morgen alles wieder gut und wir sitzen lange gemeinsam auf der Sonnenterrasse. Überhaupt wurde in Boltenhagen alles mit Sternen prämiert. Die nach Süden ausgerichtete (sehr selten an der deutschen Ostseeküste!) Marina Weiße Wiek ist eine der modernsten Marinas an der Ostsee und mit 5 Sternen ausgezeichnet. Es ist alles sehr, wenn nicht gar zu modern und ich sehe viel Beton. Die schicken Bars, Restaurants und die luxuriösen Sanitäranlagen kann ich aber trotzdem genießen. Übermorgen treten wir auf, daher werden mir die für deutsche Verhältnisse hohen Liegegebühren erlassen.

Von der Kunst, von Auftritt zu Auftritt zu segeln

Doch heute geht es erst einmal auf die „Travemünder Woche“ und auf eine der größten Bühnen dieser Tour. Während ich die kleineren Auftritte zuvor im Duo oder Trio absolviert habe, steht heute die volle Sechs-Mann-Band (mit dem Van aus Hamburg angereist) auf der Bühne und wir haben einen wirklich traumhaften Auftritt mit Blick auf die Ostsee und die Trave. Wir lassen nach der Rückfahrt nach Boltenhagen den Abend mit vollen Bäuchen gemütlich im italienischen Bistro „Tavolo“ direkt am Hafen ausklingen. Hier findet am folgenden Tag das nächste Konzert der Tour statt und wir haben den ganzen Tag Zeit, diesen wunderbaren Sommer zu genießen, bis wir abends ganz entspannt den Hafen mit Rock'n'Roll füllen.

Wem die Marina Weiße Wiek modern und gewaltig erscheint, der findet in der nur 4 Seemeilen entfernten Marina Hohen Wieschendorf eine natürlichere Alternative inmitten eines Natur- und Vogelschutzgebiets mit weißem, feinsandigem Strand neben dem Hafen. Hier geht es schon deutlich beschaulicher zu und im italienischen Restaurant „Little Italy“ (leckere Pizza, Pasta und Salate) kann man auf der Sonnenterrasse mit einem traumhaften Blick auf den Strand und das Treiben der Boote wunderbar den Tag vergammeln. Dazu noch ein selbstgemachtes Eis zum Kaffee, was will das sommerliche Seglerherz mehr? Dafür bezahlt man dann aber auch ein wenig mehr Liegegebühren als an der schleswig-holsteinischen Küste.

Günstiger und nicht weniger schön liegt man in Timmendorf auf der Insel Poel. Allerdings sind im Sommer auch dort die Plätze knapp. Zudem sollte man bei starken Winden aus West/Nordwest aufpassen. Dann steht der Schwell ungebremst in den Hafen und es kann sehr ungemütlich werden. In so einem Fall sollte man besser in das geschütztere Kirchdorf direkt nebenan ausweichen. In Timmendorf findet man Bäcker, Imbiss und Italiener – vor allem aber das leckere Fischrestaurant „Zur Poeler Kogge“ mit lokalen Fischgerichten und einem einmaligen Ausblick auf den Hafen.

Wie die Lübecker Bucht ist auch in der Wismarer Bucht einfach alles perfekt für sommerliche Tage und man kann gut noch einige davon verbringen, bevor man weiterfährt oder umkehrt. Der Weg ins absolut sehenswerte Wismar ist nicht weit und sollte unbedingt auf dem Programm stehen. Ich beschreibe ihn detailliert im Kapitel „Hafensammeln“. Und natürlich findet man je nach Windrichtung überall gute Ankerplätze, die auf Navionics auch leicht zu finden sind.

Der letzte Auftritt der Tournee unter Segeln

Für mich geht es nun aber weiter nach Kühlungsborn zum nächsten Auftritt. Das sind über 20 Seemeilen, die ich gemeinsam mit meinem Kumpel Lars (Merih ist heute zurückgefahren) segeln will. Er äußerte unlängst Interesse an Motorbooten, was ich ihm daher unbedingt und sofort austreiben muss. Mit schönem raumem Wind geht es nur unter Fock vorbei an den Inseln Poel und Wustrow. Etwas sehnsüchtig schaue ich auf die Einfahrt ins Salzhaff und nach Rerik. Doch der Umweg von hin und zurück 14 Seemeilen ist heute einfach nicht drin.

Man muss bis Rerik sehr sorgfältig navigieren, denn es wird überall schnell untief. Bis zu 2 Meter Tiefgang ist die Anfahrt mit einem modernen Plotter oder der Karten-App im Grunde kein Problem. Belohnt wird man durch pure Natur mit einem traumhaften Hafen am Salzhaff. Zu Fuß sind es nur 200 Meter bis an den Ostseestrand und weiter bis an eine schöne Steilküste. Rerik verbindet also das Beste aus beiden Welten. Und: In Rerik findet man inklusive Supermarkt alles, was man für ein paar Tage Urlaub braucht.

Doch wir segeln ja leider auf Vorwindkurs vorbei und weiter in Richtung Kühlungsborn. Der Hafen soll rappelvoll sein, doch der nette Hafenmeister reserviert mir einen Platz direkt vorne an der Mole. Auf dem Schild in meiner Box steht „The Sailing

Bassman" – eine liebevolle Geste, die ich zu schätzen weiß. Man legt an schwimmenden Auslegern entspannt längsseits an, es passen auf diese Weise je zwei Boote in eine Box. Kühlungsborn hat vor allem abends eine unglaubliche Sommerurlaubsatmosphäre, ist schön beleuchtet und punktet mit einem herrlichen Blick aufs Meer. Wir spielen vor dem Restaurant „Vielmeer" einen der schönsten und stimmungsvollsten Auftritte der Tournee und die ganze Promenade singt bei meinem Song „Ich geh' segeln" lauthals mit. Wir lassen den Abend nach dem Konzert noch lange in der warmen Sommernacht ausklingen und fallen erst spät in unsere Kojen.

Morgens schlafen wir aus, frühstücken lange und machen uns auf die nur 12 Seemeilen lange Strecke bis nach Warnemünde – und das wieder nur unter Fock und mit raumem Wind. Was soll ich sagen? Mein geheimer Plan geht auf: Lars ist begeistert und verwirft die Idee mit dem Motorboot. Mittlerweile liegt sein eigenes Segelboot in der Trave. Bei schlechtem Wetter wäre es vielleicht anders ausgegangen, aber so habe ich wieder einmal eine Seele gerettet.

Ich bleibe vier Tage in Warnemünde in der Hohen Düne, Merih kommt mit dem Auto nach, wir genießen die freien Tage. Es ist „Warnemünder Woche", ein großes Segelevent mit Regatten, Großseglern und dem üblichen Budenzauber am Ufer und in den Häfen. Der Wind und die anstehenden Termine lassen ein Weitersegeln nach Rügen nicht zu und so sammeln mich Steffi und Andi am Wochenende mit dem Auto ein, um Auftritte in der Marina Kröslin und in Zingst zu spielen ... die Abschiedskonzerte dieser Tournee, die von mir aus endlos weitergehen könnte.

Über Kühlungsborn und das dänische Rødby segle ich schließlich bald entspannt zurück in die Flensburger Förde und in meinen Heimathafen Minde, in dem ich vor gut drei Wochen aufgebrochen bin. Ich packe meinen Seesack, gehe von Bord, steige etwas geknickt in mein Auto und fahre zurück nach Hamburg. Ob wir nächstes Jahr wohl wieder auf Tour gehen können? Von der Ostsee und ihren Häfen werde ich wohl nie genug bekommen. Das zudem mit meiner zweiten Leidenschaft, der Musik, zu verbinden, hat einen perfekten Törn daraus gemacht.

Auf YouTube gibt es alle Videos, die während dieser Sailing-Bassman-Tournee zwischen Wasser und Bühnen entstanden sind. Über den QR-Code oben auf der Seite gelangt ihr schnell zu den schönsten Songs.

Oder ihr gebt in meinem YouTube-Kanal das Stichwort The Sailing Bassman Tour ein.

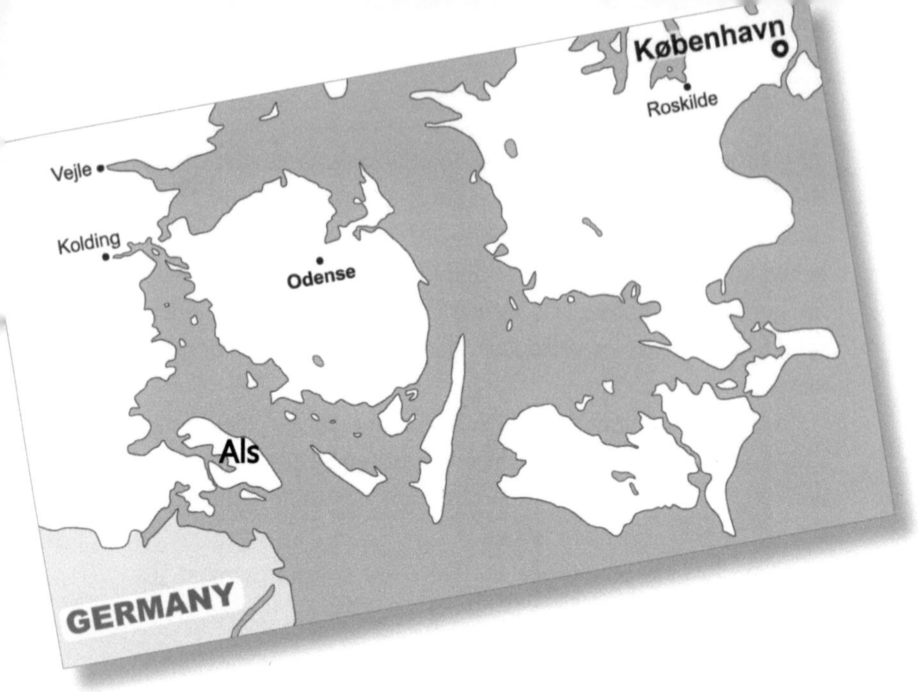

Wenn der auf der Ostsee dominierende Südwestwind einmal nicht nachlassen will, ermöglicht die Umrundung der dänischen Insel Als immer eine Alternative für stressfreies Segeln

Rund Als geht immer.

Zwischen einigen Auftritten und Folkebootübergaben haben sich Anfang August 2019 zehn freie Tage für mich ergeben und die gilt es natürlich, mit Segeln zu füllen. Doch wohin? Für fast die gesamte Zeit sind starke westliche Winde vorhergesagt, die sich viel besser für eine Reise entlang der Küste in Nord-Süd-Richtung eignen, statt ostwärts in die Dänische Südsee oder noch weiter nach Langeland und in die Smålandsgewässer zu fahren. Der Rückweg gegenan wäre mühsam. Auch jetzt weht ein Ostwind, der erst am Abend verwehen soll und mir den Weg in diese Richtung sowieso versperrt. Es ist früher Nachmittag, die Sonne scheint und der Wind ist heute ungewöhnlich faul, denn normalerweise legt er sich ab dem Nachmittag immer kräftig ins Zeug.

Plan B bei Westwind

Ich mache mein Boot schnell segelklar, löse die Leinen in Maasholm und motore die Schlei hinunter Richtung Lotseninsel und Leuchtturm Schleimünde. Die Vorfreude auf den Törn wächst. Ich konnte nicht mehr einkaufen, aber das werde ich unterwegs schon irgendwo erledigen. Gerne würde ich bis in den Norden von Fünen kommen. Es ist – verglichen mit meinen anderen Reisen – eigentlich nicht weit, aber aus irgendeinem Grund bin ich dort noch nie hingesegelt. Middelfart, Juelsminde, Samsø, Endelave, Æbelø sind verheißungsvolle Namen, vor allem aber unbesuchte Häfen. Und das sind mir ja die liebsten, auch wenn es langsam immer weniger davon in Reichweite gibt. Ich werde sehen, wohin mich dieser Törn führt. Mommark ist mitten in der Saison sicher brechend voll, bis Fynshavn wiederum ist es mit dem schwächelnden Wind ein wenig weit.

Also fahre ich nach Langballigau, meinem Lieblings-Ostseehafen. Der platzt sicher auch aus allen Nähten, aber ich kenne einen geheimen Platz – den ich allerdings nicht verraten werde. Im überfüllten Schärensegelsommer 2014 musste ich in Schweden die Disziplin „Kreatives Anlegen“ erfinden, die mir seitdem in Deutschland oft weiterhilft. Denn in Schweden gibt es keine klar abgegrenzten Boxen wie bei uns, sondern es entstehen immer wieder spannende Anlegekonstrukte, bei denen am Ende jeder irgendwie unterkommt und bei denen man sich eine Menge Tricks abgucken kann. „Mein“ Platz ist zum Glück frei, als ich bei beginnender Dunkelheit endlich einlaufe. Das Ticket gibt es im Automaten und die Gastronomie an der Pier brummt. Der Abend geht gemütlich und mit zwei Fischbrötchen zu Ende. Es ist ein schöner windstiller Sommerabend, doch das geübte Auge sieht schon den Schiet aufziehen, wie wir im Norden sagen.

In der Nacht fangen die Fallen an zu klappern – der Südwest ist da. Für den Vormittag hat sich der Stand-Up-Paddler und Kajakprofi Jörg Knorr angesagt, er will mir das SUP-Fahren beibringen. Bei mittlerweile 5 Windstärken wird es eine kalte und nasse Angelegenheit, bis ich endlich nach ungezählten Abstürzen von dem bei 30 Zentimeter hohen Wellen wild schwankenden Board den Dreh rausbekommen habe. Es ist eine Konstante in meinem Leben, dass Lernen wohl vor allem „auf die harte Tour“ möglich scheint. Beim Skifahren wurde ich damals auf den höchsten Gipfel des Skigebiets geliftet mit den Worten: „Wenn du unten bist, kannst du es“. Klappt am Ende ja irgendwie auch, dieses Hardcore-Lernen ist nur eben immer sehr anstrengend. Irgendwann reicht es mir und wir wärmen uns bei einem Frühstück auf. Kaffee, Brötchen und etwas zum Drauflegen gibt es in Langballigau in einem kleinen Shop. In ein paar Tagen will ich mich bei Jörg für seine Geduld mit einem Törn revanchieren. Doch jetzt will ich erst einmal Meilen machen.

Unter Vollzeug schiebt der Wind mich hinaus aus der Förde in Richtung Kagnæs. Es ist eine Rauschefahrt. Bis Fynshavn sind es 26 Seemeilen und Google Maps verspricht mir dort einen Supermarkt. Ich war noch nie da und freue mich auf diesen neuen Hafen in meiner Sammlung. Die schwarz-gelbe Tonne, die das Pølls-Rev im Südosten von Als markiert, kann ich mit meinen 1,60 Meter Tiefgang etwas abkürzen. Hier um das Kap herum wird der Wind stärker und böiger. Ich gehe direkt ins zweite Reff, denn ich habe heute keine Lust auf eine bockende LA MER und eilig habe ich es ja auch nicht. Die Welle kann in den beiden Belten sehr steil und nervtötend sein, auf der gegenüberliegenden Seite des Kleinen Belts kämpfen die Boote bereits ordentlich. Doch in der Landabdeckung ist die Welle moderat und das gilt bis auf die Ausgänge der Förden und das Stück zwischen Kiel und Heiligenhafen eigentlich für die ganze Küste Schleswig-Holsteins. Der Westwind pfeift zwar sehr böig über das Land heran, aber die Welle bleibt dabei harmlos, solange man sich nicht zu weit nach draußen wagt.

Die Meilen fliegen nur so dahin. Ich segle an Mommark vorbei, das typisch sommerlich überfüllt aussieht. Der Autopilot übernimmt die Pinne, ich vernichte währenddessen meine letzten Vorräte, bis Fynshavn in Sicht kommt.

Die Fähren, die hinüber nach Fünen und Ærø fahren, hat man als Segler sowieso die ganze Zeit im Blick; und folgt ihnen auch bis fast in den Fährhafen. Die Einfahrt in die gemütliche Marina liegt links neben der Einfahrt in den Yachthafen und führt durch einen langen Vorhafen zwischen zwei Molen hindurch in eine überraschend eigene, typisch dänische Hafenwelt. Großartig. Hier ist es ja noch viel schöner als ich es erwartet hatte! Zwei lange Holzstege, ein Sandstrand neben dem Hafen vor einer Steilküste. Diese laufe ich sofort hinauf in Richtung Supermarkt, der laut Karte nur etwa 600 Meter entfernt liegt. Der Rückweg mit drei Tüten und zwei Sixpacks Wasser fühlt sich deutlich länger an, aber dafür bin ich erst einmal wieder autark. Der Abend wird sehr schön in diesem Hafenidyll und ich plane meine nächsten Tage.

Starkwind aus Südwest heißt es einheitlich in allen Wetterberichten für die nächsten Tage. Ich würde damit zwar zügig bis in den Norden von Fünen gelangen, aber nur unter großen Mühen zurück. Das Kreuzen im Kleinen Belt ist bei Windstärken ab 6 definitiv kein Spaß mehr. Ich könnte heute vor dem Wind auf das immer lohnende Inselchen Lyø fahren. Allerdings habe ich dort schon viele warme und schöne Sommertage verbracht. Die Aussicht, einmal angekommen bei Wind und grauem Himmel an Bord sitzen zu müssen, gefällt mir entsprechend wenig.

Dann lieber etwas Abenteuer. Und das finde ich etwas weiter nördlich mit der recht eng betonnten und von Flachs umgebenen Anfahrt in den Hafen von Falsled. Hier war ich ebenfalls noch nie, was allein schon einen Besuch rechtfertigt.

Falsled – Schönheit auf den zweiten Blick

Mehr als die halbe Fock brauche ich nicht für die 9 Seemeilen lange Überfahrt bis zur Ansteuerung, so stark bläst der Wind genau von achtern. Endlich angekommen im Hafen, legt er sogar noch weiter zu. Obwohl ich die Maschine rückwärts laufen lasse, bekomme ich kaum Fahrt aus dem Boot, verschätze mich und fahre mir an einem Dalben die Buglaterne ab. Doof. Aber ich liege erst einmal sicher und mit der Nase im Wind.

Bei diesem Wetter wirkt der eigentlich sehr schöne Hafen abweisend, ich erlaufe mir ein wenig den Ort und den Strand, um diesen Eindruck wieder loszuwerden, und entdecke seine verborgene Schönheit. Der Tourismus scheint diesen Ort vergessen zu haben. Ein kleines Gebäude fällt mir ins Auge. „No. 517 Falsled" steht in schmalen Buchstaben über dem Eingang neben ein paar Außentischen. Drinnen verbirgt sich eine liebevoll gemacht Galerie mit Kunsthandwerk. Mich interessiert allerdings mehr der im Haus geröstete Kaffee, der vor meinen Augen in über 100 Jahre alten Kaffeemühlen gemahlen und anschließend aufgebrüht wird. Innen gibt es einen großen gemütlichen Küchentisch und eine kleine Bar. Der perfekte Ort also, um diesen grauen Tag mit einem Buch in der Hand zu vergammeln.

Als ich zum Hafen zurückkomme, klart der Himmel kurz auf, plötzlich erscheint in einer wind- und wellengeschützten Ecke des Hafens das Wasser kristallklar. Das bringt mich auf die Idee, nach dem roten Glas meiner beim Anlegen versunkenen Buglaterne zu tauchen. Es müsste doch möglich sein, es bei diesen Sichtbedingungen wiederzufinden. Kalt wie es ist, ziehe ich mir weicheimäßig lieber zuvor meinen Neoprenanzug an, dazu Brille und Schnorchel. Es dauert gute 15 Minuten, in denen ich von Minute zu Minute dankbarer für den Neoprenanzug bin, bis ich das Glas im weichen Sand ertaste.

Verfroren wie ich aus dem Wasser wieder auftauche, erscheint mir ein typisch dänischer Hot-Dog im Hafenkiosk jetzt wie ein Festmahl. Ich gestehe: Ich liebe und hasse diese Dinger gleichermaßen. Sie gehören zu Dänemark einfach dazu und ich in diesem Moment auch. Also hole ich mir einen. Was der Hot-Dog nicht vermag – nämlich das Frösteln zu beenden –, das Besitz von mir ergriffen hat, wird das Café richten, das schon jetzt mein Lieblingsort ist. Ein großer Becher Kaffee wird mich wohl endlich wieder aufwärmen. Biere aus Island, Gin aus Grönland, ausgefallene Eissorten – diese Nummer 517 ist ein echter Geheimtipp, wenn auch eine Gefahr für mein Budget.

Seglerweisheiten

Für den nächsten Tag erwartet mich einiges. Der Wind soll vormittags noch einmal kurz Luft holen, bis er schießlich wirklich Ernst machen wird. Es wird Zeit für mich, viel Raum nach Westen gutzumachen, damit ich es auf dem Rückweg in ein paar Tagen etwas einfacher habe. Die alte Seglerweisheit, ein Drittel der Zeit für den Hinweg und zwei Drittel für den Rückweg einzuplanen, könnte sich erneut bestätigen. Mein Plan sieht vor, durch den wellengeschützten Als Sund wieder zurück in die Flensburger Förde zu fahren. Deswegen ist rund Als auch immer ein guter Tipp unter Bedingungen, wie ich sie gerade vorfinde. Man kann auf diese Weise schnell dem unberechenbaren und deutlich raueren Kleinen Belt entkommen. Ich finde ja, dass Als auf der Karte wie ein Dinosaurier wirkt, der auf etwas verkümmerten Hinterbeinen sitzt. Der Dino will erkundet sein. Und tatsächlich: Nordwestlich seines Kopfes zeigt die Karte ein paar weitere, mir bisher unbekannte Häfen, die nun als Ersatz für das ausgefallene Fünen dienen sollen.

Zunächst fahre ich in einer Mischung aus Raumwinddümpeln und Motoren in das 25 Seemeilen entfernte Åbenrå auf der Festlandseite. Auf der letzten Meile setzt, wie sollte es auch anders sein, starker und böiger Westwind ein. Ich wähle nach Bauchgefühl den am weitesten an Steuerbord liegenden Hafen aus und mache bei dem Wind eher schlecht als recht in einer Box fest, bevor ich sofort einem weiteren Boot beim Anlegen zur Hand gehen muss. Auch mal etwas anderes: Einhandsegler hilft 3-Personen Crew. Ich helfe gern.

Åbenrå ist eine richtige Kleinstadt und bietet mir genug Abwechslung für die nächsten drei Tage, in denen ich abwettern will. Jede Menge Cafés, Restaurants, Pizza- und Dönerbuden. Und das „Lagkagehuset“, eine supergemütliche, enorm große Bäckerei. Brot, Brötchen, Kekse und Kuchen ... Ich kann mich gar nicht satt sehen. Eine Bäckerei als Drive-In, in der man seine Bestellung vorab per App aufgeben kann. Bestellungen in Englisch oder Deutsch und auch Kartenzahlung sind kein Problem. Von soviel Kundenorientierung könnte sich mancher deutsche Gastronom eine Scheibe abschneiden.

Ich treffe zwei Bekannte zum Frühstück, die zufälligerweise vor Ort sind, und so vergeht auch dieser gewittrige und windige Morgen sehr schön. Ein großer Triathlon-Wettbewerb bestimmt den Rest des Tages am Ufer, im Hafen und in der Stadt. Doch ich will weiter und werde langsam unruhig. Mit Jörg hat sich ein Mitsegler für die nächsten Tage angekündigt. Der Regen ist durchgezogen. Der Wind aus Südwest, der nun kleine Wolken über den Himmel jagt, ist allerdings geblieben. Gegen Nachmittag legen wir ab.

Auf den zeitvergessenen Inseln Kalvø und Barsø

Ich habe Kalvø in der Genner Bucht als Ziel ausgewählt. Es sind entspannte 9 Seemeilen, die wir komplett segeln können. Auch in Kalvø war ich noch nie. Wir laufen direkt im zweiten Reff aus, was wunderbar zu dem stark böigen Wind passt, der immer wieder seinen Weg über das Festland findet. Erst in der Genner Bucht wird es geschützter und ich kann LA MER ausreffen.

Am Ende der Bucht gibt es drei Stege, von denen mir aber nur einer den richtigen Tiefgang zu bieten scheint. Wir finden dort einen schönen Platz. Die Suche nach den Sanitäranlagen dauert deutlich länger, bis wir in dem großen Bauernhof neben dem Hafen endlich fündig werden. Später bauen wir am Steg den Grill auf und verbringen den Abend über Gott und die Welt quatschend in diesem inmitten der Natur liegenden Dänemarkhafen.

Drüben in Deutschland gibt es nicht mehr viele von diesen winzigen, zeitvergessenen Häfen, in Dänemark findet man sie noch in fast jeder Bucht. Selbst ein Wikingerschiff bekommen wir in einer Bucht hinter dem Hafen zu Gesicht. Die Zeit fließt einfach langsamer auf den Inseln. So auch gegenüber auf der kleinen Insel Barsø, die wir uns als Zwischenziel für den nächsten Morgen ausgesucht haben.

Die Ansteuerung ist anspruchsvoll. Nur sehr wenige Boote haben an dem Anleger Platz. Bei Ostwind könnte man wunderbar ankern, aber wir haben immer noch starken Westwind, der die Ansteuerung des Steges noch anspruchsvoller macht. Für LA MER mit ihren nur 1,60 Meter Tiefgang passt es auch nur am – von vorne gesehen – rechten Teil des Steges. Man läuft auf den Wellenbrecher vor dem Steg zu und fährt im Anschluss so dicht wie möglich an diesem vorbei nach Backbord. Direkt hinter den Dalben wird es sehr flach, es ist also kein Platz, um weit auszuholen, um in die Box zu fahren.

Ich bleibe lieber dicht an den Dalben und lege erst einmal eine Vorleine um einen dieser Pfähle. Oder besser: lasse diese legen, denn ich habe ja heute einen Mitsegler. Der auflandige Wind drückt das Heck herum und auf diese Weise können wir uns ein Stück weit in die Box verholen und die Achterleinen überbringen. Noch etwas Schub voraus Richtung Steg und die Achterleinen nutzen, um den Bug in den Wind zu bekommen ... Fertig. Das klingt elegant, ist es aber nicht. Nach viel Gerödel liegen wir endlich fest und können die Insel erkunden.

Kurz gesagt: Auf Barsø gibt es nichts und davon sehr viel. Aber das macht den Reiz dieser Insel aus. Naturpfade und beeindruckende Aussichten über das dänische Inselmeer sind ihr Geheimnis. Hin und wieder müssen wir uns durch die Elektrodrähte der Viehkoppeln an eigens dafür vorgesehenen Durchgängen mit isolierten Handgriffen durchquetschen. Es ist schön. Bei weniger Wind sicher noch schöner. Doch so zeigt mir der freie Blick auf den Kleinen Belt leider, was uns gleich noch erwarten wird.

Zum Glück ist der Westwind heute unser Freund und bläst uns schnell in den Alsfjord. Hier würde sich jetzt der berühmte

Dyvig-Naturhafen als Törnziel auf Als anbieten. Es würde allerdings unserem Segeltag ein allzu frühes Ende bescheren. Außerdem wäre die Ausfahrt aus dem beinahe schon fjordartigen Einschnitt gegen diesen Wind sehr unschön.

Es sind diese Momente, in denen ich mir einen stärkeren Diesel als meinen 10 PS starken Uralt-Volvo-Penta wünsche. Heute kommt es nicht darauf an, denn wir haben Zeit und Rückenwind, aber manchmal bin auch ich wie jeder Segler. Man träumt immer vom nächsten Ausrüstungsteil, einem neuen Segel oder was auch immer Seglerherzen erfreut. Es geht auch so. Der Diesel tut brav seine Arbeit.

Auge in Auge mit den Kühen in der Bucht – Dyvig

Die Dyvig ist wohl mit eines der beliebtesten Ziele aller Dänemarksegler, denn die Bucht liegt extrem geschützt wie ein Binnensee. Man möge sich dazu einmal die Satellitenansicht bei Google Maps betrachten. Doch auch diese kann nicht annähernd vermitteln, wie eng sich die Einfahrt von Bord aus betrachtet anfühlt. Links eine Kuh, rechts eine Kuh und dazwischen fährt man mit seinem Boot durch. So spektakulär es sich auch anfühlen mag, die Betonnung ist eindeutig und ich habe an dieser Stelle noch nie ein Boot auf Grund sitzen sehen.

Nach der Passage hält man sich an die Tonnen und dann nach Backbord hinein in die Dyvig. Hier kann man traumhaft ankern. Die Bucht ist an ihrer tiefsten Stelle um die 6 Meter tief und wird zum Norden hin sanft flacher. Es gibt aber auch zwei Häfen. An Steuerbord liegt eine klassische Marina, an Backbord die zu einem recht mondänen Hotel gehörige Dyvig-Kro-Brücke. Wo man hingeht oder ob man überhaupt in eine Marina geht, ist bestimmt Geschmackssache, aber da es preislich keinen Unterschied macht, gebe ich heute der Marina den Vorzug. Ich habe schon viele Male auf der Hotelterrasse Kaffee getrunken und hatte sogar einmal einen unvergesslichen Auftritt auf einem der Stege und dem Boot des liebenswerten schweizer Arztes Ernst. Ich habe stürmische Winde abgewettert und mir einen Tampen in den Propeller gefahren. Der wurde am nächsten Morgen von einem der freundlichsten Hafenmeister Dänemarks in voller Tauchausrüstung herausgeschnitten. Gegen eine Flasche Rum, die er sogar noch ablehnen wollte. Fahrräder stehen bereit, und wenn ich mich richtig erinnere, haben die Zahlenschlösser den gleichen Code wie das Sanitärgebäude. Es ist einfach ein liebenswerter Ort.

Fast wie Zuhause: in Mjels Vig

Es gibt eine Alternative zur im Sommer etwas schickeren und volleren Dyvig. Mjels Vig heißt die Nachbarbucht und auch an ihrem Ende liegt eine Marina. Nachdem man also zwischen den beiden Kühen hindurchgefahren ist, folgt man der Betonnung nach Steuerbord. An dieser Stelle habe ich in der Vergangenheit einige Grundsitzer gesehen, daher ist es wirklich entscheidend, keines der privat ausgebrachten Tonnenpaare auszulassen und ihnen brav bis in den Hafen zu folgen. Die Bucht bietet einige Ankermöglichkeiten, ist aber an vielen Stellen untief.

Nach dem letzten Tonnenpaar hält man auf den Kopf des ersten Steges zu. Bei der Platzwahl empfiehlt sich der Blick auf das Echolot. Man liegt in diesem Naturhafen sehr geschützt und in absolut idyllischer Umgebung. Den Gästen steht ein Grillplatz zur Verfügung. Das zum Hafen gehörige Gebäude wirkt beinahe wie ein Privathaus.

Neben den Sanitäreinrichtungen gibt es einen Fernsehraum (wenn es den denn bräuchte) und man darf die Küche nutzen. Der Kühlschrank, aus dem man Eier, Kartoffeln, Aufschnitt und auch kalte Biere erwerben kann, ist gut gefüllt. Man lässt einfach das passende Geld liegen. Mjels Vig ist wie ein Zuhause, das jemand für Segler geöffnet hat. Es ist alles sehr privat und es gibt viele deutsche Segler, die in Mjels Vig ihren Heimathafen haben. Manchmal wird es mir sogar regelrecht zu privat und an solchen Tagen verhole ich mich in die etwas anonymere Dyvig.

Gruseln in Augstenborg

Heute lassen wir beide Buchten an Backbord liegen und fahren vom Als Fjord in den viel schmaleren Als Sund. Mit etwas mehr Zeit – man kann in dieser Ecke gut 14 Tage Segelurlaub verbringen – hätte ich jetzt die Möglichkeit, geradeaus weiter ins charaktervolle Augustenborg zu laufen.

Dazu segelt man am Flughafen von Sønderborg vorbei bis hinein in den Augustenborg Fjord. An dessen Ende folgt man einem langen und recht schmalen, aber gut betonnten Fahrwasser durch prächtige Natur bis ans Ende des Fjords. Ob man einmal angekommen an Backbord in der Marina festmacht oder an Steuerbord an einem freien Platz an den Stegen, macht keinen Unterschied. Der Ort selbst ist nett anzusehen. Bei Bedarf gibt es Tankstelle und Supermarkt in fußläufiger Nähe.

Die eigentliche Attraktion im Augustenborg Fjord aber ist das barocke und wirklich sehenswerte Schloss Augustenborg. Einst herzoglicher Wohnsitz, war im Schloss von 1932 bis 2015 eine große psychiatrische Klinik untergebracht. Nun liegt es verlassen, nur die alte Beschilderung ist noch vorhanden und es geht eine morbide und etwas unheimliche Faszination von dem

Gebäude aus. Wenn man allein in der Dämmerung spazieren geht, kann einem die eigene Fantasie schon einiges vorgaukeln, was sich sonst in Mystery-Thrillern abspielt. Und so sehe ich plötzlich riesige Vögel im Wald hinter dem Schloss. Und einen grünen Riesen, der aussieht wie der Hulk. Was ist das? Schon beruhige ich mich wieder, ich habe nicht geträumt oder wurde in der Zeit versetzt. Es sind Skulpturen und sie gehören zum Kunstpark „Augustiana“. Neben einer überdachten Ausstellung stehen viele der Exponate im Freien und entfalten so erst richtig ihre Wirkung. Hier haben die Kuratoren etwas richtig gemacht, wenn es sogar mich kurz gruselt.

Vom Wald aus gelangt man wieder zurück an das Ufer und hat einen sehr schönen und beruhigenden Blick auf den Fjord. Auf dem Rückweg noch eine Pizza zum Mitnehmen bei „Rudy's Pizza“ in der Storegade und der Abend an Bord kann beginnen.

Ja, der Augustenborg Fjord hat Überraschungen zu bieten. Dieses an sich lohnende Ziel lassen wir ebenfalls aus, denn es würde uns der Rückweg gegenan durch diesen langen Fjord drohen, der den Wind zusätzlich kanalisiert und verstärkt. Erwähnte ich bereits meinen Wunsch nach einem stärkeren Diesel? Wir entscheiden uns also für einen erneuten Grillabend in Høruphav in der Flensburger Förde und segeln durch den mit reichlich Tonnen gespickten Als Sund. Das Segeln in diesem Sund läuft bei Starkwind aus West folgendermaßen ab: Entweder man treibt bei schwachen, wechselnden Winden dahin oder man liegt plötzlich extrem auf der Backe – je nachdem, wie sich der Wind seinen Weg über das Gelände und durch die Bäume hindurch bahnt. Ein Reff ist daher an dieser Stelle nie verkehrt.

Sehr schnell segelt man unter der großen Autobahnbrücke hindurch, erreicht die ersten Gebäude und Vereinsanleger von Sønderborg und steht vor der „Kong Christian X‘s Bro“, einer Klappbrücke vor dem Stadthafen. Diese öffnet zu etwas ungewöhnlichen Zeiten stündlich 38 Minuten nach der vollen Stunde und manchmal auch um exakt eine Minute danach. Die nächste Öffnungszeit wird immer deutlich sichtbar auf einer Digitalanzeige direkt vor der Brücke angekündigt. Bevor man also hektisch versucht, den Brückenwärter anzufunken, um nach der nächsten Öffnung zu fragen, kann man einfach bis dorthin weiterlaufen.

Vor uns schließt sich die Brücke allerdings gerade und wir haben nun etwa 30 Minuten Zeit. Die Stadtmarina wurde jüngst durch Stege auf der anderen Seite dieser Brücke erweitert, sodass man dort – längsseits – erst einmal festmachen kann. Auch ganz nett, aber nicht mit der Atmosphäre im Hafenbecken zu vergleichen. Ich beschreibe den Hafen von Sønderborg im Kapitel „Hafenhüpfen“.

Für uns geht es nach der Brückenöffnung erst durch diesen Hafen und nach ein wenig Tonnenslalom hinein in die Flensburger Förde. Dann direkt nach Backbord in das Hørup Hav, die beliebte und geschützte Ankerbucht. Wir wollen in den Hafen und fahren daher in die mit enger Betonnung markierte Einfahrt in den Høruphav, der Marina des Hørup Hav (ja, diese Schreibweise steht so in den Karten), und gehen in eine grün markierte Box. Zehn Minuten Fußweg führen zu einem Supermarkt, um neues Grillgut zu erstehen.

Høruphav ist erneut ein typisch dänischer Hafen inmitten lieblicher Natur. Es lohnt sich, sich ein wenig Zeit zu nehmen, und auf dem „Gendarmstien“, übersetzt dem Gendarmenpfad, entlangzulaufen.

Der 84 Kilometer lange küstennahe Wanderweg führt entlang der deutsch-dänischen Grenze. Wer mehr wissen möchte: Der QR-Code oben führt zur Webseite mit allen Informationen. Oder ihr folgt dem Link:

https://www.gendarmsti.dk/de

Wir bleiben im Hafen. Abends wird häufig gemeinsam gegrillt. Der Hafenmeister befeuert dafür einen enorm großen Grill, er darf von allen Gästen benutzt werden. Heute allerdings nicht. Es gelingt uns aber wenigstens, eine Eckchen auf einem anderen Grill abzustauben, sodass wir meinen Bordgrill nicht extra demontieren müssen. Der Sonnenuntergang, die Aussicht, der lange Abend und überhaupt Dänemark ... So soll ein Segelurlaub in Dänemark sein. Morgens war Jörg schon früh wach und hat Brötchen organisiert. Guter Mann, der darf wieder mitfahren.

Wir segeln weiter bis Laboe in der Kieler Bucht, kehren am nächsten Tag um und beenden den Törn gemeinsam auf der Lotseninsel Schleimünde bei einem Dorsch-Essen. Abends graben wir alte Ostschlager auf Spotify aus (Jörg ist gebürtiger Rostocker) und entdecken echte Perlen dieser Zeit, haben darüber viel Spaß („Ich geh‘ vom Nordpol zum Südpol zu Fuß, für einen Kuss, für einen Kuss“) und fahren morgens schnell das kleine Stück bis in meinen Heimathafen nach Maasholm. Zehn Tage, die sich anfühlten wie drei Wochen. Zeit auf dem Wasser vergeht immer viel langsamer und Zeitlupe ist ein wunderbares Lebensgefühl.

Ein altes Holzboot, genug Seglerlatein und hilfsbereite Menschen – viel mehr braucht es nicht, um in sechs Tagen Deutschlands größte Insel zu umsegeln.

Markus Howest: Rund Rügen in 6 Tagen.

POMERANUS II liegt gleichauf mit dem Leuchtturm von Kap Arkona, dem nördlichsten Zipfel Rügens. Glücksgefühle machen sich breit. Nur noch zwei Stunden über den Tromper Wiek, dann haben wir das Etappenziel – den Hafen von Glowe – erreicht. Plötzlich reißt mir eine heftige Windböe die Schot des

Großsegels aus der Hand. Der Baum mit dem gesetzten Segel schlägt bedrohlich hin und her, die Wucht ist gewaltig. Es gilt, kühlen Kopf zu bewahren. Sonst droht der Baum samt Segel aus der Mastnut zu brechen.

Auf jede Sekunde kommt es jetzt an. POMERANUS II in den Wind drehen, das Segel bergen und den Baum festhalten. Ein gebrochener Schäkel ist der Grund unseres Malheurs. Mein Mitsegler Jörg kramt einen neuen, stabileren Schäkel aus der Ersatzteil-Schublade und installiert die so wichtige Halterung an Ort und Stelle. Das Segel kann wieder gehisst werden. Jetzt muss der Wind mitspielen, sonst wird es längst dunkel sein, ehe wir im Hafen ankommen. Wir haben Glück: Kurz nach Sonnenuntergang laufen wir in den Hafen von Glowe ein, froh und angespannt zugleich, denn um diese Zeit noch einen Liegeplatz zu erwischen, ist schwierig. Doch Segler sind hilfsbereit: Schon lotsen uns ein paar Männer zu einem freien Platz und helfen beim Vertäuen des Bootes. Geschafft!

Der Motor fährt nur mit halber Kraft

Doch an Ausruhen ist nicht zu denken. Die Gedanken sind schon beim nächsten Tag: Wie weit kommen wir? Welcher Wind erwartet uns? Reicht der Diesel, wenn wir längere Zeit per Motor unterwegs sind? So geht es von Anfang an. Seit dem Start der Umsegelung Rügens im Heimathafen von Gustow gilt es, Lösungen für allerlei aufkommende Probleme zu finden. Und die haben es in sich. Gleich zu Beginn unseres Törns streikt der Motor und läuft nur mit halber Kraft.

So wird aus der kalkulierten einstündigen Fahrt bis zur Rügenbrücke und nach Stralsund ein Ganztagestrip inclusive einer Pause auf der Insel Dänholm. Die Hoffnung, dort jemanden zu finden, der einen fachkundigen Blick ins Motorinnere werfen kann, zerschlug sich schnell.

Aber Aufgeben gilt nicht und Warten bis Montag auch nicht. Das beste Mittel: der Kontakt zu benachbarten Seglern im Hafen. Herr Schubert und seine Frau Emma liegen im Yachthafen von Stralsund gleich neben uns. Sofort entwickelt sich ein Gespräch und keine drei Minuten später hat Herr Schubert eine Diagnose parat: „Der Kraftstofffilter muss ausgetauscht werden", sagt er mit seiner sonoren Kapitänsstimme – „zu 90 Prozent", fügt der erfahrene Hamburger Seefahrer hinzu. Herr Schubert kennt auch einen Mechaniker, der bei seiner STÖRTEBECKER bereits Wunder vollbracht haben soll. Der Haken: Der Motorspezialist sitzt in Wiek, gut acht Segelstunden entfernt im Norden von Rügen.

Herr Schubert – ein Seemann mit Erfahrung

Wagen wir den Segeltörn mit einem defekten Motor? Wir hören, dass am nächsten Tag der Wind aus West/Nordwest wehen soll. Das wäre ideal – gleich in der Früh wollen wir starten. Doch zum Frühstück ziehen dicke, dunkle Wolken Richtung Hafen. Kurz darauf prasselt der Regen heftig auf das Kajütendach, begleitet von Blitz und Donner. Die Stimmung ist im Keller. Ans Segeln ist nicht zu denken. Doch keine zwei Stunden später ist der Himmel wieder klar und ein kräftiger Wind pfeift tatsächlich aus West/Nordwest. Ganz wie vorhergesagt.

Mit sorgenvoller Miene steht Herr Schubert am Steg und wirft uns die Leine zu. Er wünscht uns Glück, will Zuversicht ausstrahlen, doch als er sieht, dass unser Manöver im Hafen mit dem schwachen Motor scheitert, werden seine Sorgenfalten tiefer. Ein benachbarter Segler schaltet schnell, hüpft in ein motorisiertes Schlauchboot, wirft uns eine Leine zu und zieht uns aus dem Hafen. Kapitän Schubert ist erleichtert, ich sehe es in seinem Gesicht. Als wir die Kaimauer umfahren, erreicht uns sein letztmaliger Gruß.

Flitzend in den Wieker Bodden

Erst als ich den Bug von POMERANUS II nach Setzen von Groß- und Focksegel aus dem Wind drehe, merke ich die ganze Kraft der starken Böen, die in das Großsegel drücken. Sofort krängt das 56 Jahre alte Holzboot, das mit seinem Langkiel eigens für die Ostsee geschaffen ist. Der Bug schneidet seitlich in die Wellen und lässt die Gischt bis nach achtern spritzen. Kraftvoll muss ich jedes Mal gegenrudern, um Kurs zu halten. Hart am Wind segeln wir nach Norden, vorbei an der Insel Ummanz, an Hiddensee im Westen und Schaprode im Osten bis hinein in den Wieker Bodden. Hier schiebt uns der Wind sogar noch von hinten an, sodass wir geradezu durch den Bodden flitzen.

Mit viel Mühe und guter Teamarbeit gelingt es uns, trotz des Windes einen Liegeplatz anzusteuern. Geparkt in Nr. 13, Motor aus, Leinen gut befestigt, und dann bricht sie sich Bahn: Die pure Erleichterung, die Last der Anstrengung und der Ungewissheit fällt von uns ab und eine Portion Stolz gesellt sich hinzu. Selten haben am Abend der Backfisch und das frische Pils im Hafenimbiss so gut geschmeckt.

Und ich spüre, wie meine Liebe für diese Insel sich in mir ausbreitet. Ich schwelge in Gedanken und sehe sie vor mir: die einzigartigen prächtigen Alleen mit ihren alt-ehrwürdigen Bäumen. Ich denke auch an die vielen Boddengewässer, die so typisch sind für die flächengrößte Insel Deutschlands, ich erinnere mich an den Hauch Ostalgie im Restaurant „Zum Anker“ in Gager, an den urigen Fischerhafen von Thiessow im Naturschutzgebiet Mönchsgut mit seinem riesigen Rügenmarkt. Ich denke an die Bäderarchitektur der Wilhemstraße in Sellin und der sich anschließenden Seebrücke mit ihrer bewegten Geschichte. Und natürlich tauchen auch die schwimmenden Häuser von Lauterbach vor mir auf – jenem Ort, an dem meine Liebe für Rügen begann, bei Schneetreiben und zugefrorenem Greifswalder Bodden. Und kurze Zeit darauf mit den ersten Segelstunden. „Ja", schwärme ich Jörg vor, „die Insel ist so vielseitig, dass ich bei jedem Besuch neue Seiten kennenlerne."

„Sie brauchen einen Taucher"

Wie verabredet, steht der Schiffsmechaniker pünktlich um acht Uhr am nächsten Morgen an unserem Steg. Seine Augen verraten Entschlossenheit, Tatkraft und guten Humor. Schnell hat er den Kraftstofffilter ausgetauscht und noch zwei weitere Schwachstellen behoben. Dann die Ernüchterung: Der Motor hat noch immer nicht die notwendige Power. Der Wieker Monteur überprüft weitere mögliche Fehler, muss kurz darauf aber eingestehen, dass er von sich aus nichts mehr tun kann. Und jetzt? „Sie brauchen einen Taucher", sagt der Rügener Techniker mit einem verschmitzten Grinsen.

Die Ostsee ist nicht gerade warm und das Wasser im Hafen ist nicht das sauberste – und doch nimmt sich Segelgefährte Jörg ein Herz, setzt sich eine Taucherbrille auf und springt ins Nass, um die Schiffsschraube zu untersuchen. Sein erstes Auftauchen bringt Klarheit: Muschelbefall an der Schraube. Für den Mechaniker ein klares Indiz für den Kraftverlust. „Die Muscheln müsst ihr abschaben", lautet sein Auftrag. Und tatsächlich: Jörg taucht gut acht Mal mit einem Spachtel in der Hand hinunter und kratzt die Muscheln von der Schraube. Und wird so zum Helden. Denn seine Mission ist erfolgreich: Der Zwei-Zylinder läuft wieder mit voller Kraft.

Die Euphorie als Motor

Jeder kennt das: Glücksgefühle setzen Kräfte frei und führen leicht zur Überschätzung der eigenen Möglichkeiten. So will ich nach dem Boddentrip unbedingt hinaus auf die Ostsee, auch wenn der Wind so schwach ist, dass sich die Wasseroberfläche kaum kräuselt. Ich verbreite Euphorie, Jörg sieht das anders: Er möchte lieber bis Hiddensee segeln und abwarten, bis der Wind günstiger steht. Am Ende ziehen wir doch an einem Strang. Und irgendwann auf der Ostsee kommt auch tatsächlich der Wind und wir erreichen Glowe – zwar spät, aber sicher.

Am vierten Tag steuern wir Sassnitz an. Ein Highlight der Tour: Unterwegs werden wir die berühmten Kreidefelsen und den Königsstuhl vom Meer aus bewundern können, so der Plan. Es weht kräftig, wir segeln hart am Wind. POMERANUS II schaukelt gewaltig von einem Wellental ins nächste. Auf der Höhe des Nationalparks Jasmund wird der Wind weiter auffrischen. Böen in Stärken 7 bis 8 hat die Wetterapp„Windfinder“ vorhergesagt. Heute fehlt mir der Mut. Krampfhaft hole ich die Fock dicht und ertrage einen Wellenritt nach dem anderen. Irgendwann platzt es aus mir heraus: „Ich will nicht weiter!“ Lieber heute im Hafen von Lohme anlegen und hoffen, dass der Wind bald abflaut. Abgemacht. Genauso haben sich auch andere Segler entschieden. Wie sonst ist zu erklären, dass um 11:30 Uhr noch so viele Yachten im Hafen liegen?

Vom Café „Niedlich“ aus, das in traumhaft exponierter Lage am Hang über dem Hafen von Lohne thront, blicken wir auf die langgestreckte Bucht des Tromper Wiek und das in der Ferne liegende Kap Arkona und sehen, wie sich andere Segelyachten durch die aufgewühlte Ostsee Richtung Hafen kämpfen. ‚Das steht uns morgen auch bevor, wenn sich die See nicht beruhigt', denken wir und richten den Blick sorgenvoll gen Horizont.

POMERANUS II hat ihre Qualitäten

Am Morgen haben wir ideale Bedingungen. Bei Windstärke 3 bis 4 passieren wir die Kreidefelsen, die von der Sonne beschienen ihre ganze Strahlkraft offenbaren. Erst weit in der Ferne ist kaum sichtbar Mönchsgut zu erahnen, der nächste Landvorsprung, bis dahin segeln wir auf offenem Meer – und machen richtig Fahrt.

Mal kreuzt die Fähre nach Bornholm unseren Weg, mal ein Ausflugsschiff, das Touristen an der Kreideküste entlangführt, mal zieht eine andere Segelyacht grüßend und stark krängend an uns vorbei. Auch wenn fast alle Schiffe größer und imposanter wirken: POMERANUS II ist mit ihren vorzüglichen Segeleigenschaften einzigartig: Ein Holzboot, in der DDR 1961 nach dem Vorbild eines skandinavischen Folkebootes (Volksboot) erbaut, hat allen Veränderungen im Segelbootsbau getrotzt. Gut gepflegt von ihren Vorgängern und mit viel Liebe zum Detail ausgestattet, zeigt uns der Langkieler seine Heimat: die Ostsee.

Dass die POMERANUS keine Unbekannte ist, merkt man bei jedem Törn: Immer wieder trifft man Segler, die uns mit lauter Bewunderung anerkennende Worte zurufen. „Hey, da ist die POMERANUS, gehört sie jetzt euch?" Und manche geraten gar ins Schwärmen und sprechen von der guten alten Zeit als der Pfarrer noch mit dem Volksboot zur Taufe über den Bodden segelte.

Lob vom Hafenmeister

Nach gut siebstündigem Törn befinden wir uns kurz vor der Einfahrt in den Thiessower Hafen und laufen auf Grund. Wieder sind es hilfsbereite Segler, die uns aus der Patsche helfen. Schnell eine Leine an der Bugklampe befestigt, zu zweit auf die Steuerbordseite gestellt – und schon sind wir raus aus dem Sand. Die letzten Tonnen bis in den Hafen werden zum Zitterspiel, die Angst vorm erneuten Auf-Grund-Laufen ist riesig. Im Hafen angekommen, zeigt sich der Hafenmeister von unserer Tagesetappe beeindruckt. „Von Lohne kommt ihr? Tolle Leistung!", sagt er anerkennend. Das hören wir gerne, sehr gerne.

Seine Worte geben nochmal Kraft für unsere letzte Etappe: einmal über den Greifswalder Bodden und hinein in den Strelasund. Mit einer Mischung aus Kreuzen, Hart-am-Wind-Segeln und per Motor schaffen wir die letzten 23 Seemeilen bis nach Gustow. Am frühen Abend winkt der Heimathafen – wir haben es geschafft.

Markus Howest ist Segler eines Bootes, das auf Rügen fast jeder kennt: POMERANUS II gehörte einem Pfarrer, der seine Aufgaben als Hüter seiner Schäfchen bevorzugt mit dem Boot wahrnahm. Er segelte von Inselhafen zu Inselhafen und von Taufe zu Hochzeit und wieder zurück zur Predigt. Als neuer Eigner dieses Traditionsbootes ist Markus Howest inzwischen mit ihr seit Jahren rund um Rügen unterwegs und kennt die Insel wie kaum ein Zweiter. Seine Segel- und andere Erlebnisse hält der Chefredakteur einer Zeitschrift auf seinem Blog fest:

http://www.paettkes-news.de

10 Songs, die du auf deinem Ostseetörn gehört haben musst.

Sunny Sailor Boy – Luca Bloom
La Mer – Charles Trenet / Beyond the Sea - Kevin Spacey
The Water is Wide – Eva Cassidy
Fire and Rain – James Taylor
Trawlerman's Song – Mark Knopfler
Against the Wind – Sam Morrison and Turn The Page
All Summer Long – Kid Rock
I'm Your Captain/Closer To Home – Grand Funk Railroad
Sommer in Schweden – Revolverheld
Ganz dahinten wo der Leuchtturm steht – Trio Hafennacht

Und natürlich meine eigenen Songs,
die auf oder an der Ostsee entstanden sind.

Ich geh' segeln
Lass Los
Wir sind Wikinger
She's like Coming Home

... sowie alle anderen Songs aus meinem Album „Zeitmillionär“

Auf einer Winga 87 mit 8,75 Länge sind Anja Rathmer und ihr Mann Klaus seit einigen Jahren an der Ostsee unterwegs. Dafür nehmen sie die lange Anfahrt aus der Schweiz in Kauf. Wohin es sie führt, wenn man dabei die Küste immer an Steuerbord lässt, erzählt Anja in ihrer Geschichte.

Anja Rathmer: Das Land an Steuerbord.

Eigentlich, ja eigentlich, wollte ich aufs Mittelmeer, aber dann kam alles anders. Ungeplant stolpern wir über ein Segelboot, FAIRLADY, eine Schwedin, welche mit ihrem halben Deckssalon, wenig Tiefgang und starkem Motor für die baltischen Gewässer gebaut wurde, richten sie in Wedel her und unternehmen unsere ersten Törns von der Kieler Bucht bis in die Dänische Südsee.

Charaktereigenschaften eines Meeres

Wir lernen diesen Teil der Ostsee in all ihren Facetten kennen. Die Wilde, grau und grün schäumende, die mit ihren steilen kurzen Wellen unser kleines Boot packt und wie ein Wildpferd abwerfen will. Die Stahlgraue, wie flüssiges Blei, in der nur der Motor Bewegung ins Boot bringt. Die Geheimnisvolle, die Küstenlinien hinter ihrem sanften Nebel wie Märchenlandschaften erscheinen lässt und die Gelassene, die unsere Segel stolz gen Himmel recken und unseren Bug leise gurgelnd durch die Welle pflügen lässt. All diese Momente, die deinen Puls rasen lassen, ob die gegen das Boot knallenden Wellen oder die Augenblicke, welche Glückshormone ausschütten, weil du einfach nur da draußen bist, haben dazu geführt: Wir wollen mehr von dir, wir haben uns verliebt. Immer das gleiche Seegebiet kommt nicht in Frage. Zeit, um die Küsten und ihre Bewohner kennenzulernen, die wollen wir uns nehmen. Und so beschließen wir, einmal um die Ostsee zu segeln, gegen den Uhrzeigersinn und nur dem Schlag unseres Herzens folgend. Und so beginnt unser Ostsee-Törn auf eigenem Kiel.

Nach einem langen Winter liegt sie endlich vor mir: die Ostsee, fast spiegelglatt. Ich genieße den Blick in diese unendliche Weite. Wie habe ich das vermisst! Dieses gezähmte Meer senkt meinen Pulsschlag. Ich bin angekommen.

Kurz vor Fehmarn passieren wir auf FAIRLADY das erste Mal den 11. Längengrad – wir befinden uns wirklich und endlich auf dem Weg nach Osten. Und dann sichten wir Schweinswale an Backbord – verheißen sie uns Glück für unsere Reise?

Kurz vor der Fehmarnsundbrücke frischt der Wind plötzlich auf gut 17 Knoten auf und natürlich kommt er von vorne. Es ist ein Düseneffekt, der sich zwischen Fehmarn und dem Festland bildet. Man lernt nie aus, aber an der Ostsee erst recht nicht. Gut, dass die Segel schon unten waren. Das hätte schief gehen können.

Auf Fehmarn schleicht sich mein Mann Klaus früh am Morgen von Bord und kommt statt mit Brötchen mit einem Kilo Dorsch zurück. Mal wieder hat er die Fischer abgepasst, als sie gerade in den Hafen kamen. Gut gemacht! Das Abendessen ist gesichert.

Über die größte Ostsee-Bucht, die Mecklenburger Bucht, geht es nach Travemünde und wieder zieht die Ostsee alle Register. Nachdem wir Anfangs motoren müssen, kommt endlich ein Lüftchen auf. Aus dem Lüftchen werden von einer Minute auf die andere 14 Knoten Wind. Die Segel hoch, der Motor aus ... Stille. Diese wunderbare Stille! Zehn Minuten später sind es bereits 19 Knoten Wind. Leicht legt sich FAIRLADY auf die Seite und mit Kurs Travemünde gleitet sie mit 6 Knoten durchs Wasser. Wir fliegen an der Bakentonne „Dahmeshöved O" vorbei. Der Leuchturm, auf einem Küstenvorsprung zwischen Fehmarn und Travemünde stehend, diente DDR-Flüchtigen als Wegweiser in den Westen. Endlich Segeln pur. Es zaubert uns ein breites Grinsen ins Gesicht.

„N'büsch'n" Wind vor Travemünde

1,5 Stunden herrliches Segeln, dann zieht Steuerbord eine schwarze Front auf und diese bringt mehr Wind. Viel mehr Wind. Zunächst reffen wir nur die Genua, dann holen wir sie ein, entschließen uns, solange es noch möglich ist, das Groß zu reffen, holen es schließlich ganz ein. Keine Minute zu früh! Plötzlich bläst es mit 25 Knoten, wir machen mit der nun wieder gestellten, aber gerefften Genua 6 Knoten Fahrt. Eine Stunde dauert der Spuk, dann herrschen kurz vor Travemünde nur noch 14 Knoten Wind. Wie könnte es anders sein, kommt er natürlich direkt auf den Bug. Auch das ist typisch für die Ostsee: ihr stets wechselhaftes Wetter und ihre lokalen Wetterzonen.

Als Travemünde in Sicht kommt, sehe ich von Ferne die stolzen Masten der PASSAT. Ich empfinde Bewunderung für die edlen Schiffe, wie sie eines ist, und staune über ihre tiefen Bäuche, in denen hauptsächlich Salpeter transportiert wurde. Dieses Schiff und seine Geschichte ist für mich ein Sinnbild für Travemünde.

In der Mecklenburger Bucht

Die Ostsee und ihre Küste ändern sich stetig, je weiter man nach Osten segelt. Die Mecklenburger Bucht, in der das Wetter sich so schnell ändern kann, mit so wunderbaren Zielen wie den alten Hansestädten Lübeck und Wismar: Besonders das altehrwürdige Lübeck hat es mir angetan, das wir über die in manchen Abschnitten noch sehr urtümliche Trave erreichen. Man spürt das alten Flair der Hansezeit – genau wie in Wismar und Rostock, die wir später anlaufen. Ich stelle mir vor, wie vor gut 800 Jahren, zur Blütezeit der Hanse, die Koggen für den Handel über die Trave ins Baltikum und nach England aufbrachen. In der Lübecker Marina liegt man gleich gegenüber dem alten Handelshafen und den Kontorhäusern. Eine Zeitreise in die maritime Geschichte der Stadt lässt mich darüber nachdenken, wie vergleichsweise einfach die Seefahrt mit Elektronik und Motor heute geworden ist.

Sucht man Ruhe vom Stadttrubel, findet man sie in den kleinen Häfen der Insel Poel. In Timmendorf stürzen wir uns ins kühle Nass der Ostsee. Es ist herrlich. Das tun wir sonst nur unter Anker. Der schwedische Einfluss zeigt sich jetzt immer deutlicher. Schweden hielt diesen Küstenstreifen bis weit in den Osten immer wieder besetzt. Viele Häfen gibt es zwischen Poel und Rostock nicht. Wir freuen uns auf einen langen Schlag. Wenn Wind und Wetter stimmen, pflügt FAIRLADY Meile für

Meile unbeirrt durchs Wasser. In diesen Momenten fällt einfach alles von mir ab und ich ergebe mich ganz den Glücksgefühlen, die sich langsam tief aus meinem Inneren in mir ausbreiten.

Die Regatta der Traditionsschiffe „Hanse Sail“ steht bald an. Kurz vor Warnemünde begegnen uns alte Traditionssegler. Ein Anblick, für den allein man schon einen Ostseetörn unternehmen sollte: die weit geblähten Segel in einem blauen Himmel über dem blaugrauen Ostseewasser … Der Unterschied zur Elbschifffahrt, die wir so gut kennen, könnte nicht gewaltiger sein.

Zwischen Rostock und Stralsund

Am Abend erstrahlen die alten Kontorhäuser des Rostocker Stadthafens im roten Licht der untergehenden Sonne. Was wohl die alten Seefahrer gedacht haben mögen, wenn sie nach langer Handelsfahrt einliefen? Ich zumindest bin überwältigt.

Nach all diesen Städten erwartet uns nun ein langer Schlag von gut 85 Seemeilen nach Stralsund. Steuerbords ziehen die liebliche vorpommersche Boddenlandschaft und Zingst vorbei. Wir geniessen die Ruhe, das Dahingleiten. Plötzlich springt neben dem Boot erneut ein Schweinswal aus dem Wasser. Ihr Anblick ist ein Geschenk. Hoffen wir, dass sich ihre Population wieder erholt und wir sie öfter sehen.

Abwettern und trotzdem unterwegs sein

Stralsund ist nicht der schlechteste Ort, um abzuwettern. Die Stadt hat viel zu bieten, zum Beispiel eine der ältesten Hafenkneipen Europas und die älteste in Stralsund. „Zur Fähre“ wurde 1332 das erste Mal urkundlich erwähnt, damals hieß sie noch

„Taberna opud passagiium". Sie strahlt die Gemütlichkeit eines typischen englischen Pubs aus.

Zum Glück liegen wir in einem geschützten Hafen, als in der Nacht finstere Wolken über uns hinwegsausen. Es ist der erste Sommersturm dieses Jahres. 30 Knoten Wind zeigt unser Windmesser. Wir prüfen noch einmal alle Leinen, schließen die Luken und die Kuchenbude. Am Horizont zucken die ersten Blitze und dann öffnet der Himmel alle Schleusen. Schnell verstauen wir alle elektronischen Geräte im Backofen. Er soll als faradayscher Käfig wirken. Ehrlich, am liebsten würde ich auch da reinkriechen. Ich liebe Gewitter – aber nur, wenn ich mich an einem sicheren Ort befinde. Klaus meint lapidar: „Gut, dass andere höhere Masten haben." Soll mich das beruhigen?

Eine Schlechtwetterphase setzt ein und die Ostsee tobt. Doch das Besondere an diesem Seegebiet ist, das wir dennoch nicht tagelang abwarten müssen, bis sich das Wetter beruhigt. Wir weichen auf den Strelasund aus, einen Meeresarm der Ostsee, der sich zwischen Rügen und dem Festland hindurchschlängelt. Der Wind steht richtig und wir setzen freudig die Segel. Begleitet von einer Armada weißer Segel, rauschen wir über den Strelasund bis zum Greifswalder Bodden. Wir möchten wenigstens einmal einen Fuß auf die Insel Rügen setzen. Ein schöner Achterlicher schiebt uns zur Nordostspitze der Insel, dem kleinen Hafen Thiessow in einer geschützten Bucht, die über eine schmale Zufahrt zu erreichen ist. Und dann hinter uns, über Land, ist alles schwarz.

Es dauert keine Stunde, bis die Auswirkungen der Front uns erreichen. Erst sind es 20 Knoten. Wir reffen die Genua. Dann schon 25 Knoten, die Wellen werden auch immer höher. Regen setzt ein. 30 Knoten Wind und 2,5 Meter Welle. Ich erlebe das erste Mal, wie schnell sich eine Welle aufbaut. Habe ich Angst? Nein, ich bin nur aufgeregt. Inzwischen vertraue ich unserem kleinen Boot und genieße auf eine seltsame Art diese Urkraft der Natur. Plötzlich ein lauter Knall. Die Genua flattert wild im Wind. Mist. Es gab eine kurze, aber heftige Winddrehung, die das Segel umschlagen ließ. Der Schäkel ist gebrochen, das Achterliek der Genua gerissen. Wir starten den Motor und Klaus muss aufs Vorschiff. In mir sträubt sich alles, ihn bei diesen Bedingungen rausgehen zu lassen, aber es muss sein. Die Wellen haben einen gewissen Rhythmus. Als FAIRLADY etwas ruhiger läuft, hangelt sich Klaus nach vorne, um die Genua per Hand einzurollen. Es ist kein leichtes Unterfangen. Ich versuche, das Boot ruhig zu halten, und hoffe, dass uns nicht gerade jetzt eine Kreuzwelle trifft und das Schiff heftig überlehnen lässt. Inzwischen hat Klaus das Segel festgebunden. Gerade rechtzeitig, bevor die nächste Kreuzwelle uns vom Kurs abbringen will, springt er in die Sicherheit des Cockpits.

Wieder hat sich gezeigt, wie unberechenbar die Ostsee sein kann, wie schnell das Wetter umschlägt und welche Gewalt in diesem kleinen Meer steckt. Doch die Anfahrt hat sich gelohnt, denn nun sind wir auf einem wunderschönen Fleckchen Erde gelandet. Gelber Sand, grüne Wiesen, blaue Ostsee und grüner Bodden. Und diese unvergleichbare Inselluft mit ihrem Aroma aus Salz, Algen und Blumenwiesen – ein Ort zum Verweilen.

Wir machen dennoch einen Abstecher nach Greifswald. Der Museumshafen mit seiner Werft ist der größte in Deutschland. Mehr als 50 Schiffe – historische Schoner, Schlepper, Zeestboote und Barkassen – sind zu bewundern. Die Werft, auf der heute noch die alten Boote repariert werden, lässt sich besichtigen.

Dann erreichen wir hinter Usedom den Peenestrom. Die Landschaft hat sich schon wieder verändert. Wer das platte Land im Norden kennt, entdeckt nun sanfte Hügel und um diese Jahreszeit Anklänge an die goldgelben Farben Afrikas. Denn es hat insgesamt in diesen Sommer viel zu wenig geregnet.

Backbords segeln wir in die Krumminer Wiek. Mit ganz wenig Wind genießen wir das Dahin-Treiben bis Krummin, einem Naturhafen, welcher schnuckelig in einer idyllischen Bucht liegt. Auch die Hafenanlagen geben einem das Gefühl, angekommen zu sein. Jeden Abend zaubert die Küche ein leckeres Gericht. Heute gibt es geräucherten Lachs. Ich gönne ich mir eine Himbeerbowle, mache es mir in einem der Deckstühle bequem, genieße den Blick über den Hafen und die kleine Bucht und plane den weiteren Törn.

Weiter östlich erstreckt sich das Naturschutzgebiet Peene. Wer Glück hat, entdeckt Weißkopfadler. Das Seegebiet um Rügen und Usedom eignet sich hervorragend für große und kleine Törns. Bei gutem Wetter segelt man über die Ostsee und genießt die Kreidefelsen von See aus, bei schlechtem Wetter versteckt man sich hinter den Inseln und kann trotzdem segeln. Es kann auch herrlich sein, mit 7 Knoten über den Peenestrom zu rauschen.

In polnischen Gewässern

Für uns geht es nun weiter an der polnischen Küste entlang, bis Danzig. Hier lernen wir eine ganz andere Ostsee kennen. Entlang der Küste erstrecken sich schier unendliche Strände: Strände mit Sand so weich und fein, wie ich ihn nur aus der Karibik kenne. Die Häfen verstecken sich tief in den Flüssen. Wenn wir frühmorgens die Leinen loswerfen, werden wir mit einem goldenen Sonnenaufgang über der Ostsee belohnt. Während über der Küste der silberne Morgennebel wabert und die Landschaft feengleich erscheinen lässt, erglüht die Ostsee in Gold- und Orangetönen. Welch ein Kontrast. Es sind diese unbeschreiblichen Momente, die mir das Herz öffnen und mich mit absolutem Glück erfüllen.

Das Meer hat abermals seinen Charakter verändert: Eine 1,50 Meter hohe Hackwelle in der westlichen Ostsee hat schon oft meinen Magen zum Grummeln gebracht. Ich tendiere an solchen Tagen dazu, Häfen besonders schön zu finden. Weil aber die Wellenperiode, also der Abstand zwischen zwei Wellen, an der polnischen Küste schön lang ist, machen mir die Wellen nicht mehr so viel aus. Im Gegenteil, ich genieße dieses sanfte Auf und Ab. Auch der Pinnenpilot scheint mit den Gegebenheiten besser klarzukommen. Ohne Probleme hält er den Kurs. Einzig das An- und Auslaufen in die Flüsse kann wegen Unterströmungen gefährlich werden. Ein paar PS mehr im Bauch helfen, um sich und sein Boot sicher zu wissen.

Auf unserem Törn durch die Ostsee lernten wir viele liebenswerte und hilfsbereite Menschen kennen und gewannen neue Freunde. Wir durften die sich langsam verändernde Landschaft und die sich stets wandelnde Ostsee mit allen Sinnen genießen. Wir fanden geschichtsträchtige Orte mit mediterranem Flair entlang der alten Handelsrouten. – Mein Blick verliert sich über der Ostsee, zu dem, was da noch kommen mag, wenn wir weitersegeln, die Küste immer steuerbords.

Kleines Boot – großes Glück: *Anja Rathmer* und ihr Mann *Klaus* sind auf ihrer 8,75 Meter großen Winga 87 aus dem Jahr 1983 unterwegs. Über ihre immer weiter ostwärts führenden Törns bloggt sie auf:

https://www.youngatheart-sailing.com

Die „Heldentour" ist ein Routenvorschlag für alle, die auch nach acht Stunden noch nicht genug vom Segeln haben und in kurzer Zeit viel sehen möchten. Diese Tour führt durch die Städte, Häfen und Ankerbuchten von drei Nationen bis hinein in die südschwedischen Schären.

„Heldentour" durch 3 Nationen.

Ich bin ja eher ein gemütlicher Fahrtensegler, der gerne auch viel Zeit in Häfen und Buchten verbringt. Ich sehe aber auch immer wieder Crews, die gerne lange Strecken segeln und denen die Zeit auf dem Wasser mehr bedeutet, als an Land zu sein. Häufig bestehen solche Crews aus vier bis sechs Personen.

Auf langen Törns kann jeder einmal ans Ruder und natürlich sind dann auch Wachwechsel möglich. Weil auch dies das Ostseesegeln ausmacht, habe ich für euch einen Törnvorschlag erstellt, der diesen Wünschen gerecht wird.

Alle Tagestörns sind mit 50 bis 60 Seemeilen immer noch gut machbar und man besucht neben der deutschen Ostsee auch die Küsten Dänemarks und Schwedens und bekommt einen kleinen Vorgeschmack auf das Schärensegeln. Der Wind muss natürlich passen, aber wenn wir bei dieser Personenzahl von einem entsprechend großen Charterschiff ausgehen, kann man im Durchschnitt gut mit 6 Knoten Speed rechnen – entweder unter Segeln oder unter Maschine. Mit ein paar Tagen Reserve rechne ich für diesen Törn mit einer Charterdauer von 14 Tagen.

Routenplanung für den Heldentörn

Wohin soll's gehen? Das hängt natürlich vom Wind ab. Ideal wäre für die erste Woche des Törns eine West- bis Südwestwindlage, die ab Erreichen von Karlskrona in eine Ostwindlage wechselt – eine eigentlich typische Wettersituation an der Ostsee. Ein Tief zieht durch, danach stabilisiert sich ein Hoch. Mehr dazu im Kapitel „Ostseewetter“ von Sebastian Wache. Ohne den Ostwind könnte der Rückweg nämlich sehr mühsam werden. Alternativ könnte man rechtzeitig die sehr lohnenden Ziele Kopenhagen, Helsingør und das schwedische Malmö im Øresund ansteuern. Einen Törnvorschlag für eine konstante Südwest-Starkwindlage findet ihr im Kapitel „Rund Als geht immer“.

Wir starten vom Chartermekka Heiligenhafen aus. Die Übernahme einer Charteryacht zieht sich ja häufig etwas hin. Sollte man erst nachmittags loskommen, kann man an diesem Tag noch bis Burgstaaken kommen. So lässt sich das Boot kennenlernen und man hat den Fehmarnsund auch schon hinter und am nächsten Tag die offene Ostsee direkt vor sich. Man muss nicht bis ganz zur rot-weißen Ansteuerungstonne des Sundes fahren, um nach Burgstaaken abzubiegen, das Tonnenpärchen davor und ein kritischer Blick auf Karte und Tiefgang genügen. In Burgstaaken kann die Crew abends Pläne schmieden. Der Hafen und der Strand gegenüber bieten dafür ausreichend gastronomische Alternativen.

Auf nach Klintholm

Am nächsten Morgen stehen rund 55 Seemeilen bis Klintholm auf dem Programm. Wenn man nach dem Auslaufen den Leuchtturm Staberhuk querab hat, legt man Kurs auf die rote Tonne Gedser Landrev vor Gedser Odde, dem südlichsten Punkt Dänemarks. Auf dem Weg dorthin gilt es, die vielbefahrenen Strecken Kiel-Ostseeweg und später die Fährlinie von Rostock nach Gedser zu queren. Hinter der roten Tonne vor Gedser hat man aber freie Fahrt auf den letzten 30 Seemeilen bis nach Klintholm. Einzig die Windverhältnisse können Schwierigkeiten bereiten, bei Starkwind ab 6 Windstärken aus Südwest kann die Einfahrt nach Klintholm riskant sein, bei Sturm ist sie gar unmöglich. Ich habe von Seglern gehört, die zwar noch hinein, aber lange nicht mehr herauskamen.

Die sicherste Alternative in diesem Fall ist, Stubbekøbing hinter dem Grønsund anzulaufen. Man kann als Alternative auch in den Hafen von Hesnaes kurz vor der Einfahrt in den Grønsund gehen. Dieser ist bei starkem Wind aus Südwest aber sehr unruhig, da viel Schwell in den Hafen steht. Ab 19:00 Uhr beruhigt sich der Wind auf der Ostsee üblicherweise und lebt erst am nächsten Vormittag wieder auf. Wer entsprechend plant, kann sich Stress ersparen, wenn man einfach später in den Hafen einläuft. Vor dem Hafen von Klintholm kann sehr starker Strom setzen, also Obacht! Und auch den Fischernetzen muss man unbedingt ausweichen und der in der Seekarte eingezeichneten Einfahrt in den Hafen exakt folgen.

Klintholm hat außer dem Hafen nicht viel zu bieten. Dieser liegt allerdings in einer Gegend mit zahlreichen Ferienhäusern und so gibt es von Eis und Hotdog bis zur schicken Gastronomie eigentlich alles. Der Hafen bietet auch einen kleinen Supermarkt und wird daher als der Absprunghafen nach Bornholm genutzt.

Weiter nach Ystad

Doch wir wollen nach Schweden, und zwar in den 55 Seemeilen entfernten Hafen von Ystad. Leider gibt es auf Kriegers Flak neue große Windparks, die mitten im Weg liegen und die man am besten nördlich umfährt. Hinter den beeindruckenden Kreidefelsen von Møn, an denen wir dicht vorbeifahren, können sich die Windverhältnisse schlagartig ändern. Wer also bei gesetztem Spinnaker oder anderen Vorwindsegeln unterwegs ist, sollte Vorsicht walten lassen. Es gilt, eine Fährlinie zu kreuzen, und dann sieht man auch schon Ystad an der schwedischen Südküste auftauchen, lange bevor man sie erreicht. Der Hafen ist etwas verwirrend beschildert, aber überall tief genug.

In der Saison sollte man vorab den Hafenmeister kontaktieren, um einen Platz zu reservieren. Im Hafen und in der Stadt findet eine hungrige und durstige Crew alles für einen gelungenen Abend.

Nach Karlskrona wäre es nun mit über 80 Seemeilen recht weit, deswegen legen wir auf der kleinen und idyllischen Insel Hanö Zwischenstation in einem gemütlichen Fischer- und Yachthafen an der Westseite der rund 55 Seemeilen entfernten kleinen Insel ein. Im Sommer liegen viele Boote im Päckchen längsseits am Steg. Es gibt aber auch einen Steg, an dem man gut vor Heckanker liegen kann, wenn dieser an Bord vorhanden ist. Hanö ist Natur pur, außer einem kleinen Geschäft und einem Restaurant gibt es nicht viel. Dafür aber auch keine Autos und keine Mücken; und das ist in Schweden schon etwas ganz Besonderes. Hier können die Crewmitglieder einmal eigene Wege gehen, sich die Insel anschauen oder vom 60 Meter hoch gelegenen Leuchtturm auf die Hanöbucht blicken. Die Legende sagt, dass dieser Leuchtturm beim ersten Einschalten einen Drachen blendete, dessen Fußspuren man auf einem Felsen noch heute sehen kann. Den Tag kann man wunderbar mit einem Grillabend beenden und dabei den Sonnenuntergang genießen.

SchärenSegeln für Einsteiger

Von Hanö aus läuft man jetzt nordöstlich, kann Tärnö an Backbord liegen lassen und eine Meile vor der Südspitze Tjärös nach Steuerbord in ein sehr schönes, innenliegendes Schärenfahrwasser einlaufen. Es ist zwar hinreichend betonnt, jedoch sollte man die Route stets auf dem Plotter im Auge behalten und vor allem auf die teilweise wechselnde Betonnungsrichtung achten. Ein recht anspruchsvoller Schlag, der die Crew und die Navigation fordert, aber dafür absolut einmalig sein wird. Diese Schärenfahrwasser findet man sonst erst viel weiter nördlich.

Beim Danziger Gatt geht es wieder hinaus in die äußeren Schären und weiter in Richtung Karlskrona. Sollte man sich das Schärenfahrwasser nicht zutrauen, oder wenn zu starke südliche Winde wehen, segelt man von Hanö einfach direkt hierher. Man kann nun wieder innen an der Insel Hasslö vorbeifahren – muss dann allerdings die Brückenöffnungszeiten der Klappbrücke beachten – oder man fährt außen um die Insel und folgt den Fähren durch das breite Hauptfahrwasser hinein nach Karlskrona.

Es lohnt, sich vorher einmal genau die Karte anzusehen, um in die Marina in der Nähe des Hauptbahnhofs zu gelangen. Es gibt einige private Häfen und Anleger, von denen man sich aber nicht ablenken lassen sollte. Die Marina ist nicht besonders schön, bietet aber jeden Service inklusive Waschmaschine und Trockner. Die Stadt ist umso schöner und auch wenn es spät geworden ist, wird eine feierlaunige Crew noch viele Restaurants und Bars offen finden.

Zum Crewwechsel nach Karlskrona

Zu viel gesegelt? Seekrank geworden? Zeit ausgegangen? Karlskrona ist ideal für einen Crewwechsel. Die Bahnen am benachbarten Hauptbahnhof fahren nach Kopenhagen oder zum Fährhafen in Trelleborg. Karlskrona bietet jedenfalls genug Abwechslung, um einen freien Tag zu verbringen oder Reparaturen vorzunehmen.

Durch das Hauptfahrwasser fahren wir wieder hinaus auf die Ostsee und legen Kurs auf die 55 Seemeilen entfernten Erbseninseln. Auf der großen Dampferautobahn ist Vorsicht geboten! Christiansø ist wieder ein sehr idyllisches Ziel nach der Großstadt Karlskrona und ideal, um die neue Crew bei einem Grillabend willkommen zu heißen.

Nach Bornholm ist es nun auch nicht mehr weit. Für ein großes Charterschiff eignen sich aber eigentlich nur die Häfen von Svaneke, Nexø, Rønne und Hasle, denn die anderen Häfen sind sehr eng und zur Hauptsaison oft überfüllt. Von Christiansø sind es nur 11 Seemeilen bis nach Svaneke mit seinen roten Klippen. Sie gilt als die schönste Stadt der Insel und auch als die mit den meisten Sonnenstunden. Sie ist einen Besuch wert, zumindest bei leichten Winden. Bei Starkwind aus Ost werden die Tore zum Hafen geschlossen (an solchen Tagen ist Nexø der einzig überhaupt anzulaufende Hafen an der Ostküste Bornholms).

Wir fahren in den Innenhafen von Svaneke, suchen uns einen Platz an der Mole und erkunden ein wenig die Stadt. Wenn genügend Zeit vorhanden ist, bleiben wir über Nacht. Sonst geht es noch 25 Seemeilen weiter bis nach Rønne, der Hauptstadt Bornholms. Hier eignet sich der Yachthafen Nørrekås nördlich des Fährhafens perfekt für uns. Ein Vorab-Anruf beim Hafenmeister kann nie schaden. Rønne bietet alle Versorgungsmöglichkeiten und es gibt von Trubel bis ruhiger Altstadt alles Mögliche zu entdecken.

Von Rønne aus sind es nun 47 Seemeilen bis nach Lohme auf Rügen. Man könnte auch wieder über Schweden oder Dänemark zurück, muss sich dann aber mit mehr Großschifffahrt und einigen Verkehrstrennungsgebieten auseinandersetzen, in denen nur „Einbahnverkehr" zulässig ist. Als Zwischenstopp für eine Rückreise über Schweden würde sich mit nur 35 Seemeilen Törnlänge wieder Ystad anbieten, da man auf direktem Kurs dorthin das Verkehrstrennungsgebiet nordwestlich Bornholms rechtwinklig durchfahren kann oder es durch einen kleinen Schlenker an Backbord liegen lässt. Nach Dänemark müsste man zunächst südlich durch dieses große Verkehrstrennungsgebiet hindurch, und dann nördlich davon vor Rügen und südlich des Windparks Kriegers Flak durch. Bis Klintholm wären es dann aber knappe 80 Seemeilen.

Zurück über Rügen

Daher wählen wir den gemütlicheren Weg über Lohme, das im Norden von Rügen an einer schönen Steilküste liegt. Diese gilt es an Land über eine lange Treppe zu erklimmen. Als erste Station, um wieder Luft zu holen, bietet sich das Café Niedlich am Ende der Treppe an. Man blickt auf Hafen und Ostsee und kann bis hinüber zu den Kreidefelsen am Kap Arkona sehen. Ihr Gegenstück auf Møn haben wir ja schon vor ein paar Tagen passiert.

Sobald die Sonne sinkt, geht es entweder noch ein paar Stufen höher in den Ort Lohme mit seiner kleinen Auswahl an Restaurants. Oder, eigentlich viel schöner, auf den Grillplatz direkt unten am Wasser. Wer schon auf Bornholm für das Grillgut vorgesorgt hat, ist im Vorteil, denn in Lohme gibt es nur einen kleinen, wenn auch ganz gut sortierten Dorfladen. Ganz wichtig: Unbedingt beim Hafenmeister Brötchen vorbestellen, dann muss am nächsten Morgen niemand zum Frühsport gezwungen werden.

Starkwind-Alternativen

Nach dem Frühstück runden wir nach 8 Seemeilen das berühmte Kap Arkona und legen Kurs auf das 45 Seemeilen entfernte Hesnaes auf dem dänischen Falster. Wir queren auch wieder den Kiel-Ostseeweg, jedoch außerhalb der Verkehrstrennungsgebiete. Hesnaes könnte bei sehr starkem Ostwind eventuell schwierig anzulaufen sein. In einem solchen Fall wären Klintholm oder auch Stubbekøbing gute Alternativen. Ein Vorabanruf beim Hafenmeister ist ratsam – auch, um nach dem Status der Versandungen vor allem östlich der Einfahrt zu fragen. Überhaupt sollte man die Einfahrt nach Hesnaes vorsichtig vornehmen, denn der Hafen ist – Dänemark-typisch – von Stell- und Grundnetzen umgeben, die weit ins Wasser hinausragen.

Wir nehmen daher zunächst Kurs auf die Osttonne vor Hesnaes und laufen im Anschluss direkt auf das rot-grüne Tonnenpärchen der Einfahrt zu. Von dort aus geht es mit etwas Abstand zur Ostmole in den Hafen. Größere Boote liegen an der Kaimauer, die Boxen könnten etwas zu kurz sein. In Hesnaes sind wir in einem urigen, typisch dänisch-charmanter Fischerhafen. Außer Wäldern, langen Sandstränden und frischem Fisch gibt es nichts (Strom, Wasser und Duschen sind aber vorhanden). Zeit also, die letzten Vorräte zu kochen oder auf den Grill zu legen und noch einmal die letzten Tage und Erlebnisse Revue passieren zu lassen.

Die letzten Meilen

Von Hesnaes aus sind es nun noch einmal gute 50 Seemeilen zurück zu unserer Charterbasis in Heiligenhafen und zum Ende dieses Törns, der viele Höhepunkte der drei Ostseenationen verbunden hat. Es lohnt sich, schon am Abend vor der Abgabe des Bootes in Heiligenhafen festzumachen, denn dort findet man wirklich alles für eine gelungene Abschiedsfeier.

Mein Geheimtipp: die „Bretterbude“ mit Restaurant und Bar unweit der Marinastege.

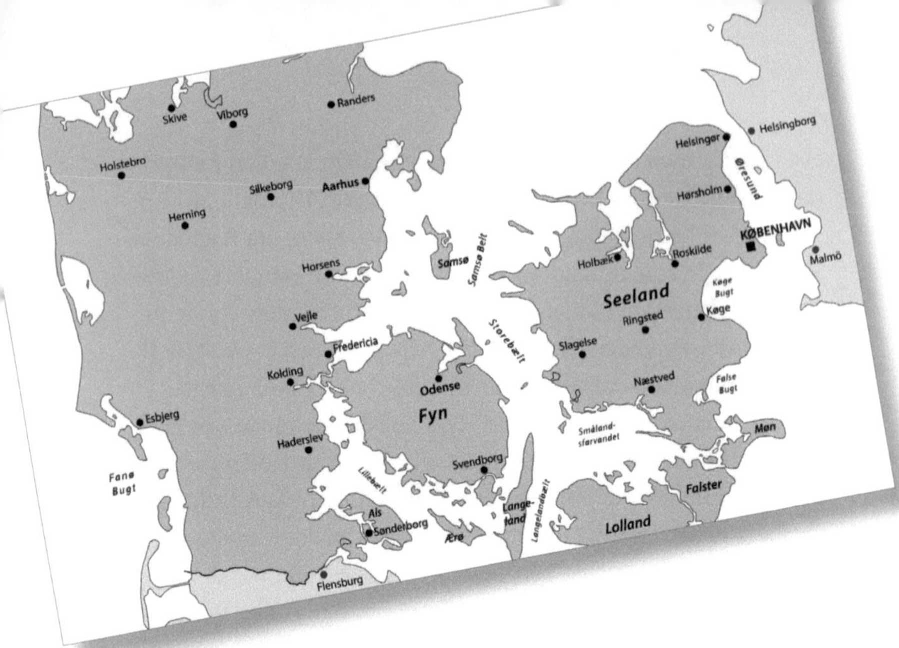

Dänemark ist ein von deutschen Ostseehäfen aus leicht erreichbares und wandelbares Ziel. Ein Rundtörn, der alle Facetten Dänemarks beleuchtet, ist der folgende dreiwöchige Törn. Einsame Strände, idyllische Ankerbuchten, Sommertrubel und Großstadt – Dänemark bietet von allem etwas.

Sommersegeln in Dänemark.

Für vier Wochen übernahm ich im Sommer 2020 die Übergaben und -Einweisungen für die Folkeboot-Charterfirma „Klassisch am Wind“ meines Freundes Mike Peeuker. Ich blickte seinem Sommerurlaubs-frohen Schiff lange und auch neidisch hinterher, als er mit Familie und Hund in Richtung Ostsee davon segelte. Er hat diesen Törn in drei Videos festgehalten, die, wie ich finde, Lust auf einen Sommersegeltörn durch Dänemark machen. Diese Filme müsst ihr euch einfach ansehen, wenn ihr in Dänemark segeln wollt. Einfach auf YouTube den Link eingeben oder den QR-Code scannen.

Maasholm bis Kopenhagen	https://youtu.be/5kKR4JFBaPw
Kopenhagen bis Samsø	https://youtu.be/rNVxUxLT400
Samsø bis Maasholm	https://youtu.be/HglGZgpaqC0

Maasholm Kopenhagen Samsø

Ich muss gestehen: Ich bin diesen Törn in dieser Form (noch) nicht selbst gesegelt, möchte euch aber diese reizvolle Route vorstellen, die Mike empfiehlt. In einer Mischung aus gemütlichen und anspruchsvolleren Schlägen führt sie – mit Rast in Häfen und Ankerplätzen – von Maasholm über Kopenhagen bis Samsø über eine Gesamtlänge von 420 Seemeilen. Auf meine Frage, ob dieser Törn auch in drei Wochen machbar sei, antwortete er: „Ich hätte es auch in drei Tagen geschafft, wenn ich nicht so oft angehalten hätte.“ Ihr könnt also den Törn in einem längeren oder kürzeren Zeitraum absegeln. Mike und ich wünschen viel Spaß!

Maasholm

Maasholm ist unser Starthafen in der Schlei. Mein Sommerliegeplatz und das Zuhause von „Klassisch-am-Wind“. Mehr zu Maasholm findet ihr im Kapitel „Eine Reise auf der Schlei“.

20sm → Fynshavn

Unterschätzte und daher ruhige Marina in sehr schöner Umgebung mit Badestrand.

17sm → Skarø

Kleine Insel mit nur 35 Einwohnern, die Räucherfisch und ein eigenes Eis produzieren und verkaufen. Hinter einer Landzunge liegt man gut geschützt vor Anker.

15sm → Lohals

Ein im Sommer recht voller, aber sehr reizvoller Fischerhafen, mit angrenzender Marina umgeben von faszinierenden alten Bäumen im sogenannten „Troll-Wald".

Eine Alternative ist das unbekanntere und daher nicht überlaufene Dageløkke inmitten einer Feriensiedlung. Bei auflandigem Starkwind kann es allerdings passieren, dass man über längere Zeit einweht. Dieser Hafen bleibt 2021 leider vollständig geschlossen.

16sm → Omø

Gutbesuchter, aber immer noch charmanter Fischer- und Fährhafen mit Grillplätzen in der Nähe des Großen Belts – der sogenannten „blauen Autobahn" Dänemarks. Abseits des Hafens findet man viele leere Strände, die mit kostenlosen Leihfahrrädern gut zu erreichen sind.

16sm → Femø

Hafen mit schönem Badestrand und guter Versorgung. Er wird aber, wie im Sommer eigentlich fast überall, schnell voll. Im Hafen kommt man dann nur noch im Päckchen unter.

Hafenalternativen im Smållandsfahrwasser

Fejø (Dybvig)

Ein kleiner Hafen auf der ganz dem Obstanbau gewidmeten Insel mit kostenlosem Busservice. Das exakte Gegenstück dazu:

Vejrø

Ein nagelneuer, mit allem Service ausgestatteter Luxushafen, der 350 DKr für ein 10-Meter-Boot aufruft und daher stets recht leer ist. Angeblich ist die Benutzung der Tennisplätze und Mountainbikes inklusive, außerdem gibt es ausgesprochen luxuriöse Badezimmer, Waschmaschine, Trockner, ein Piratenschiff für die Kinder und sogar Brennholz. Die einen schwören auf diesen Zwischenstopp, die anderen würden niemals Station machen. Überzeugt euch also selbst. Den weiteren, etwas anspruchsvollen Weg durch die Smållandsfahrwasser beschreibe ich anhand eigener Erfahrungen im Kapitel „Törns ohne Tiefgang“.

40sm → Vordingborg oder Kalvehave

Die beiden Oste sind mögliche Zwischenstationen, um den Törn zu verkürzen.

Rødvig

Recht großer Yacht- und Fischereihafen mit guten Versorgungsmöglichkeiten, Badestrand und interessanter Umgebung.

25sm → Dragør

Schöner liegt man im Alten Hafen, erst wenn dieser voll ist, geht es in die Marina nebenan. Wegen seiner liebevoll gepflegten Altstadt ist Dragør bei vielen Kopenhagenern beliebt. Sie bezahlen für ihre Wochenendhäuschen die höchsten Grundstückspreise in ganz Dänemark.

12sm → Kopenhagen

Einmal im Leben muss jeder Ostseesegler Kopenhagen auf eigenem Kiel besucht haben. Der Christianshavn ist dort meine erste Wahl.

20sm → Helsingør

Auch diese Stadt ist einen Besuch unbedingt wert. Ich persönlich konnte mit dem schwedischen Gegenstück Helsingborg gleich gegenüber etwas mehr anfangen. Wer sein Boot für einen Besuch nicht verlegen will, kann mit der Fähre übersetzen.

15sm → Gilleleje

Noch ein typisch dänischer, lebendiger Fischer-, Werft- und Yachthafen mit dem Aroma von Fisch, Teer und Meerwasser und einem Badestrand direkt nebenan.

56sm

Den nächsten Stopp erreicht man über einen längeren und navigatorisch anspruchsvollen Törn, den man gut planen sollte. Seine Schwierigkeiten sind Strom und Berufsschifffahrt im Ausgang vom Øresund sowie einigen Flachs, die es sicher zu überqueren gilt.

Samsø

Eine schöne schon in der Steinzeit und später von den Wikingern besiedelte Bauerninsel, die im Sommer ziemlich voll wird. Touristen kommen mit dem Auto und viele Yachten streiten sich um die Liegeplätze in den Marinas Ballen (Starkwind aus Nordost bis Ost verursacht viel Schwell im Hafen) und Langør. Der Sommer bietet jede Menge Trubel, aber auch viel Atmosphäre. Wer dem Gedränge entgehen möchte, ankert weltabgeschieden im Naturparadies Stavns Fjord. Es handelt sich dabei um eine kreisrunde Lagune von 2,5 Seemeilen Durchmesser mit einer schmalen Einfahrt im Norden. Man liegt sehr gut geschützt.

Sollte etwas an Bord fehlen, ist der Hafen von Langør nicht weit, er liegt ebenfalls in der Lagune. Innerhalb dieser Bucht lässt sich die einzigartige Landschaft perfekt mit dem Dingi erforschen.

12sm → Tunø

Tunø ist eine kleine Bauerninsel mit schönen Wanderwegen abseits des Hafens. Gleichzeitig ist sie DAS Wochenendziel für Segler aus Århus und entsprechend voll. Daher entweder unter der Woche anlegen oder nördlich des Hafens vor Tunø Rev den Anker werfen.

20sm → Æbelø

Diese unbewohnte Insel ist von Land aus bei Ebbe mit einem langen Fußmarsch oder mit dem Boot zu erreichen. Die Übernachtung auf der Insel ist nicht erlaubt. Daher ist die einsame Nordspitze von Fünen kaum besucht und man findet auf der fast vollständig bewaldeten Insel viel Wild. Ein perfektes Ziel also, um im Sommer einsam eine oder mehrere Nächte vor Anker zu verbringen.

42sm

Bei der Einfahrt in den Kleinen Belt bei Middelfart muss man auf den teils stark setzenden Strom achten, der im Laufe des Tages die Richtung ändert. Man findet jede Menge Häfen für einen Zwischenstopp für den Fall, dass einem der Törn zu lang wird.

→ Barsø. Mehr dazu im Kapitel „Rund Als geht immer“.

→ 7sm Mjels Vig. Mehr dazu im Kapitel „Rund Als geht immer“.

27sm → Maasholm

Zurück geht es in die „Perle der Schlei“. Mehr dazu im Kapitel „Eine Reise auf der Schlei“.

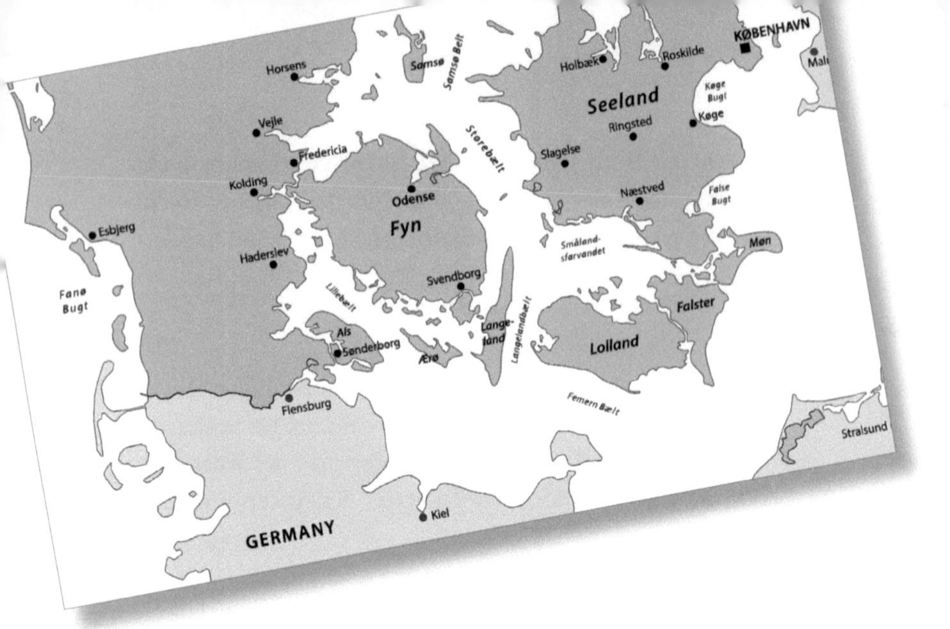

„Hafensammeln" ist meine Leidenschaft. Ich habe mir vorgenommen, mindestens einmal in jedem Hafen der deutschen und dänischen Ostsee anzulegen. An diesem Projekt arbeite – oder besser: segle – ich nun seit einigen Jahren. Ein paar meiner Lieblingshäfen möchte ich euch vorstellen.

Hafensammeln.

Die deutsche Ostseeküste bietet eine große Zahl an Marinas, und mindestens 134 davon kann man sich unter dem Stichwort „Yachthäfen" bei Ostsee-Charter ansehen:

https://www.ostsee-charter-yacht.de/yachthaefen.php

Bis auf die meisten Häfen östlich vom Darß kenne ich mittlerweile einen Großteil der aufgelisteten Marinas und könnte zu jeder etwas sagen. Doch sie alle vorzustellen, würde den Rahmen dieses Buches sprengen. In den einschlägigen Törnführern oder im „Sejlerens“, *dem* Hafenmagazin für Marinas und Landgänge in Deutschland und Dänemark findet man zu jedem Hafen ausführliche Informationen. Beide Ausgaben liegen in der Saison bei beinahe jedem Hafenmeister aus und haben ihren festen Platz bei mir an Bord.

Ich möchte in diesem Kapitel von Häfen erzählen, die mir etwas bedeuten und in die ich immer wieder zurückkehre. Von diesen Häfen möchte ich auf den nächsten Seiten berichten. Natürlich sind es sehr individuelle Eindrücke und sie bedürfen daher vorab eines kleinen Einblicks in meine Art zu segeln.

Ich kam zum Segeln als Ausgleich zu beruflichem Stress, klingelnden Telefonen, vollen eMail-Postfächern und langen Meetings. Und auch jetzt (zumindest vor Corona) habe ich bei meinen Auftritten und Vorträgen immer Trubel und Menschen um mich. LA MER ist mein Gegenpol, ein Fluchtpunkt in eine Welt, die nur mir allein gehört. Mit meinem ganz eigenen Timing, meinen Vorlieben, meinen Gedanken und vor allem: ohne Stress. Daher kommt wohl auch meine Vorliebe fürs Einhandsegeln.

Ich habe immer gerne meine Frau oder mal einen Freund an Bord. Meine Vorstellung eines gelungenen Abends auf LA MER besteht jedoch aus nicht mehr als einer Ankerbucht oder einem einsamen Liegeplatz unter sternenklarem Himmel, einem Buch, meiner Petromax-Lampe, Musik aus den Außenlautsprechern und meiner Gitarre.

An Bord von LA MER tanke ich auf, reflektiere und entwickle ungestört neue Pläne und Ideen. Ein oder zwei laute Crews in der Nachbarschaft rütteln an einem derart friedlichen Abend. Und so bin ich denn wohl auch immer ein wenig auf der Flucht, sobald es um mich herum zu lebhaft wird. Mein Lieblingsliegeplatz liegt folgerichtig niemals am dichtesten zum Land oder zum Sanitärgebäude, sondern eher am Ende eines unzugänglichen Steges – möglichst neben einem oder mehreren unbewohnten Geisterschiffen. Und selbst einsame kleine und enge Naturhäfen verlieren den Reiz für mich, wenn dort die Einsamkeit verloren geht, weil schon alle anderen sie entdeckt haben.

So finde ich denn lieber etwas Zurückgezogenheit in einem der anonymeren „Betonhäfen“ an unseren Küsten, was meine Vorliebe für einige der aufgeführten Häfen erklären mag. Oder eben in einer der einsameren Ankerbuchten, die sich überwiegend in dänischen Gewässern befinden.

Wer Anschluss und nette Gespräche sucht, fährt an einem Sommerwochenende einfach nach Schleimünde – falls noch ein Platz frei sein sollte. Mich wird man dort nur finden, wenn ich einen Auftritt habe.

Die ersten fünf der nachfolgend beschriebenen Häfen gehören zwar eher in die Kategorie „Begegnungshäfen“, sie haben aber für mich einen ganz eigenen Reiz. Begeben wir uns also auf eine Reise zu meinen Lieblingshäfen der Ostsee:

Stadthafen Flensburg

Ich beginne mit dem Stadthafen Flensburg, dem westlichsten Hafen der gesamten Ostsee: Man liegt mit einer traumhaften Aussicht auf die Altstadt von Flensburg und den Museumshafen, ist umgeben von Mast- und Kirchturmspitzen und fühlt sich wie zu Anfang des letzten Jahrhunderts. Allein für diese Aussicht – gerade bei Sonnenuntergang – lohnt es sich, bis an das Ende der Förde nach Flensburg zu schippern. Die beliebtesten Plätze in diesem Hafen liegen an den Stegköpfen, von wo aus man das Panorama uneingeschränkt genießen kann.

Der Hafen besteht aus einigen eingezäunten Stegen, ist recht lebendig und bietet direkt am Hafen schon eine Infrastruktur aus Buden, Beachclubs und Restaurants. Nach nur ein paar hundert Metern gelangt man in die zauberhafte Altstadt von Flensburg mit ihren kleinen Gässchen, Fußgängerzonen und allen Angeboten, die eine größere Stadt zu bieten hat. In diesem Hafen kann ich auch einmal mehrere Tage verweilen. Die windgeschützte Lage ganz am Ende der Flensburger Förde macht diesen Liegeplatz nur noch attraktiver.

Es geht in Richtung Ostsee und man fährt über die meist zahme Innenförde vorbei an den mittlerweile unbewohnten dänischen Ochseninseln, vor denen man gut ankern kann. Dann vermeidet man es penibel, die rote Fahrwassertonne 6 (Spitzname: „Schwiegermutter") zu schneiden, damit diese einen nicht auflaufen lässt.

Langballigau

Wenn man auf diese Weise das Kap von Holnis umrundet hat, sieht man vor sich auch schon die wunderschön gelegene Hafenanlage von Langballigau. Dieser fast schon dänisch anmutende, aus viel Holz zusammengezimmerte Hafen gehört zu meinen Lieblingshäfen der Ostsee. Er ist leider oft voll und man muss die Augen gut aufhalten, um einen freien Gastliegeplatz zu finden, zumal sich der Hafen nach hinten so sehr verengt, dass es schwierig werden kann, zurückzufahren. Mit ein wenig Fantasie findet man aber doch irgendwo noch einen Liegeplatz. Die schönsten und begehrtesten Liegeplätze befinden sich direkt nach der Hafeneinfahrt auf der Backbordseite vor der Gastronomie. Wenn man einen Platz ergattert hat, kann man gleich morgens von Bord gehen, um sich einen Kaffee und ein Brötchen zu holen, und dann in diesem wunderschönen Ambiente in Ruhe den Tag beginnen zu lassen. Es gibt die übliche Gastronomie von Eis bis Fischrestaurants und das gesamte Leben spielt sich um den gemütlichen Hafen herum ab. Dazu lockt ein herrlicher Sandstrand direkt neben dem Hafen. Stets versuche ich, so viele Tage wie möglich zu bleiben. Ich sollte wohl einmal über einen Sommerliegeplatz nachdenken, denn Langballigau bietet wirklich alles, was das Reisen auf der Ostsee so außergewöhnlich macht.

Sønderborg

Von Langballigau ist es nicht weit bis Sønderborg auf der dänischen Seite der Förde. Ich liege mit LA MER am liebsten im Windschutz der hohen Kaimauer des Stadthafens, was allerdings kreatives Fendergebastel erfordert. In der Saison bilden sich aufgrund des Platzmangels oft Päckchen aus Booten, sodass ich meist erst unter der Woche und/oder in der Vor- oder Nachsaison einlaufe. Es gibt Strom und Wasser am Kai und einen Automaten für das Hafengeld.

Meine erste Station nach dem Festmachen ist stets die kombinierte Eis- und Hot-Dog-Bude direkt am Hafen. Derart versorgt, gehe ich wieder an Bord und lasse Menschen, Boote und Zeit an mir vorüberziehen.

Eine steile Treppe führt in die abwechslungsreiche Innenstadt von Sønderborg. Von kleinen Cafés am Marktplatz bis zu einem großen Einkaufscenter ist alles vorhanden und dänemarktypisch „hygge“, also auf seine ganz eigene Art gemütlich, geblieben. Ich liebe es, mittendrin auf meinem Boot zu leben und alle Annehmlichkeiten stets nur ein paar Schritte und Stufen entfernt zu wissen. Wenn dann an lauen Abenden die Sonne unter- und die Hafenbeleuchtung angeht und oben auf der Promenade die Leute bei einem Eis oder Drink verweilen, ist mein Seglerleben perfekt.

Mommark

Wenn nun schon einmal die dänische Gastlandflagge weht, kann ich eigentlich auch die etwa 14 Seemeilen bis Mommark auf der Ostseite von Als segeln.

Mommark ist ein beschaulicher und typisch dänischer Hafen. Beim Anlegen sollte man daran denken, keinen Platz zu verschwenden, denn im Laufe des Tages füllt sich der Hafen stets. Der Hafenmeister sorgt dafür, dass auch jeder unterkommt. Mommark bietet einen langen Sandstrand, auf dem eigens ein Palmenpärchen aus Kunststoff errichtet wurde. Überhaupt zieht sich diese Liebe zum Detail durch den gesamten Hafen mit seinem großartigen Blick auf die Ostsee. Abends spielt der Hafenmeister den Zapfenstreich auf der Trompete, die Crews grillen an Land, im Restaurant gibt es neben Lakritzeis und Würstchen auch leckere Muscheln mit Pommes Frites. Wie auch in Langballigau kann man den fangfrischen Fisch von den einlaufenden Fischkuttern kaufen. Ein typisch „hyggliger" Dänemarkhafen, der immer einen Besuch wert ist.

Wackerballig

Doch zurück nach Deutschland: Der wie eine Insel weit im Wasser liegende, ungewöhnliche Hafen von Wackerballig liegt ein wenig abseits aller Routen und so bin ich nur hin und wieder da. Der Hauptgrund – neben der tollen Abendatmosphäre im Hafen – ist das am Strand gelegene und liebevoll geführte Restaurant „Wackerpulco“. Kein Ort zum Alleinsein, meist komme ich daher mit meiner Frau Merih oder Crew her.

Man merkt mir wohl meine Liebe zur Flensburger Förde an, in der man tagelang unterwegs sein könnte, doch nun geht es weiter mit Kurs Süd:

Port Olpenitz

Der nächste Hafen auf meiner Hafenliste müsste nun Schleimünde heißen, doch die Häfen der Schlei werden bereits an anderer Stelle im Buch beschrieben, sodass ich ihn überspringe und das in vielerlei Hinsicht genaue Gegenteil von Schleimünde vorstellen möchte. Denn direkt hinter der Einfahrt in die Schlei liegt Port Olpenitz, ein wirklich ungewöhnlicher Hafen, mit dem ich übrigens lange Zeit überhaupt nichts anzufangen wusste.

Ehemals ein Hafen der Bundesmarine, erinnere ich mich aus meiner Zeit als Marinefunker noch gut an ihn. Lediglich der Beton der Kaianlagen ist aus dieser Zeit geblieben, drumherum lag lange Zeit lediglich ein riesiges Gebiet mit nur wenigen Neubauten, dafür aber zahllosen Baustellen. Erst seit ungefähr zwei Jahren sind viele dieser lang geplanten Ferienhäuser an und auf dem Wasser endlich fertiggestellt und das Großprojekt „OstseeResort Olpenitz“ bekommt langsam Gesicht. Es fällt aber immer noch schwer, den Hafen schön zu finden.

Im Hafen liegen große Motoryachten und Katamarane bunt durcheinander gewürfelt neben Regattaseglern, die wegen ihres Tiefgangs oder ihrer Größe nicht in der Schlei unterkommen. Daneben findet man vereinzelt ein paar Festlieger und ganz selten auch einmal einen Gastlieger. Und genau dies ist der Grund, warum mir dieser Hafen gefällt. Genau hier finde ich wirklich die Ruhe, die ich suche.

Zudem hat er ein paar weitere Pluspunkte: Ich kann direkt vom Steg oder vom eigenen Boot aus ins Wasser springen oder mit dem Stand-Up-Paddle fahren. Die mittlerweile fertiggestellte, wenn auch überwiegend aus Beton bestehende, Infrastruktur bietet einen großen, gutsortieren Supermarkt. Und bei diesem einen Bäcker mit seinen Frühstücksangeboten und einem kleinen Restaurant, dessen Gerichte man draußen an windgeschützten Tischen oder Strandkörben genießt, kann ich wunderbar den Tag vertrödeln. Der Blick auf die schwimmenden Ferienwohnungen mit ihren eigenen Anlegern ist dabei ungewöhnlich und vielleicht gerade deshalb so reizvoll.

Dieser Hafen unterscheidet sich von allen anderen mir bekannten Ostseehäfen und ist daher eine willkommene Alternative. Und, wenn es dafür eine Auszeichnung gäbe: Olpenitz bietet die besten Sanitäranlagen der Ostsee. Wie Badezimmer in einem Luxushotel kommen sie daher, und man hat sie mit seiner Chipkarte auch völlig für sich allein. Port Olpenitz ist schon ein merkwürdiger, aber eben auch einzigartiger Hafen. Und, wenn man einen längeren Fußweg nicht scheut, erreicht man den langen und breiten Sandstrand bei Weidefeld.

Damp

Der nächste ebenso erst auf den zweiten Blick attraktive Hafen ist Damp. Damp sieht aus wie eines dieser Neubaugebiete vor den Toren der Großstädte aus den 1970er-Jahren, und es stammt auch aus genau dieser Zeit. Warum in aller Welt sollte man also herkommen?

Die Ostsee kann ein böses Gewässer sein und in der Eckernförder Bucht bauen sich bei dem oft böigen Westwind beeindruckende Wellen auf. Aber auch die Welle aus Ost kann mit ihrem großen Fetch sehr unangenehm werden. Addiert man dazu Regen und einsetzende Dämmerung, dann wirken die vielen Lichter, die Aussicht auf eine warme Pizza und die unkomplizierte Ansteuerung dieses durch die Hochhäuser überraschend windgeschützten Hafens schnell verlockend. Man sollte aber unbedingt daran denken, ganz bis in den Innenhafen durchzufahren. Schwell aus Ost läuft nämlich direkt in den Vorhafen und hat dort schon so manch einem die Nacht ruiniert.

Damp ist primär Kurort. Gerade in der Vor- und Nachsaison besteht das Klientel weniger aus Seglern denn aus Kurgästen, was den Hafen nicht gerade attraktiv für feierlaunige Crews macht. Damp punktet dafür auf engstem Raum mit gastronomischer Vielfalt von Cafés mit Meerblick, Dönerbuden, Buden für Eis und Crêpes (die man allerdings heldenhaft gegen aggressive und durchtriebene Möwen verteidigen muss, die in Teams arbeiten), einem Diner, einem großen Buffetrestaurant, einem gehobenen Restaurant mit Wikinger-Ambiente und drei Bars mit Live-Musik (eine davon direkt am Strand).

Kurz gesagt: Segle ich mit meiner Frau, macht Damp bei der Frage nach dem abendlichen Liegeplatz bei ihr immer das Rennen gegen einen idyllischen, aber ereignislosen Liegeplatz in der Natur. Mit Kindern an Bord dürfte das vermutlich nicht anders sein. Stets werden viele Sportwettbewerbe ausgetragen, vor allem die Beachvolleyballturniere haben ihren Reiz.

Damp besitzt einen riesengroßen Strand, der sich in beide Richtungen neben dem Hafen erstreckt. Mich erinnert der Ort immer etwas an die Betonbauten an der französischen Mittelmeerküste, in denen ich in meiner Jugend so manchen Sommerurlaub verbracht habe, und so kommt bei mir in Damp auch heute noch dieses typische Sommerfeeling auf, wenn ich abends auf meinem Boot sitze, der Live-Musik und dem Lachen der Leute lausche. Und so sehr sich dieser Ort erst auf den zweiten

Blick erschließt, genauso oft werde ich wohl wieder zurückkommen.

Eckernförde

Wie anders wirkt da das 11 Seemeilen entfernte Eckernförde am Ende der gleichnamigen Bucht! Die Stadt scheint organisch um den alten Fischerhafen gewachsen und ist eine gelungene und attraktive Mischung aus alt und neu. Ich war schon viele Male in Eckernförde (schon in meiner Grundausbildung zum Marinefunker) und finde doch immer wieder neue Ecken und Ansichten. Es gibt auch einen breiten und schön gelegenen Sandstrand.

Der Hafen meiner Wahl in Eckernförde ist der attraktive Stadthafen direkt unter dem rot-weiß geringelten Leuchtturm. Leider ist er oft voll. Es empfiehlt sich daher, vor dem Einlaufen bei den sehr netten Hafenmeistern anzurufen und nach einem freien Platz zu fragen. Man liegt in diesem Hafen mitten in Eckernförde und kommt in wenigen Minuten überall hin.

Sollte der Hafen voll sein, findet man eigentlich immer einen Platz in der großen Marina des Segelclubs Eckernförde, direkt neben dem Marinehafen. Er liegt zwar etwas weiter von der Stadt entfernt, aber beim Hafenmeister bekommt man Fahrräder, mit den man in wenigen Minuten das Zentrum erreichen kann. Die Marina ist sehr sauber, gepflegt und bietet auch ein nettes Restaurant mit Terrasse. Hier liegt man auf jeden Fall nicht schlecht, auch wenn ich den maritimeren Stadthafen bevorzuge.

Im Stadthafen kann man nach Absprache mit der Hafenmeisterei (Telefon 04351-720211) auch im Innenhafen hinter der Holzbrücke liegen. Diese öffnet allerdings nur von Montag bis

Freitag vormittags und nachmittags kostenfrei nach Anmeldung bei der Hafenbetriebsverwaltung.

Eckernförde ist immer einen Besuch wert. Wundert euch nicht, wenn euer Schiff bei der Anfahrt von Hubschraubern und bewaffneten Soldaten in Schlauchbooten umkreist werden sollte. Kampfschwimmer, Minentaucher und Marine-Spezialkräfte üben häufig direkt in der Bucht vor dem Marinehafen. Sie entern aber ihre eigenen Boote und lassen uns Segler in Ruhe. Die Atmosphäre rund um den Stadthafen ist großartig, die Stadt hat einiges zu bieten, der Strand ist wunderschön und man bekommt von Fischbrötchen bis zum Drei-Gänge-Menü alles, was das Herz begehrt. Die Sahnetorten im „Café Adele“ sind unglaublich, obwohl ich sonst eher nicht ein Fan süßer Sachen bin.

Der einzige Nachteil von Eckernförde ist die Lage am Ende der langgestreckten Eckernförder Bucht, die bei Wind aus der falschen Windrichtung schnell noch sehr viel länger zu werden droht. Doch wenn die Windrichtungen für An- und Abreise passen, lasse ich keine Gelegenheit aus, diese traumhafte Stadt zu besuchen.

Kiel und die Förde

Nach der Eckernförder Bucht gelangt man auch schon die Kieler Förde mit ihrer beeindruckenden Menge an Häfen, die bis tief hinein in die Förde reichen. Kiel ist DIE Segelstadt des Nordens und eine entsprechende Anzahl an Booten will untergebracht werden. Aktuell sind so auch alle Saisonliegeplätze des Verbundes der Kieler Sportboothäfen belegt. Meine bevorzugten Häfen sind Strande und Laboe. Strande ist ein organisch wirkender, gewachsener Yachthafen mit angenehmer Atmosphäre – ganz im Gegensatz zu dem Beton des direkt nebenan liegenden

Olympiahafens von Schilksee. Es gibt in Strande die üblichen Angebote rund um den Hafen und den attraktiven Sandstrand. Manchmal sehe ich etwas verloren wirkende Personen auf den Stegen der sommerlichen Marina stehen. Denn von hier aus werden Seebestattungen durchgeführt.

Laboe

Alles in Allem ist Strande eine sehr schöne Marina und doch zieht es mich häufig das kleine Stückchen weiter über die Förde bis nach Laboe. Fand ich früher den Stadthafen etwas charmanter, steuere ich mittlerweile eher die große Baltic Bay Marina daneben an. Schwimmstege, schönere Sanitäranlagen, nette Hafenmeister und alles zum gleichen Preis des mittlerweile doch etwas in die Jahre gekommenen Stadthafens sind meine Argumente dafür.

Laboe ist ein beliebter Touristenort mit seiner Strandpromenade und den vielen Strandkörben und daher im Sommer entsprechend voll. Hafen und Touristenrummel sind dabei aber räumlich voneinander getrennt, sodass man von dem hochsommerlichen Trubel an Bord nicht viel mitbekommt. Und so erhält man das Beste aus beiden Welten: einen relativ ruhigen Liegeplatz mit großartigem Blick auf die Kieler Förde und das sommerliche Strandleben.

Meine Favoriten in Laboe: Frühstück bei „Britt", dem wohl familiärsten Hafenbistro Laboes. Mit den morgens frisch vom örtlichen Bäcker gelieferten Brötchen beginnt der Tag entspannt am Meer mit einem gemütlichen Frühstück und einem Becher Kaffee. Für Zwischendurch gibt es die berühmte „Fischküche" mit den leckersten Fischbrötchen – fast schon eine eigene Attraktion in Laboe direkt am Fischereihafen.

Als Fan des Films „Das Boot“ schaue ich gerne hin und wieder das ausgestellte U-995 an. Das Marinemuseum unter dem Marine-Ehrenmal, dem Wahrzeichen von Laboe, finde ich weniger spannend. Weitaus mehr berührt mich das unbekanntere U-Boot-Ehrenmal am Hafen von Möltenort. Hier sind eindrucksvoll und bedrückend auf Bronzetafeln die Namen von mehr als 35.000 gefallenen U-Boot-Fahrern beider Weltkriege festgehalten.

Der Abend klingt aus mit Tapas im „Buena Vista Laboe“ am Strand mit Blick auf die Förde oder auch im mir vielleicht etwas zu eleganten „Casa Tripaldi“ in der Baltic Bay Marina mit zuverlässig beglückendem Blick auf das eigene Boot.

Hinein in die Kieler Förde, ja oder nein? Man kann weit hineinfahren, an der Einfahrt zum Nord-Ostsee-Kanal vorbei und am Marinehafen entlang die sogenannte „Kiellinie“ hinunter. Es handelt sich dabei um eine lange Uferpromenade, die bis in die Innenstadt Kiels reicht und auf der rund um die Uhr Jogger und Flanierer unterwegs sind. Man passiert den Hafen von Düsternbrook und die Liegeplätze an der Reventloubrücke. Von beiden Anlegemöglichkeiten aus könnte man Kiel gut zu Fuß erkunden oder im Sommer das blühende Leben entlang der Kiellinie beobachten.

Segelt man jedoch noch weiter, gelangt man ganz dicht an den großen Kreuzfahrtschiffen vorbei bis in die Hörn. Das ist ein kleiner, hinter einer Faltbrücke versteckter Hafen, in dem viele Traditionsschiffe liegen. Die Brücke öffnet sich stündlich, ihre Öffnungszeiten findet man im Internet unter www.Kiel.de und dem Stichwort „Öffnungszeiten Hörnbrücke“.

Wir verlassen nun die Förde und später auch die Kieler Bucht und nehmen Kurs auf Fehmarn. Zwischen Kiel und Fehmarn liegt ein großes Schießgebiet (auf das ich in diesem Buch noch gesondert eingehe) und es gibt keine attraktiven Häfen.

Erst wenn wir die charakteristische Fehmarnsundbrücke erreichen haben, stehen wir wieder vor der Qual der Wahl: Ruhe oder Trubel? Zum Glück gibt es beides. Ruhe findet man in Lemkenhafen nach einer langen Anfahrt durch ein enges, doch sehr gut betonntes Fahrwasser von 2,50 Meter Tiefe. In der Dunkelheit sollte man es allerdings meiden.

Orth

Wem das zu fummelig ist, der fährt nach Orth. Ähnlich ruhig, ähnlich schön, gefällt mir Lemkenhafen noch ein klein wenig besser. Die Liegeplatzwahl ist farblich codiert und wird in der Einfahrt auf Schildern erläutert. Der Preisunterschied der Boxen ist durchaus erheblich, sodass man die Box nur aus triftigen Gründen größer als notwendig wählen sollte. Es gibt in Lemkenhafen wunderschöne Grillplätze mit Blick auf das Naturschutzgebiet der Orther Bucht, was auch die Atmosphäre dieses kleinen und idyllischen Vereinshafens ausmacht.

Direkt am Wasser liegt das ungewöhnliche Seafood-Restaurant „Samoa" und bietet einen wunderschönen Blick auf den Yachthafen. Von der großen Terrasse aus blickt man bis zur Fehmarnsundbrücke und kann so manchen romantischen Sonnenuntergang beobachten. Dazu eine großartige Küche – allein der Blick auf die abwechslungsreiche Speisekarte macht schon hungrig – mit Selbstbedienung am Tresen.

Das „Samoa" ist ein Ableger der bekannten „Aalkate Fehmarn", ein altes Bauernhaus, welches zunächst zu einer Aalkate mit Räucheröfen und später zu einem Restaurant umgebaut wurde und nur ein paar Schritte vom Hafen entfernt liegt. Neben liebevoll restaurierten, historischen Geräten rund um den Aal- und Fischfang gibt es einen beeindruckenden Blick auf die Lemkenhafener Wiek mit der Fehmarnsundbrücke im Hintergrund. Bekannt ist die „Aalkate" für ihre Grillabende an Wochenenden.

Heiligenhafen

Auf der anderen Seite des Fehmarnsunds liegt Heiligenhafen. Eine gewaltige Marina und Basis vieler Charterschiffe. Es gibt in Heiligenhafen nichts, was es nicht gibt. Einen anziehenden Fischereihafen, alle Einkaufsmöglichkeiten, viel Gastronomie und einen gewaltigen Badestrand mit einer langen Seebrücke. Man liegt im Hafen mitten im Leben und an einer großen und sehr belebten Promenade. Heiligenhafen ist ein beliebtes Touristenziel und im Sommer ist für mich dann auch viel zu viel los. Wer aber genau danach sucht, wird in Heiligenhafen auf jeden Fall fündig.

In der Vor- und Nachsaison und während LA MER im Winterlager liegt, fahre ich immer wieder gerne in diesen quirligen Ostseeort und habe schon einige Abende in der „Bretterbude" mit ihrem herrlichen Ostseeblick verbracht. Mein Tipp: Wer noch nie Labskaus gekostet hat, sollte es hier tun! Einzig die Anfahrt nach Heiligenhafen zieht sich gefühlt endlos dahin. Doch das haben wohl alle Häfen um Fehmarn gemein.

Yacht- und Bootswerft Schaich

Eine Ausnahme, und daher mein Tipp für alle, die nur nach allem schnellen Zwischenstopp für die Nacht suchen, ist die Yacht- und Bootswerft Schaich direkt unter der Fehmarnsundbrücke nur wenige Meter neben dem Fahrwasser gelegen. Außer einem einladenden Sandstrand und der entspannten Werfthafenatmosphäre gibt es nicht viel, aber das ist für mich ja mehr als genug, um zu verweilen.

Es wäre unfair, Burgtiefe und die Häfen in Großenbrode – im Binnensee kann man gut ankern – nicht zu erwähnen. Sie bieten Schutz, liegen an Sandstränden und sind auf jeden Fall einen Besuch wert. Dennoch schaue ich eher zu selten vorbei. Gerade das „Café Sorgenfrei“ am Südstrand bei Burgtiefe besuche ich sehr gerne – wenn es nicht überfüllt ist. Man hat einen wunderschönen Blick auf die Ostsee und die Segelyachten fahren zum Greifen nahe in den Burger See hinein und hinaus. Vor dem Südstrand kann man bei passendem Wind ganz hervorragend ankern.

Nun müsst ihr euch entscheiden: Steuert ihr weiter in Richtung der Lübecker Bucht, gibt es die nächsten 20 Seemeilen keinen Hafen mehr. Bis zum Offentief, der Ansteuerung in die Wismarer Bucht, ist es nur unwesentlich weiter. Sobald ihr Fehmarn hinter euch gelassen habt, solltet ihr aber spätestens konkrete Pläne machen und vor allem nach dem Wetter schauen.

Grömitz

In Richtung der Lübecker Bucht ist der nächste Hafen Grömitz. Bis Neustadt sind es noch einmal 7 Seemeilen mehr. 7 Meilen können lang werden, gerade wenn man hungrig bei einsetzender Dunkelheit die verheißungsvoll blitzenden, tausenden Lichtern der Strandpromenade von Grömitz erkennt. Grömitz ist einer der Haupttouristenorte an der Ostsee und entsprechend voll – und einer der Sorte Häfen, die mir früher stets den Eindruck vermittelten, dass man zum Segeln wohlhabend sein müsse. Mit meiner weitgereisten und alterspatinierten LA MER fühle ich mich inmitten dieser eleganten Yachten wie ein Paradiesvogel.

Das soll nicht heißen, dass ich Luxus nicht auch zu schätzen wüsste. Ich habe immer wieder Auftritte in diesem Ambiente und kann es (und die dazugehörigen Buffets) auch sehr genießen. Kurz gesagt, man kann sowohl im Hafen und noch besser auf der langen Promenade das Leben genießen und es sich auch richtig gutgehen lassen. Auch wenn der Chic seinen Preis hat. Für das richtige Sommerurlaubsgefühl sollte es aber dann schon mitten in der Saison sein. Wenn schon, denn schon. Grömitz in der Vor- oder Nachsaison zu besuchen, wäre doch recht freudlos.

Neustadt

Dann lieber ab nach Neustadt in den Innenhafen. Neustadt ist eine 750 Jahre alte und um seine Hafenanlagen gewachsene Stadt und hat noch immer mehr Einwohner als Touristen. Der fjordartige Innenhafen liegt idyllisch in der Nähe der Innenstadt. Gastlieger finden bestens geschützte Liegeplätze an Stegen im östlichen und westlichen Teil des Hafenbeckens. Es empfiehlt sich, diese vorab telefonisch mit dem Hafenmeister zu vereinbaren. Es gibt alle Versorgungsmöglichkeiten, ein wirklich nettes Städtchen und ein paar schöne Restaurants rund um den Hafen. Mir gefällt es, weil es einfach mehr Stadthafen als Marina ist und eine authentischere maritime Atmosphäre bietet. Deshalb habe ich, außer bei Auftritten mit der Band in der großen Bootshalle, auch noch nie in der modernen „Ancora Marina Neustadt" angelegt, die für mich zu weit abseits der Stadt liegt.

Travemünde

Wer Travemünde und seine Liegeplätze ansteuert, darf sich am Schaukeln nicht stören. Interessanter wäre ein Abstecher die Trave hinauf bis nach Lübeck oder zu einigen der Ankerplätze auf dem Fluss. Das steht allerdings noch auf meiner Bucket-Liste.

Offentief

Mein Hafensammel-Törn führt nun weiter zum oben erwähnten Offentief. Dieses wird durch eine rot-weiße Ansteuerungstonne markiert, man überquert es durch eine schmale, betonnte Durchfahrt. Der Wasseroberfläche sieht man die Untiefen nicht an, man sollte sich daher unbedingt an die Durchfahrt halten. Gut eine Meile später teilt sich das Fahrwasser in zwei unterschiedliche Routen, die man sich vorher auf der Karte genau ansehen sollte. Man kann nämlich an einigen Stellen ganz hervorragend auflaufen und sollte daher sehr sorgsam navigieren.

Ich wähle das Fahrwasser nach Steuerbord und folge diesem bis zur roten Tonne 24/Kirchdorf 2. Von dort laufe ich gerade auf die grüne Tonne Kirchdorf 1 zu und folge dem Fahrwasser weiter bis zur grünen Tonne 15. Hat man sie erreicht, kann man abbiegen zur Ferien- und Sportbootanlage Poeler Forellenhof (ACHTUNG: nur für Tiefgänge bis 2 Meter geeignet).

Der idyllische Clubhafen mit Schwimm- und Feststeg, an dem es zum Ufer hin schnell flach wird, bietet nach Absprache mit dem Hafenmeister etwa zehn Gastliegeplätze. Direkt am Hafen gibt es ein charmantes Fischrestaurant und eine Traditionsräucherei mit maritimem Gastraum, Brötchen- und Frühstücksservice.

Alternativ findet man 40 weitere Plätze an den Anlagen des Fischerei- und Sportboothafens Kirchdorf auf Poel. Die Fischer bieten täglich frischen Fisch zum Verkauf an. Nordwestlich der Häfen liegt das Zentrum von Kirchdorf mit seinen alten Straßen, Restaurants, Cafés und Einkaufsmöglichkeiten und den Resten der Schlosswallanlage zu Füßen der Inselkirche. Diese Kirche aus dem 13. Jahrhundert ist das älteste Bauwerk der Insel Poel und mit ihrem 47 Meter hohen Turm auch eine weithin sichtbare Landmarke.

Wismar

Nachdem wir am westlichsten Punkt der Ostsee in Flensburg gestartet sind, gelangen wir nun zu ihrem südlichsten Punkt in Wismar. Manchmal wird Stettin als südlichster Punkt genannt, was geographisch auch stimmt. Es liegt allerdings tief im Binnengebiet des Stettiner Haffs und zählt vielleicht nicht so ganz, obwohl dieses Haff offiziell zur Ostsee gehört. Vielleicht ist es ja auch nur gutes Stadtmarketing? Der östlichste Punkt der Ostsee ist aber wieder unstrittig St. Petersburg, der nördlichste befindet sich am Bottnischen Meerbusen bei Töre in der Gemeinde Kalix in Schweden. Dort liegt die Posttonne von Törehamn, obwohl uns Ostseeseglern die Posttonne von Haparanda sicher geläufiger ist.

Doch zurück nach Wismar: Auf der Seekarte sieht es so aus, als könnte man von Poel aus mit weniger als 2 Meter Tiefgang nach Wismar abkürzen (allerdings weist die Seekarte einige Steine und Stellen mit nur 1,90 Meter aus). Ich nehme lieber den kleinen Umweg in Kauf und fahre zurück in das offizielle Fahrwasser nach Wismar und visiere die rote Tonne 26 an.

In Wismar macht man entweder im Alten Hafen an der Kaianlage fest (wobei man bei allem Reiz des Alten Hafens immer bedenken muss, dass der innere Teil Fahrgastschiffen, Fischern und einem Verein vorbehalten ist) oder alternativ in einer modernen Marina im Westhafen oder im Wasserwanderrastplatz Wismar im Osten des Alten Hafens. Wismar besitzt einen der besterhaltenen Altstadtkerne Deutschlands und Nordeuropas. Die Stadt wurde 2002 in die Liste der UNESCO-Welterbestätten aufgenommen. Egal wo man liegt, beträgt die Entfernung ins Zentrum zu Fuß nur ein paar Minuten. Ein attraktiver Marktplatz, viele restaurierte Altbauten und das Museumsschiff „Poeler Kogge“ im Hafen lohnen allein schon einen Besuch.

In Hafennähe findet man gute Einkaufs- und Versorgungsmöglichkeiten sowie etliche gastronomische Angebote von modern bis traditionell, wie etwa das „Brauhaus am Lohberg zu Wismar anno 1452“, das einzige noch aktive Brauhaus Wismars. Der einzige „Nachteil“ Wismars ist – ähnlich wie bei Eckernförde – seine Lage. Um weiterzukommen, muss man erst einmal zurück. Ab der roten Tonne 20 kann man (mit gebotener Vorsicht) abkürzen und am ebenfalls sehr schönen Hafen von Timmendorf vorbei und über das Flaggtief hinweg (Kardinalstonnen unbedingt beachten!) durch das bei der rot-weißen Tonne Wismar endende Hauptfahrwasser wieder auf die Ostsee gelangen.

Kühlungsborn

Wieder in der Ostsee angekommen, rundet man nach knapp 10 Seemeilen die sogenannte „Bukspitze“ und hat es nicht mehr weit bis nach Kühlungsborn. Bei auflandiger Welle fühlt sich die Einfahrt immer etwas fies an und kann zur Herausforderung werden. Man surft auf der Welle bis in den Schutz des langen Wellenbrechers, dreht schnell nach Steuerbord und kann erst dann aufatmen. Bei Starkwind aus nördlichen Richtungen sollte man den Versuch einzulaufen besser sein lassen.

Kühlungsborn ist ein erst 2005 fertiggestellter, geräumiger Yachthafen mit 400 Liegeplätzen und einer sehr belebten Promenade mit viel Gastronomie. Von Kühlungsborn spreche ich trotz seiner Beton-Architektur stets mit etwas verklärtem Blick, hatte ich doch zwei meiner schönsten Live-Konzerte an diesem Ort.

Und tatsächlich: Hafen, Promenade und Publikum verschmelzen abendlich zu einer irgendwie gelungenen Mischung. Es geht alles etwas langsamer zu als in anderen Häfen und viele der Gäste verweilen daher mangels anderer Attraktionen sehr lange sitzend auf der Promenade, den Hafentreppen und an den Tischen der Restaurants und Bars. Es verleiht dem Hafen ein wenig die Atmosphäre eines Amphitheaters mit den Booten als Akteuren und der Ostsee als Kulisse. In lauen Sommernächten sucht man stets nach Gründen, um noch ein wenig länger zu bleiben und den geplanten frühen Aufbruch am nächsten Morgen auf später zu verschieben. Bei einem Frühstück mit diesem tollen Ausblick setzt sich das fort und so verlässt so manche Crew erst am späten Vormittag diesen perfekten Sommerhafen.

Warnemünde

Das ist kein Problem, denn bis Warnemünde sind es entspannte 12 Seemeilen. Immer in Sichtweite der Küste muss man ein paar Kardinaltonnen und Ankerverbotszonen beachten und erreicht schließlich das dicht betonnte und bereits weit vor der Küste tief ausgebaggerte Fahrwasser nach Rostock. Hier ist immer jede Menge los. Viele große Pötte und Fähren laufen ein und aus. Wieder einmal steht man vor der Wahl zwischen verschiedenen Häfen. Am einfachsten und schnellsten zu erreichen sind die Liegeplätze im Alten Strom, im Yachthafen Mittelmole und im Yachthafen Hohe Düne. Auf dem Weg nach und in Rostock gibt es zahlreiche weitere Häfen, die ich allerdings noch nie besucht habe, denn zu gut gefällt es mir bereits in Warnemünde.

Wenn ich in den Alten Strom oder an die Mittelmole möchte, laufe ich einfach Steuerbord am Rande des Fahrwassers nach Warnemünde ein und halte mich rechts, um nach freien grün markierten Plätzen zu suchen.

Ich finde es immer etwas wuselig, unübersichtlich und durch den Schwell der Schiffe schaukelig, sodass ich mir vorab von den Hafenmeistern einen Liegeplatz zuweisen lasse, um ein späteres Verholen zu vermeiden. Man liegt dafür mitten im Leben zwischen vielen Restaurants mit Blick auf die Fischerhäuser des Alten Stroms. Warnemünde bietet alles, was man von einem belebten Urlaubsort erwartet, dabei ist alles auch noch sehr attraktiv. Dieser Hafen mit seinem kilometerlangen, breiten Strand und der alten Fischereihafenatmosphäre ist einen Besuch absolut wert.

Ich mache es mir mit einem Liegeplatz im Yachthafen Hohe Düne meist gerne sowohl leichter als auch schwerer. Die Liegeplatzsituation in dem großen Hafen mit seinen fast 1.000 Liegeplätzen ist einerseits viel klarer und die Einfahrt (nach vorsichtigem, aber zügigem Queren des Fahrwassers) auch wesentlich entspannter als gegenüber am anderen Ufer. Die ausgesprochen moderne Marina ist Luxus pur. Ich hatte das Glück, bereits zweimal zum Jahresausklang im Yachthafen spielen zu dürfen. Bei Übernachtung im Hotelzimmer mit Frühstücksbuffet konnte ich diesen Luxus nicht nur sehr genießen, sondern habe auch den Hafen ins Herz geschlossen. Hier fällt man im dicken weißen Bademantel jedenfalls nicht auf. Am Kai befinden sich mehrere Restaurants und Geschäfte.

Und die andere Seite? Sie bietet eine noch lebendigere Atmosphäre. Um hinüberzugelangen, nimmt man nach einem kurzen Fußmarsch eine kleine Fähre. Sie kreuzt unermüdlich zwischen den Ufern hin und her und bringt einen schnell ins lebendige Warnemünde und zurück. Der Yachthafen besitzt eine weitere Attraktion: Er ist das Zuhause von neun schnuckeligen Seehunden, die in Europas größtem Robbenforschungszentrum zwischen den Segelbooten in ihrem eigenen Areal leben. In der Plicht seines Bootes kann man bei einem Absacker schließlich dem steten Strom der großen Pötte zusehen, bis unter Deck die Koje ruft.

Nothafen Darßer Ort

Von Warnemünde aus sind es nun 45 lange Seemeilen bis zum nächsten Hafen auf Rügen (nach Gedser in Dänemark übrigens nur 25 und zurück nach Fehmarn 35). Der Weg dorthin kann beschwerlich werden.

Ich lief 2014 nach vielen Stunden Starkwind entlang der Küste von Fischland ziemlich erschöpft in den Nothafen Darßer Ort ein (und in der flachen Einfahrt dann auch auf – ein typischer Fehler in der versandeten Einfahrt), weil ich mir die weiteren Meilen Richtung Ost in der Dunkelheit nicht mehr zumuten wollte oder auch konnte. Darßer Ort ist kein Hafen. Man liegt inmitten der Natur an einem Steg mit Heckbojen.

Am nächsten Morgen erkundete ich die Gegend zu Fuß, bevor ich den Ort verlassen musste. Man bezahlt in einem Container der DGzRS, trägt seinen Notfall in ein Buch ein und entrichtet die Liegegebühr an den sehr freundlichen Kollegen vor Ort.

Nun wünsche ich niemandem einen Notfall. Die Erschöpfung eines Einhandseglers bei einbrechender Nacht gehört übrigens dazu. Daher ist dieser Hafen keineswegs ein reguläres Törnziel, sondern ein Nothafen. Im Frühjahr 2021 wurde die Zufahrt erneut ausgebaggert.

Wichtig! Wer Darßer Ort anlaufen will, sollte sich unbedingt informieren, ob diese Option überhaupt besteht, zumal sich die Möglichkeit der Anfahrt wöchentlich mit der Versandung durch die Strömung ändern kann. Und ansonsten seine Route anders planen.

Glowe

Auf Rügen habe ich bisher nur drei Häfen besucht und will in nächster Zeit daher unbedingt einmal ein paar Wochen das Revier erkunden. Aus eigener Erfahrung kann ich aber den Hafen von Glowe empfehlen, den man nach Umrunden des berühmten Kap Arkona ansteuern kann. Allerdings sollte man dies besser nicht bei starken nördlichen Winden und entsprechender Welle tun. Neben der Hafeneinfahrt liegen große Steine, es empfiehlt sich, möglichst mit südöstlichem Kurs auf die Einfahrt zuzusteuern.

Der Hafen ist eher praktisch als schön und beherbergt auch Fischerboote. Glowes wahre Attraktion erschließt sich, wenn man auf einen Aussichtsturm mit fantastischer Panoramasicht steigt. Der Ort liegt nicht weit entfernt von der Marina und bietet alle Einkaufsmöglichkeiten, Räuchereien, Restaurants und vor allem einen Fahrradverleih.

Westlich des Hafens erstreckt sich die sogenannte „Schaabe“, ein traumhafter, kilometerlanger, feinsandiger Naturbadestrand wie in der Karibik. Wer das nicht glaubt, der schaue sich bitte bei Google Maps die Satellitenansicht von Glowe an.

Na? Überzeugt? Diesen Strand kann man entspannt auf dem Fahrrad erreichen. Ich fand die Atmosphäre in der Tat so karibisch, dass sich im Hafen von Glowe meine Hymne „Ich geh‘ segeln“ mit vielen Reggae-Einflüssen beinahe wie von selbst komponierte.

10 Ostseehäfen, in denen du einmal angelegt haben musst.

Name, Ort, Koordinaten –
und ein Grund, warum dieser Hafen so schön ist.

Langballigau 54°49'18", 09°39'13"
An diesem Ort kommt für mich einfach alles zu einer perfekten Mischung zusammen.

Svendborg 55°03'41", 10°36'56"
Es gibt in dieser schönen Stadt einfach jede Menge zu entdecken.

Sønderborg Stadthafen
54°54'33", 09°47'07"
Ich könnte ewig auf dem Boot an der lebendigen Promenade sitzen bleiben.

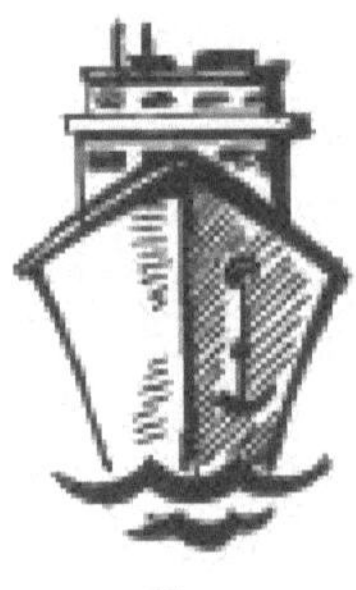

Birkholm 54°55'38", 10°29'56"
Wohl einer der kleinsten Häfen Dänemarks.

Kopenhagen Christianshavn
55° 40‘ 35“, 12° 35‘ 47“
Einfach der schönste Platz,
um diese spannende Großstadt zu erleben.

Ærøskøbing 54°53‘26“, 10°24‘52“
Dänische Südsee pur!

Eckernförde Stadthafen 54°28‘25“, 09°50‘31“
Eine gelungene Mischung aus Hafen- und Stadtleben.

Flensburg Stadthafen 54°47‘24“, 09°26‘11“
Der Blick auf Flensburg am Abend – unbezahlbar!

Mommark 54°55‘57“, 10°02‘39“
Die familiäre Atmosphäre und der Blick auf den Kleinen Belt
locken mich immer wieder hierher.

Kalmar 56°39‘37“, 16°21‘48“
Das größte und beste Asia-Buffet Schwedens –
und die Stadt ist ein Highlight jedes Törns.

Im Norden Schleswig-Holsteins verbindet sich wunderschöne Natur mit dänischer Gemütlichkeit. Eine perfekte Mischung zum Entschleunigen und Durchatmen.

Eine Reise auf der Schlei.

Früher war ich ein „Liegeplatznomade“, lag manchmal in Kiel, manchmal in der Flensburger Förde. Doch seit drei Jahren habe ich meinen Saisonliegeplatz im kleinen Ort Maasholm am Eingang der Schlei. War für mich ein Liegeplatz bisher nie mehr als das nächstgelegene Sprungbrett in neue Segelabenteuer – nie wäre ich auf die Idee gekommen, auch nur eine Nacht an Bord zu verbringen –, hat sich das in Maasholm gründlich geändert.

An vielen Wochenenden in der Saison unterstütze ich meinen Freund Mike bei der Vercharterung seiner vier Folkeboote unter dem Namen „Klassisch-am-Wind“. Und so verbringe ich die Freitage und Samstage häufig mit Rücknahmen und Einweisungen der Boote und bleibe die Nächte an Bord.

Warum ich die Schlei so liebe

Ich habe sie lieben gelernt, die ruhige und einzigartige Atmosphäre der Schlei. Es gibt diese Augenblicke, in denen man erkennt, dass man an einen Ort gelangt ist, der einem guttut: traumhafte Sonnenuntergänge im windgeschützten Hafen, Fischbrötchen an der Hafenbude, morgendliche Gänge zum Bäcker am Ufer, schnelle Bäder im Hafen an heißen Sommertagen. Die Schlei hält selbst einen rastlosen Abenteurer wie mich. Es ist nicht nur dieses Gefühl, in Maasholm ein Zuhause gefunden zu haben, es ist schlicht die Schlei: der Zauber dieses 50.000 Hektar umfassenden Naturparks als Segelrevier.

Das Land ist stets nah und präsentiert sich je nach Jahreszeit immer wieder neu und stets beeindruckend. Selbst auf den breiteren Wasserflächen bauen sich kaum Wellen auf und der Wind kommt gemäßigter daher als auf der offenen Ostsee.

Dazu gibt es viele kleine, liebenswerte Häfen und idyllische Liegeplätze in Ufernähe, die zum Ankern einladen. Es ist eigentlich mehr ein Binnenrevier, in dem aber jederzeit die Nähe zur Ostsee spürbar ist. Kein Zufall, dass die Schlei meinen geliebten Schärenrevieren Schwedens nur allzu ähnlich ist. Von Maasholm aus habe ich die Wahl, ostwärts auf die offene Ostsee zu laufen und zu jedem Ziel, das sie mir bietet. Bei schlechterem Wetter oder dem Wunsch nach einem ruhigeren Törn – wie meine Frau ihn gerne mal äußert –, fahre ich einfach westwärts ohne lästige Wellen und Starkwind die Schlei hinunter. Und so einen Törn möchte ich im Folgenden einmal beschreiben.

Hinein ins Schlei-Vergnügen!

Die Einfahrt in die Schlei ist schon aus der Ferne an einer charakteristisch geformten Baumgruppe und später an dem grünweiß gestreiften Leuchtturm von Schleimünde zu erkennen. Vor diesem liegt auch die Ansteuerungstonne hinein in das betonnte Fahrwasser der Schlei. Die Einfahrt ist – außer bei sehr starkem Schwell aus Ost – immer gut machbar. Man muss allerdings damit rechnen, in der Mündung der Schlei in teilweise kräftige Strömung zu geraten und sollte daher die Maschine stets zumindest startklar haben, wenn nicht gar mitlaufen lassen. Die Ausfahrt aus der Schlei wiederum kann bei starkem Ostwind und entsprechender Welle abenteuerlich werden. Vor der Einfahrt baut sich eine Art stehende Welle auf. Schon zweimal entkam ich ihr nur, indem ich segelnd meine schwache Maschine unterstützt habe. Es macht also stets Sinn, die Segel bereits gesetzt zu haben, wenn man aus der Schlei ausläuft.

Kurz hinter dem Leuchtturm findet sich ein erstes lohnendes Ziel: die Lotseninsel von Schleimünde. Diese Insel ist weder zu Fuß noch mit dem Auto zu erreichen und daher entsprechend ruhig. Sie wird zwar in der Saison tagsüber von Ausflugsschiffen angelaufen, deren Passagiere sich regelmäßig über die Insel ergießen, aber wenn diese spätestens nach etwa 30 Minuten verschwinden, kehrt die Stille zurück.

Jetzt, wo ich diese Zeilen schreibe, liege ich als einziges Boot am Steg. Aber es ist auch erst Ende März und spätestens ab Ende April wird sich das ändern, denn Schleimünde ist ein beliebtes Ziel der Segelgemeinde.

Vor allem an Wochenenden sollte man möglichst bis 14 Uhr einlaufen, um einen Platz für die Nacht zu finden. Andere Segler sind gern behilflich, alle Boote irgendwie unterzubringen, aber am Ende ist die Kapazität der kleinen Bucht doch erschöpft. Eine Besonderheit in Schleimünde sind die Dalben. Sie sind nur für die Befestigung einer einzelnen Achter- bzw. Vorleine vorgesehen, während das Boot vorne am Steg wie üblich mit zwei Leinen befestigt wird. So finden schlicht mehr Boote Platz. Die Dalben liegen auch weiter auseinander als üblich. Der Abstand der Dalben zum Steg ist dabei so groß, dass man unbedingt eine ausreichend lange Leine verwenden sollte, sonst fehlen einem am Ende ein oder zwei Meter Leine, bevor man auf den Steg springen kann.

Es gibt Strom, aber kein Wasser an den Stegen. Sanitäre Anlagen sind vorhanden, lediglich seinen Müll muss man wieder mitnehmen. Schleimünde ist bekannt für seine „Giftbude". „Mit Gift hat das alles nichts zu tun. Es gift dor wat", wie wir Norddeutschen auf Platt sagen. Das als Inklusionsbetrieb geführtes Restaurant hat eine recht gute Küche, wenn auch manchmal etwas erhöhte Wartezeiten. Aber Hektik ist ohnehin nichts für die Schlei. Wer nach Schleimünde fährt, bringt üblicherweise viel Zeit mit.

Wer versteckte kleine Sandstrände liebt, der wird an drei Stellen fündig – entweder mit Blick auf die Ostsee oder auf die Schlei. Das hinter der Insel liegende Natur- und Vogelschutzgebiet sollte man aber nicht betreten.

Schleimünde besitzt eine fast magische Ausstrahlung. Alles wirkt ein wenig wie das Ende der Welt in dieser Landschaft zwischen Binnenland und offener Ostsee. Ich liege hier sehr gerne, auch wenn ich die Vor- oder Nachsaison den recht vollen Wochenenden in der Saison vorziehe. Vom Hafenmeister erhält man als Ticket ein liebevoll gehäkeltes Bändchen in immer wieder neuen Farben. Einige davon wehen inzwischen auch an meinem Bug.

Laue Sommernächte habe ich in Schleimünde verbracht und stürmische Herbstnächte, habe das erste Mal mit feuchten Augen einen Song von mir im Radio gehört, am Leuchtturm an der Mole stehend von langen Reisen geträumt und bin zu meinem Törn „Die Route der Wikinger“ ausgelaufen. Für jeden, der auf der Ostsee segelt, ist Schleimünde ein Hafen voller Erinnerungen.

Mit dem Passieren von Schleimünde wird man von der manchmal anstrengenden Ostseewelle erlöst und gleitet sanft hinein in dieses geschützte und friedliche Binnenrevier. Links und rechts sieht man die bewachsenen Ufer vorbeiziehen (am liebsten ist mir der blühende Raps), ist von Fischerbooten umgeben und spürt augenblicklich die Magie dieses schleswig-holsteinischen Kleinods.

Unterwegs nach Maasholm

Von Schleimünde aus geht es die Schlei entlang, bis Maasholm an Steuerbord auftaucht. Das Fahrwasser ist recht schmal, aber gut ausgetonnt. Man sollte sich gut an den Tonnenstrich halten, denn 1 bis 2 Meter neben den Tonnen kann es sehr schnell flach werden. Möglichkeiten, in der Schlei aufzulaufen, gibt es noch genug. So sollte man gerade bei Seitenwind besser häufig mal nach hinten peilen, um zu prüfen, ob man eventuell schon aus dem Fahrwasser herausgetrieben wurde.

Eine rotgeringelte Tonne markiert das abzweigende Fahrwasser in die Häfen von Maasholm. Der große Yachthafen mit vielen langen Stegen liegt mitten im Herzen dieses Örtchens. Folgt man aber weiter den drei grünen Tonnen, erreicht man den kleinen Hafen der Modersitzki Werft, bei dem es sich um eine vollwertige, wenn auch kleine Marina handelt, in der man ein bisschen intimer liegt als im großen Hafen.

Direkt hinter der Modersitzki Werft befindet sich das Wormshöfter Noor, eine beliebte Ankerbucht, die vor allem bei Ostwind guten Schutz bietet und in der Saison voll werden kann. In dunklen Sommernächten leuchten dann die Sterne mit den Ankerlichtern um die Wette.

Maasholm liegt in Reichweite, dieses typisch schleswig-holsteinische Fischerdorf mit seinen vielen Fischrestaurants, einer kultigen Bude mit Fischbrötchen und Currywurst, vor der sich abends die Segler und die Motorradfahrer in Scharen tummeln, einer Eisbude und auch einem kleinen Supermarkt zur Versorgung. Es gibt viele Wege, um sich die Beine zu vertreten, und jeder belohnt mit wundervollen Ausblicken.

Ich will nun aber weiter die Schlei entlang. Beim Auslaufen achte ich immer darauf, die rotgeringelte abzweigende Fahrwassertonne auch wirklich mitzunehmen, bevor ich wieder ins Hauptfahrwasser einlaufe. So mancher Segler, der den Weg abkürzen wollte, landete schon unschön auf dem felsigem Grund. Die Vögel, die häufig vermeintlich auf dem Wasser treiben, sitzen in Wahrheit friedlich auf den gefährlichen Unterwasserfelsen und markieren diese ziemlich eindeutig.

Willst du nach Kappeln fahren, halte die Augen offen

Mein nächstes Ziel ist Kappeln. Achtung! Gerade in der langen Kurve nach Backbord von Schleimünde kommend, müssen die Augen immer genau aufs Fahrwasser gerichtet sein. Ich sah schon viele Schiffe aufsitzen und habe eines selbst freigeschleppt. Der Grund besteht an dieser Stelle, wie auf dem

Rest der Schlei, zum Glück aus Sand oder Schlamm und ist so unbedenklicher für Havaristen. Sollte man festsitzen, kann man eine Schleppleine hochhalten, um von Vorbeifahrenden Schlepphilfe zu erbitten. Allerdings sollte die Leine lang genug sein und man muss sie auch werfen können, denn niemand mag wohl sein eigenes Schiff für eine Unaufmerksamkeit anderer riskieren. Andernfalls bleibt nur der Ruf an die Seenotretter der DGzRS, die einen zuverlässig befreien. Allerdings kostet die professionelle Schlepphilfe (laut meinen Informationen) um die 150 Euro.

Kappeln kündigt sich schon früh durch ein paar Stege an der Steuerbordseite an, die zu den diversen Vereinshäfen gehören und für mich nur mäßig interessant sind. Viel reizvoller ist der große Stadthafen von Kappeln, denn dort liegt man beinahe wie im Mittelmeer direkt an der lebendigen Promenade. Man findet Restaurants (mein Tipp: das Restaurant „Stark“), Eisdielen (mein Tipp: die „Kombüse“ mit ihrem Weltmeisterpistazieneis) und viele Geschäfte. Eben alles, was das Herz begehrt.

Die Boote liegen ostseetypisch an Dalben und man sollte den recht großen Abstand der Dalben zum Steg bei der Wahl der Leinen auch in Kappeln berücksichtigen. Zudem gilt es, auf die Strömung zu achten, denn in der Schlei können je nach Windverhältnissen durchaus bis zu 3 Knoten Strom in beide Richtungen setzen.

Ich stoppe das Boot üblicherweise vor den Dalben zunächst auf und lasse mich treiben, um zu sehen, ob und in welche Richtung mein Boot versetzt wird. Dann steuere ich mein Boot nicht allzu langsam in die Box, um ja der Strömung keine Gelegenheit zu geben, LA MER zu versetzen, bis ich sie am Steg sicher festmachen kann. Es ist keine Schande, im Zweifelsfall einen Versuch abzubrechen und lieber ein paar Anläufe mehr zu fahren, bevor man irgendwo Schäden verursacht. Den anderen

Skippern ging es zuvor ja auch nicht anders. Es gibt Strom und Wasser am Steg, ein Hafenmeisterbüro und Sanitäranlagen unter einem Restaurant, die allerdings aus unerfindlichen Gründen immer etwas müffeln.

Kappeln bietet alle Möglichkeiten der Versorgung und ist immer einen Besuch wert. Wenn man die alte, ausgetretene Steintreppe von der Promenade bis hinauf zur Kirche hinter sich gelassen hat, befindet man sich bereits mitten im Zentrum und in einer abwechslungsreichen Fußgängerzone. Man findet in Kappeln viele in die Gehwege eingelassene Bronzefische, denen man für einen Rundgang zu Kappelns Sehenswürdigkeiten einfach folgen kann. Eine dieser Sehenswürdigkeiten ist die Aalräucherei „Föh“, die mit ihren markanten, beschrifteten Schornsteinen sofort ins Auge fällt. Mein Tipp: der Aalrauchmatjes. Dieser Matjes schmeckt fast wie Aal, ist aber nicht so fett.

Ich liebe es, die Abende in einem der Restaurants an der Promenade mit Blick auf das eigene Boot zu verbringen oder auch andersherum, mit einer Pizza in der Hand auf dem eigenen Boot sitzend, den Betrieb auf der Schlei zu beobachten. Neben vielen Booten schaut man auf die Heringszäune. Sie sind ein Wahrzeichen von Kappeln und auch heute noch voll funktionsfähig. Und wenn es langsam dunkel wird und die Crews noch lange nebeneinander auf ihren Schiffen klönen, wähnt man sich schnell 1.000 Meilen südlicher.

Die Brücken der Schlei

Hinter Kappeln quert die erste der beiden Schleibrücken das Fahrwasser. Beide Brücken öffnen jeweils eine Viertelstunde vor der vollen Stunde zwischen Sonnenauf- und Sonnenuntergang. Offiziell heißt es, man soll die blau-weiße N-Flagge unter der Steuerbordsaling vorheißen, oder alternativ zwei beliebige Flaggen an gut sichtbarer Stelle anbringen. Die Brücke in Kappeln öffnet meiner Erfahrung nach eigentlich immer; auf jeden Fall aber, wenn man auch nur vor ihr seine Kreise zieht.

Bei der zweiten Brücke in Lindaunis habe ich allerdings die Erfahrung gemacht, dass der Brückenwärter in der Tat darauf achtet, ob man die Flagge(n) vorgeheißt hat – gerade wenn man das einzige Boot vor der Brücke und zu später oder früher Stunde unterwegs ist. Sobald aber mehrere Boote ihre Kreise ziehen, öffnet sich die Brücke auf jeden Fall und es macht deshalb auch keinen Sinn, per Funk oder telefonisch Kontakt zum Brückenwärter aufnehmen zu wollen.

Im Sommer wird es vor der Brücke in Kappeln häufig voll. Jedes Boot will das erste sein. Schnell entsteht ein großes Gewusel, was teilweise zu Kollisionen und sehr unschönen Beschimpfungen der Skipper untereinander führt. Ich hänge mich lieber einfach irgendwo hinten dran, denn die Brücke schließt schon nicht, bevor das letzte Boot durchgefahren ist. Anschließend hat man einfach mehr Muße, um die weitere Fahrt zu genießen, ohne mitten in einem Konvoi festzustecken.

Vor den Brücken liegen gelbe Tonnen aus, an denen man zum Warten auch festmachen kann. Sie können einem dabei aber auch ganz hervorragend den Rumpf zerkratzen, wenn sich Strom und Wind nicht einig sind.

Direkt nach der Brücke stößt man auf den Hafen des ASV Kappeln mit schön gelegenen Liegeplätzen in ostseetypischen Boxen mit Dalben. Abends kann man im Restaurant „Tauwerk“ sehr schön sitzen und einen Drink mit Blick auf Hafen und das eigene Boot nehmen.

Weiter geht es langsam treibend vorbei am Museumshafen mit seinen noch seetüchtigen ehemaligen Fracht- und Fischereifahrzeugen in allen Größen. Und ehe man sich versieht, bewegt man sich schon auf Arnis zu, der offiziell kleinsten Stadt Deutschlands mit nur rund 300 Einwohnern. Sollte man in den Yachthafen von Arnis einlaufen wollen, folgt man nach einer Tonne, die das abzweigende Fahrwasser markiert, einem mit kleinen roten und grünen Bojen betonnten Fahrwasser und erreicht den schmuck gelegenen kleinen Yachthafen mit dem gehobenen Restaurant „Specht Speisewirtschaft" im ersten Stock des Hafengebäudes samt Blick auf den Hafen. Damit ist man fußläufig allen Attraktionen im kleinen Arnis nahe.

Wer jedoch den Weg die Schlei entlang fortsetzen will, hält sich Backbord und bleibt im Hauptfahrwasser. Diese Entscheidung sollte allerdings rechtzeitig vor der abzweigenden Fahrwassertonne getroffen werden, denn der Versuch, später aus einem dieser Fahrwasser wieder auszubrechen, führt unweigerlich zum Auflaufen, da es zwischen den Fahrwassern untief ist.

Man folgt weiter dem kurvigen Hauptfahrwasser und achtet darauf, sich nicht von der Betonnung eines nahe gelegenen Hafens für die Einheimischen ablenken zu lassen – ich spreche aus eigener, unschöner Erfahrung –, und fährt anschließend mitten durch die Stadt Arnis.

Vom Umgang mit Fähren in Arnis

Nun kommt die erste der beiden Autofähren in Sicht, die einem auf der Schlei begegnen werden. Meiner Erfahrung nach sind ihre Kapitäne rücksichtsvoll, haben es aber aufgrund der hohen Sportbootdichte auf der Schlei nicht immer leicht. Wie immer hilft es, eindeutig zu signalisieren, was man vorhat.

Wer noch vor der Fähre passieren will, sollte bei wenig Wind die Geschwindigkeit erhöhen – auch einmal mit der Maschine –

um die eigene Absicht auch wirklich klarzumachen. Einfach mit 2 Knoten auf die wartende Fähre zuzudümpeln, ist keine gute Seemannschaft. Will man der Fähre Vorrang gewähren, macht man dieses durch ein Manöver deutlich. Sprich: Man dreht die Nase um 90 Grad in eine Richtung und verlangsamt nicht bloß die Fahrt. Es empfiehlt sich auf jeden Fall, Abstand von der Fähre zu halten, da sie die Schlei an einem Kabel überwindet.

Man kann nun auch im Fahrwasser vor Arnis in grün markierten Boxen festmachen, muss also nicht zwingend den Yachthafen anlaufen. Sehr reizvoll finde ich die „Schleiperle", ein liebevoll gestaltetes, blau-weiß gestrichenes Restaurant am Ende eines Bootssteges, das Kaffee, Kuchen und Eis aus einer kleinen Manufaktur serviert. Direkt vor dem Restaurant gibt es einen kleinen Steg zum Festmachen, der gerade mal ein, zwei Boote aufnehmen kann. LA MERs 28 Fuß passen gerade so.

Es erfordert etwas Übung, dort festzumachen. Aber es ist immer eine willkommene Abwechslung und man kann ein Stück Kuchen oder einen Kaffee mit an Bord nehmen und das Treiben auf der Schlei beobachten. Beim Anlegen auf eventuelle Strömung achten und wie üblich gegen diese anlegen. Wer will schon Hafenkino bieten ...

Entlang der Arnisser Breite nach Sieseby

Hinter Arnis öffnet sich die Schlei zur sogenannten Arnisser Breite. Es ist zwar weiterhin ein schmales Fahrwasser ausgetonnt, das man nun auch einmal verlassen kann, um mit längeren Schlägen aufzukreuzen. Allerdings nur, indem man genauestens die Angaben in den Seekarten beachtet. Es empfiehlt sich eine Orientierung an anderen Booten gleicher Größe, um zu sehen, wo und wie weit man die Breite aussegeln kann. Direkt am Eingang der Breite kann man gut an Steuerbord in SUP-Reichweite des Beach-Clubs „Strandhalle 54“ ankern.

Folgt man nun dieser Breite weiter, öffnet sich der Blick auf die herrliche Schleilandschaft. Zu jeder Jahreszeit verändert sich der Blick. Ich kann mich nie daran sattsehen.

Zwischen Arnis und der Brücke Lindaunis liegt an Steuerbord der kleine, denkmalgeschützte Ort Sieseby, der schon vor über 750 Jahren urkundlich erwähnt wurde. Die Kirche ist wohl noch älter und mit Modellen von Segelschiffen geschmückt, denen gemein ist, dass die Originale einst erfolgreich aus Seenot gerettet wurden. Obwohl die Wassertiefe am Steg angeblich nur 1,40 Meter beträgt, habe ich immer mindestens 50 Zentimeter mehr vorgefunden. Es gibt auch insgesamt vier Boxen am Kopf des Steges, in denen man über Nacht bis zu einem Tiefgang von etwa 1,60 Meter bleiben könnte. Dafür wirft man einfach 10 Euro in den Briefkasten am Steg. Ich kenne allerdings einen Segler, der mit seinen 1,80 Meter Tiefgang an dieser Stelle einmal drei Tage im Schlick festhing.

Wer nichts riskieren will, für den heißt es eben, vorsichtig den Anker zu werfen (es kann zum Ufer hin schnell untief werden) und mit dem Dingi an Land zu fahren. Es gibt am Steg keinerlei Komfort, aber im Ort den „Gasthof Alt Sieseby“, ein Hotel mit sehr guter regionaler Küche, das bereits seit 1867 steht. Die Tafeln des Gastroführers „Guide Michelin“ am Eingang deuten neben der Qualität der Speisen auf deren Preise hin.

Wenn sich abends der Schiffsverkehr auf der Schlei beruhigt, liegt man in Sieseby herrlich ruhig mit einem phantastischen Blick auf die Ufer. Einzig der silberhelle Glockenschlag der Kirche ertönt in regelmäßigen Abständen in der sonst absoluten Stille der Nacht.

Morgens fährt man vom Steg aus möglichst direkt zurück in das Fahrwasser, dem man durch eine von einer Hochspannungsleitung überquerten Enge bis vor die Brücke von Lindaunis genau folgen sollte.

Lindaunis und eine störrische Brücke

Lindaunis bietet noch vor der Brücke einen sehr schön gelegenen, wenn auch oft windigen Hafen an, den ich sehr gerne anlaufe. Es empfiehlt sich, am von Arnis aus ersten Steg anzulegen, da man ohne Passwort sonst nicht mehr in die von einer Gittertür gesicherte Clubanlage gelangt. Der Hafenmeister wohnt im Haus direkt über dem Hafen. Wenn man ihn von unterwegs aus anruft und nach dem Passwort fragt, kann man später im Sanitärgebäude auf der anderen Straßenseite auch einfach per Umschlag bezahlen und sogar Brötchen für den nächsten Morgen bestellen.

Lindaunis lädt zu idyllischen Spaziergängen am Ufer der Schlei ein, die vor der Brücke im Restaurant „Zur Schleibrücke“ mit seiner großer Außenterrasse aufs Angenehmste unterbrochen werden können. Das Lokal wird im Sommer sowohl von Seglern als auch von Zweiradfahrern aller Art gerne besucht und bietet leckere Gerichte auf der Speisekarte. Mein Geheimtipp zum Frühstücken ist allerdings der „Obsthof Stubbe“ auf der gegenüberliegenden Schleiseite. Um das Lokal zu erreichen, überquert man zu Fuß die Eisenbahnbrücke und folgt der Straße ein kleines Stück geradeaus. Für diesen Fußweg wird man mit einer üppigen Auswahl an Frühstücksvariationen, Kuchen und Torten sowie einem Hofladen mit selbstgemachter Marmelade belohnt; und das alles mit einem großzügigen Blick über die Schlei. Sehr gerne besucht wird auch das „Café Lindauhof“. Hier praktizierte einst der „Landarzt“ aus der gleichnamigen deutschen Fernsehserie und man soll angeblich viele Details aus dem Fernsehen wiedererkennen. Da ich in jenen Jahren allerdings mehr MTV und VIVA als deutsche Serien geschaut habe, kann ich es persönlich nicht bestätigen. Es gibt für Wassersportler die Marina Lindauhof. Laut Karte liegt die Wassertiefe aber bei nur knapp mehr als einem Meter, sodass sie für die meisten Segler nur mit dem Dingi zu erreichen ist. Vom Yachthafen ist es zu Fuß nicht weit bis zum „Landarzthaus". In Kappeln findet man, passend zum Thema, auch die „Landarztkneipe".

Wer weiter der Schlei folgen will, muss wieder um 15 Minuten vor der vollen Stunde die Lindaunis-Brücke passieren. Es ist ein sehr altes Bauwerk, das teilweise Probleme macht, doch ich bin bisher immer gut durchgekommen. Es gab jedoch Sommer, in denen die alte Brücke für mehrere Tage gesperrt war, da sich die Metallkonstruktion aufgrund der großen Hitze so ausdehnt, dass sie klemmt. Es empfiehlt sich also, vor einem Sommer-Schlei-Törn den Status der Lindaunis-Brücke zu recherchieren und bei langanhaltenden, extrem hohen Temperaturen und Zeitdruck auf die Passage dieser Brücke ganz zu verzichten. Mit einem Charterschiff sowieso.

Nach der Passage der Eisenbahnbrücke gelangt man auf eine offene Wasserfläche, auf der man sich wieder frei und mit Blick auf die Karte sogar auch außerhalb der Betonnung bewegen kann. Unbedingt aufpassen muss man jedoch auf in der Seekarte verzeichnete Untiefen.

Einen weiteren reizvollen Hafen findet man Backbord mit der Marina Hülsen direkt neben dem Fahrwasser. Es gibt nur ein paar Gastliegeplätze an einer kleinen Steganlage, man liegt landschaftlich sehr schön und kann in der Marina auch gut eine Nacht verbringen. Berühmt ist das Hafencafé der Marina für seine Flammkuchen und Kuchenklassiker, die mit wieder einmal traumhaftem Blick auf die Schlei serviert werden. In der Saison ist das Cafè am Wochenende geöffnet. Wenn dann abends der Wind nachlässt und die Sonne über den Feldern langsam untergeht, offenbart sich die ganze Schönheit und Einmaligkeit dieses Reviers und jeder Stress fällt von einem ab.

Im Fahrwasser von Missunde

Weiter geht es in südwestlicher Richtung und jetzt sollte man sich wieder penibel an das Fahrwasser halten. Es geht vorbei an der idyllischen, aber leider privaten Insel Kieholm und findet dahinter eine in der Seekarte bezeichnete Ankerbucht. Diese bietet bei vielen Windrichtungen guten Schutz. Um zu ankern, fährt man verhältnismäßig dicht ans Schilf, lässt den Anker fallen und wird mit einem Liegeplatz belohnt, der sich nicht nur für einen Zwischenstopp zum Baden, sondern auch für eine Ankernacht eignet.

Am nächsten Morgen folgt man weiter dem Fahrwasser, welches sich in das Missunder Noor öffnet, erst nach Steuerbord und dann nach Backbord bis hinein in die Missunder Enge. An der Steuerbordseite findet man eine große Anzahl von Boxen zum Festmachen, die zu den unterschiedlichsten Vereinen oder Häfen gehören. Wie üblich lege ich in den Boxen mit grünen Schildern an und mache mich dann entspannt auf die Suche nach dem verantwortlichen Hafenmeister.

Im Fährhaus Missunde kann man im Sommer im Garten auch ganz hervorragend frühstücken und in der Missunder Enge zeigt sich die Schlei wieder einmal mit all ihren Reizen. Ich liege windgeschützt, sehe andere Schiffe vorbeifahren, finde Ausrede um Ausrede, um das Frühstück zu verlängern, und kann wirklich den ein oder anderen Tag gut vergammeln. Sollten die Vorräte zur Neige gehen, sind überall Leihfahrräder erhältlich, um zu dem in der Nähe gelegenen „MarktTreff“ in Brodersby zu fahren. Ein Geheimtipp ist auch das liebevoll geführte Restaurant und Café „Tonne 98“ am Ausgang der Enge, wo wir einmal abends diskret mit einer Flasche Wein allein gelassen wurden, als es den beiden Geschäftsführinnen zu spät geworden war, weil wir uns einfach nicht losreißen konnten vom Zauber eines Abends an der Schlei.

Aber Vorsicht: In der Missunder Enge muss man wieder einmal mit Strom rechnen, der ziemlich kräftig durchlaufen kann. Beim Anlegen sollte man die Strömung auf jeden Fall im Auge behalten. Quer über die Enge fährt die zweite Fähre auf der Schlei, für die das gleiche gilt wie für die Fähre in Arnis, nur dass die Überfahrt deutlich schmaler ist und sich die Verhältnisse daher meist klarer darstellen.

Verlässt man nun die Missunder Enge, gelangt man auf die Große Breite, die ihrem Namen alle Ehre macht. Man kann sie fast vollständig aussegeln und findet mit Fleckeby und Borgwedel auch zwei idyllische Häfen. In Fleckeby sind die beiden Hafengebäude die einzigen Häuser weit und breit. Ansonsten sieht man neben den beiden Anlegemöglichkeiten nichts als schönste Natur. Ein perfekter Ort, um die Welt um sich herum zu vergessen. 800 Meter weiter gibt es im Ort eine Bäckerei und ein kleines Lebensmittelgeschäft, damit man den gemütlichen Grillplatz im Hafen auch nutzen kann. Und auch in Borgwedel gibt es zwei Häfen, in denen man nach Rücksprache mit den Hafenmeistern festmacht. Es gibt keine Versorgungsmöglichkeiten, aber dafür Wanderwege bis nach Fleckeby, vorbei am wunderschön gelegenen Internat für den Nachwuchs der Wohlhabenden aus Schleswig-Holstein und Hamburg.

Ich gestehe, dass mir die Schlei von Schleimünde bis Missunde mit ihrem schmalen Fahrwasser einfach ein bisschen besser gefällt als das offenere Wasser der Großen Breite; und so folge ich meist diesem betonnten Fahrwasser bis zur nur 280

Meter breiten Stexwiger Enge. Man hält sich schon instinktiv an die enge Betonnung und hat trotzdem stets das Gefühl, dem Land gefährlich nah zu sein.

Bei den Pfahlbauten der Kleinen Breite

Wissenschaftler schließen aus Funden von Pfählen auf ein von den Wikingern angelegtes Pfahlbauwerk, das den Weg in die anschließende Kleine Breite und damit in die alte Wikingersiedlung Haithabu versperren sollte. Der Name beider Breiten stammt übrigens aus dem Dänischen, wo „bredning“ für die Verbreiterung einer engen Förde oder eines schmalen Flusses steht. Überhaupt vermischen sich an dieser Stelle in vielen Dingen das Deutsche und das Dänische. Die Endung „-by“ an vielen der Ortsnamen rund um die Schlei hat ihren Ursprung im Dänischen. In dieser Region wechselten viele Jahrzehnte die Machtverhältnisse hin- und her, bis sich schließlich beide Nationen endlich einigen wollten und ihr Volk entscheiden ließen, ob sie sich nun Deutschland oder Dänemark zugehörig fühlten. Eine sehr schöne und friedliche Art, um nationale Konflikte auszutragen, wie ich finde.

Hat man hinter der Stexwiger Enge die Kleine Breite erreicht – auch dieses wieder ein echtes Segelrevier – sollte man ab den Tonnenpärchen 76 - 83 und 78 - 85 überlegen, in welchen der möglichen Häfen Schleswigs man fahren möchte. Auf jeden Fall sollte man die Route in der Seekarte genau studieren,, denn es gibt einige untiefe Bereiche in der Kleinen Breite. Eine mögliche Alternative ist der gut gelegene Stadthafen, an den unmittelbar die Altstadt mit Dom und die besuchenswerte alte Fischersiedlung „Holm“ angrenzen. Eine Einkaufsstraße mit zahlreichen Geschäften liegt auch nur wenige Gehminuten entfernt. Dieser im Sommer sehr lebendige Hafen bietet Cafés,

Bistros und Restaurants am Hafen oder in seiner unmittelbaren Nähe. Ob Frühstück, Kuchen, Torten selbst hergestelltes Eis, leckeres Fischbrötchen oder ein kreativer Burger … es findet jeder etwas für seinen Geschmack.

Am gegenüberliegenden Ufer sieht man einen charakteristischen Hochhausturm, er markiert den großen Wiking Yachthafen. Diese Marina ist ein passabler Hafen mit allem, was der Segler braucht, aber im Vergleich zum Altstadthafen doch vielleicht ein wenig zu funktionell.

Komm ich nach Haddeby, träume ich von Wikingern

Da zieht es mich schon eher in den kleinen Vereinshafen von Haddeby, der mit seinen wenigen Gastliegeplätzen sehr sympathisch und verträumt daherkommt. Gleichzeitig bietet er einem auch die Möglichkeit, zu Fuß die alte Wikingersiedlung Haithabu mit Museum und Museumsdorf zu besichtigen, die dem Yachthafen ihren Namen gab.

Ebenfalls erwähnenswert ist das Restaurant „Odins Haithabu" oder die noch rustikalere, aber weiter entfernte „Wikingerschänke Haithabu". Beide geben sich in bester Wikingertradition und eignen sich gut dafür, unsere Fahrt über die Schlei gebührend zu feiern.

Sich noch einmal zu erinnern: an die Farbe und den Geruch der blühenden Rapsfelder. An im Wasser stehende Angler in ihren Watthosen. An jede Menge Vögel, die uns begleitet haben. Und über allem der idyllische Duft der Schlei und diese einzigartige Ruhe, die dieses so besondere Revier ausstrahlt. Aber kein Grund für Wehmut, wir fahren ja morgen die 42 Kilometer lange Strecke wieder zurück bis in die Ostsee.

Die Schlei für Genießer

Für eure Fahrt von Schleimünde bis nach Schleswig plant etwa anderthalb bis zwei Tage ein – länger geht natürlich immer. Denn eigentlich könnte man allein an der Schlei schon einen ganzen Segelsommer verbringen – bis der Herbstwind durch die Eichen am Ufer pfeift.

Dänemark ist für uns Ostseesegler nie weit weg, aber nach Schweden sind es schon einige Seemeilen mehr. Das Ziel und der Törn dorthin lohnen sich so sehr, dass man den Plan nie aus den Augen verlieren sollte. Im Folgenden beschreibe ich zwei meiner Törns nach Schweden.

Auf nach Schweden! Törnvorschläge ins Land der 1.000 Schären.

01:30 Uhr. Der Wecker reißt mich aus einem sehr unruhigen Schlaf. Es ist nass, kalt und stockfinster. Das ständige Klappern der abgebundenen Fallen verheißt nichts Gutes. Doch heißt es aufstehen, denn laut Wetterbericht soll der Wind in Kürze zunächst einschlafen und dann um 90 Grad drehen, sodass er, statt direkt auf die Nase, angenehm von der Seite kommt. Wir wärmen uns erst einmal mit einem schnellen Frühstück auf. „Wir“, das sind mein Freund und Einsteiger in das Fahrtensegeln Lars, der mich auf diesem langen Törn begleiten wird, und ich. Wir wollen in zwei Tagen die 150 Seemeilen von Schleimünde bis in die südschwedische Stadt Ystad mit einem kurzen Zwischenstopp im dänischen Stubbekøbing segeln. Uns erwarten jede Menge Seemeilen und so sitzen wir zu dieser frühen Stunde etwas ratlos herum. Im Moment jedenfalls steht der Wind noch unvermindert gegenan. Sich hinzulegen macht jetzt auch keinen Sinn mehr, der Wunsch aufzubrechen ist mächtiger als die Aussicht auf unruhigen Schlaf und wir entscheiden uns, loszusegeln.

Gegen Wind und Widrigkeiten

Gegen eine recht starke Dünung geht es hinaus aus der Schlei. Bei auflandigem Wind ist das mit LA MERs 10 PS mühsam. Aus Erfahrung klug geworden, habe ich schon vorher die Segel hochgezogen, um ein wenig Unterstützung durch den Wind zu erhalten. Die finstere Aprilnacht macht das Ganze auch nicht angenehmer und ich bin froh, als wir endlich auf der offenen Ostsee sind. Als der Kompasskurs auf die Südspitze von Langeland anliegt und ich feststelle, dass der Wind immer noch zusammen mit einer Welle von gut einem Meter Höhe genau von vorne kommt, sinkt meine Laune.

Wir haben nun nur die Möglichkeit, sehr hoch am Wind zu fahren, und später, wenn der Wind hoffentlich gedreht hat, den Kurs zu korrigieren. Oder wir fahren erst einmal unter Motor gegenan, um keine zusätzlichen Meilen zu fahren. Mitte April

2018 ist mein Boot erst seit vier Tagen im Wasser. Die Technik ist noch nicht so eingespielt, wie sie es nach ein paar Wochen in der Saison wäre. Und so weigert sich der Außenborder auch vehement, anzuspringen. Also muss der alte Diesel wieder ran, den ich eigentlich schonen wollte, denn er soll auf jeden Fall die vier bis fünf Monate durchhalten, die ich auf meiner Reise „Die Route der Wikinger“ unterwegs sein will.

Gegen diese Welle protestiert der Diesel laut klappernd. Er tut sich sehr schwer und mit gerade mal 2,5 Knoten über Grund kommen wir nicht wirklich voran. Zeitgleich versagt nun auch noch der Pinnenpilot seinen Dienst. Na toll, gleich der nächste Ausfall!

Zum Glück sind wir zu zweit. Ich übergebe Lars die Pinne während ich versuche, den Fehler zu finden. Unter diesen Umständen gelingt mir dies so schnell nicht. Wir müssen abfallen und unter Segeln weiter, doch der Wind ist immer noch so stark, dass ich ein Reff einbinden muss. Während ich mit dem Einbinden des Reffs kämpfe, reiße ich die Flaggleine unter der rechten Saling ab. Jetzt reicht es mir. Ich überlege ernsthaft, umzudrehen und später einen neuen Anlauf zu wagen. Hat uns die Ostsee schon in den ersten Stunden des Unterwegsseins besiegt?

Doch Lars hat nur die zwei Tage Zeit, die wir für die Überfahrt eingeplant haben, und so sagt er: „Komm, ich übernehme die Pinne und du guckst in Ruhe, was du reparieren kannst. Lass uns einfach losfahren.“ Das ist ein Freund! Gesagt, getan.

Als das Boot endlich mit 5 Knoten läuft – wenn auch auf falschem Kurs –, flicke ich den Pinnenpiloten. Ich befestige mit Kabelbindern und Klebeband ein langes Kabel quer durch das Cockpit von meiner Ersatzbatterie zum Pinnenpiloten. Zum Glück funktioniert das. Und auch der Wind hat endlich ein Einsehen und dreht langsam recht, sodass wir unseren Kurs immer weiter korrigieren und auch endlich einen Anlieger fahren können. Das vorausgesagte Schwächeln des Windes bleibt glücklicherweise aus und ab nun verläuft unsere Fahrt wesentlich undramatischer und mit 6 Knoten, sodass wir am Ende nur wenig Zeit verloren haben. Wir wechseln uns nun stundenweise ab, und so findet jeder noch ein wenig Schlaf, während er das Schiff beim anderen in sicheren Händen weiß. Dazu geht langsam die Sonne am Horizont vor unserem Bug auf. Es gehört zu den großartigen Momenten auf See.

Kurz nach dem Runden das Südkaps von Langeland müssen wir zwei Wege der Berufsschifffahrt queren, man sieht die dicken Pötte schon sehr lange vorher andampfen. Vor ein paar Tagen habe ich in LA MER ein AIS-fähiges Funkgerät eingebaut und bin so endlich in der Lage, vernünftig abzuschätzen, ob ich einem Schiff zu nahekomme oder nicht. Sollte dies der Fall sein, ändere ich deutlich sichtbar den Kurs – sofern der Wind es zulässt – oder vertrimme einfach die Segel, um Fahrt aus dem Boot zu nehmen. So kann man diese Situation schnell entschärfen und bald haben wir erfolgreich beide Großschifffahrtsstraßen gequert. Wir drehen jetzt den Bug nach Norden und haben damit raumen Wind.

Unterwegs auf der blauen Autobahn

Es wird Zeit, das Parasail zu setzen, dass ich mir extra für diese Situationen habe anfertigen lassen. Bei den mittlerweile nur noch 3 Windstärken kann ich damit unsere Geschwindigkeit von 5 Knoten gut halten. Sonst würden wir sicher einige Stunden mehr benötigen und irgendwann frustriert den Motor starten, wie ich es auf meiner langen Reise 2014 leider häufig erleben „durfte".

Aus Vormittag wird Mittag, bis wir endlich Lollands Nordwesten umrundet haben, die „Blaue Autobahn" verlassen und LA MERs Bug im Smålandfahrwasser wieder nach Westen zeigt. Das bedeutet auch den Wechsel vom Parasail auf Vollzeug. Wir schlängeln uns zwischen den Inselchen Fejø und Vejrø hindurch in Richtung der großen und schon von Weitem sichtbaren mächtigen Brücken Storstrømsbroen und Farøbroen. Kurz vor der ersten Brücke läuft LA MER aus dem Ruder. Ich vermute erneut einen Fehler im Pinnenpiloten. Doch der tut treu seinen Dienst. In der Seekarte jedoch wird ein Unterwasserkabel erwähnt, welches den Kompass des Autopiloten offenbar so stark ablenkt, dass wir beinahe eine 90 Grad Kurve fahren. In dänischen Gewässern habe ich das auch schon häufiger erlebt. Ein, zwei Kabellängen weiter ist das Phänomen verschwunden. Hinter der zweiten Brücke bekommen wir nun überraschend Starkwind auf die Nase. Ich gehe ins zweite Reff – schön, wenn man zu zweit an Bord ist –, und kreuze die letzten 4 Seemeilen mühsam vorwärts in Richtung Stubbekøbing, das so nah ist und doch so fern nach mittlerweile 16 Stunden auf dem Wasser.

Aufgrund des starken Windes und der etwas schwierigen Einfahrt in den Yachthafen entscheide ich mich für den Fischereihafen und finde dort auch einen guten und windgeschützten Platz direkt an der Kaimauer. Schnell gibt es noch etwas zu Essen am Hafenimbiss und um 20 Uhr fallen wir bereits in einen tiefen Schlaf. Am nächsten Morgen wollen wir mit dem ersten Licht um 5 Uhr aufbrechen. Als wir mit der aufgehenden Sonne aus unserem Kojen schlüpfen und bei beinaher Windstille auslaufen, fühlt sich dieser neue Morgen deutlich besser an als das Aufstehen in der Nacht zuvor. Der Außenborder brummt plötzlich beruhigend zuverlässig und so schiebt er uns durch den morgendlich schönen Grønsund auf die offene Ostsee. Ich bleibe lieber brav in der betonnten Fahrrinne und kürze nicht über das Tolkdyb ab. Jetzt aufzulaufen möchte ich mir an diesem schönen Morgen nicht antun. Wir haben genug Zeit und so nehmen wir diesen kleinen und korrekten Umweg gerne in Kauf. Wir setzen Kurs auf die berühmten Kreidefelsen von Møn und können bald bei leichten raumen Winden das Parasail setzen. Die Sonne scheint – im Sommer 2018 wird sie dies auch fast durchgehend bis in den September hinein tun – und es macht unglaublichen Spaß, so vor dem Wind dahinzusegeln.

Wir stehen im Cockpit und quatschen Seemannszeug und ich bin wirklich froh, dass ich diesen ersten Törn einmal nicht Einhand unternehme. Die Kreidefelsen bringen schöne Erinnerungen an Kindheitstage und Sommerurlaube mit meinen Eltern zurück und ich hänge diesen Gedanken lange nach.

Als wir aus der Abdeckung der hohen Kreidefelsen kommen erwischt uns plötzlich und völlig unvorbereitet Starkwind von der Seite. LA MER neigt sich gefährlich, als das Parasail sie immer weiter hinunter aufs Wasser zieht. Ich lege schnell Ruder nach Steuerbord, damit wir vor den Wind kommen. Der Bergesack macht dem Spuk ein Ende, als er schnell nach unten gezogen den Druck aus dem Segel nimmt. Ich bin froh darum. Außer einer kurzen Einweisung hatte ich noch kaum Erfahrung mit einem Parasail und bin verständlicherweise begeistert über sein einfaches Handling.

Kurze Zeit später schläft der Wind wiederum ganz ein und es beginnen lange 35 Seemeilen unter Außenborder, bis wir endlich bei Sonnenuntergang die Lichter von Ystad am Horizont auftauchen sehen. Es vergeht aber noch einige Zeit, bis wir in den sehr unübersichtlich beschilderten und wenig beleuchteten Hafen einlaufen. Ich mache vorne an einem Steg fest, da mir die Wassertiefen aufgrund der Beschilderung nicht geheuer erscheinen. Wir sind angekommen nach 31 Stunden auf See, was einen Schnitt von knapp 5 Knoten bedeutet. Nicht schlecht für mein kleines Schiff.

Jetzt heißt es noch, Lars' Hunger zu stillen, den er mir seit mehreren Stunden lautstark kundtut. Wir finden ein Burger-Restaurant, das noch geöffnet hat, und belohnen uns für die gelungene und so abwechslungsreiche Überfahrt.

Ich bin ein einsamer Seemann ...

Am nächsten Morgen bringe ich Lars zum Bahnhof und erkunde Ystad. Ein Besuch in dieser aus den Wallander-Romanen bekannten Stadt ist ein Muss für jeden Schwedensegler. Wollte man eine schwedische Stadt wie aus dem Bilderbuch beschreiben, so wäre das Ystad mit seinen typisch bunt angemalten Häusern, den gepflasterten Straßen und dem Geruch von Kaffee und Kanelbulle, den schwedischen Zimtschnecken. Doch mich quält nach dem Abschied von Lars ein merkwürdiges Gefühl von Einsamkeit. Wie immer, wenn jemand mein Boot verlässt, und auch angesichts der langen Reisemonate, die jetzt vor mir liegen, fühle ich mich plötzlich allein.

Und so mache ich mich daran, das Boot vernünftig zu reparieren, und behebe alle technischen Probleme, die sich auf der Überfahrt ergeben hatten. Nur die Flaggleine bekomme ich nicht mehr an der Saling montiert und ich setze für den Rest der Reise die Gastlandflaggen mit Kabelbindern am Innenwant.

Als ich damit fertig bin, fühle ich mich immer noch irgendwie verloren und laufe daher gleich nachmittags wieder aus. Unterwegs zu sein hilft gegen den Einsamkeits-Blues. Es geht bei wunderbarem Segelwind und viel Sonne ins nur 8 Seemeilen entfernte Kåseberga. Es gibt auf der Strecke einige Schießgebiete. Ich erfahre später, dass ich auch nur an diesem Sonntagnachmittag an dieser Stelle hätte segeln dürfen. Glück gehabt!

Kåseberga besitzt einen kleinen Hafen, der ausgerechnet heute nach dem Winter ausgebaggert wird. Ich warte zunächst ein bisschen ab, doch dann winkt mich der Kapitän des Baggerschiffes hinein. Wieder habe ich Glück gehabt. Am Hafen gibt es ein paar gemütliche Restaurants. Die lokale Spezialität scheint gebratener Ostseehering (Strömming) mit Kartoffelmus und Preiselbeersoße zu sein und es schmeckt in der Tat auch sehr gut. Ich erkunde die Gegend.

Oben auf der Steilküste steht die „Ales Stenar" genannte, größte erhaltene Schiffssetzung in Schweden. 59 tonnenschwere Steine bilden eine beeindruckende Anlage von etwa 70 mal 20 Meter. Dieses über 1.400 Jahre alte „schwedische Stonehenge" gilt als Grabanlage. Manche denken auch, es könne ein Sonnenkalender sein. Erst 1956 wurde „Ales Stenar" so hergerichtet, wie jährlich tausende Touristen und ich es heute sehen.

Von der Steilküste ist die Aussicht überwältigend. Man kann bei gutem Wetter bis zur gut 20 Seemeilen entfernten dänischen Insel Bornholm hinüberschauen. Man könnte auf dem Rückweg nach Deutschland problemlos dort Station machen. Oder man segelt ostwärts über die Hanöbucht hinein in wunderschöne Schärengebiete bis nach Karlskrona.

Diese Routenvariante habe ich 2014 auf meiner „Zeitmillionär"-Reise in anderer Richtung absolviert und ich möchte sie euch als zweite Alternative für einen Schwedentörn beschreiben.

2014 breche ich Mitte Mai in aller Frühe von Sassnitz auf Rügen aus auf. Es soll mit 55 Seemeilen die erste echte lange Überfahrt meiner Seglerkarriere werden und entsprechend viele Gedanken habe ich mir vorab gemacht. Ich habe Mahlzeiten vorgekocht und einen exakten Zeitplan für Logbucheinträge und Wetterberichte gemacht. Ich bereite alles wie aus dem Lehrbuch vor. So will ich immer beschäftigt bleiben und nicht nur grübelnd herumsitzen. Tatsächlich funktioniert mein Lehrbuchtörn fast fehlerlos. Fast. Alles kann man eben doch nicht planen und so zieht abends dichter Nebel auf und verdirbt mir den ruhigen Schlaf. Heute – und nach all den mehrmonatigen Einhandtörns – habe ich meine Langfahrttaktik geändert. Ich kann mit Leichtigkeit und stundenlang in einen echsenartigen Ruhezustand verfallen, in dem die Zeit schneller vergeht als mit dem Aktionismus, der meine ersten Einhandüberfahrt prägte.

Im Schutz der Kreidefelsen von Rügen muss ich zunächst aus der Abdeckung motoren, bis ich auf Wind treffe. Dieser kommt aber viel vorlicher als erwartet, sodass ich meinen geplanten Kurs zum Hafen Rønne auf Bornholm nicht mehr anlegen kann. Die Ostsee lacht, wenn man Pläne macht. Aber aufgrund der großen Hafendichte ist das eigentlich nie ein wirkliches Problem. Also ändere ich meinen Kurs in Richtung auf den Hafen von Hasle, um etwas abfallen und damit deutlich schneller laufen zu können.

Die Ostsee um Bornholm kann bei stärkeren Ostwinden nicht ungefährlich sein, wie auch das Kapitel von Lin & Larry Pardey aus ihrem Buch „Handbuch Sturmtaktik“ an anderer Stelle in diesem Buch belegt. Die Wellen haben bei Nordost bis Ost viel Fetch und das Meer ist vor Polen und dem Baltikum deutlich tiefer als in der westlichen und südlichen Ostsee. Auf diese Weise können sich viel höhere Wellen ausbilden. Auch ich habe bei meiner Überfahrt Ost-Nordost. Der Wind ist allerdings nur mäßig bis frisch. Ich kann noch gut ungerefft fahren, mache ordentlich Tempo und belege nach 13 Stunden in Hasle stolz und erleichtert die Leinen.

Hammershus, Bornholm, Christiansø

Am nächsten Tag geht es nur wenige Meilen und durch viele Fischernetze weiter nordwärts in die empfehlenswerte Ankerbucht direkt unter der Schlossruine von Hammershus, die ich mit meinem Dinghi besuche. Es ist mein erster Abend vor Anker und mit Bordgrill auf dieser Reise, dem noch viele weitere folgen sollen. Der Boden ist sehr steinig, so empfiehlt sich das Ausbringen einer Tripleine am Anker, sollte er unklar kommen. Von Hammershus aus sind es nur 23 Seemeilen bis in das oben beschriebene Kåseberga, dieser Weg über Südschweden und Dänemark würde eine Alternative zur Rückfahrt bieten, sollte diese nicht wieder zurück nach Rügen gehen. Ich will allerdings noch zwei weitere, ganz besondere Ziele auf der Ostsee ansteuern: die Erbseninseln um Christiansø und Schwedens südöstlichste Inselgruppe Utklippan.

Also umrunde ich zunächst das Nordkap von Bornholm, bleibe zwei weitere Tage in der dänischen Bilderbuchstadt Gudhjem und will nachmittags schnell die 10 Seemeilen nach Christiansø hinübersegeln. Doch wieder einmal kommt es anders. Schnell frischt der Wind auf, aber angesichts der wenigen Meilen habe ich keine Lust zu reffen. Das rächt sich natürlich schnell, als der Wind zügig 7 Windstärken erreicht und mir das Reffen vorne am Mast deutlich schwieriger macht. Erst etwas später entdecke ich das Beiliegen – wie es auch Lin und Larry

Pardey vorstellen – für mich als ideales Manöver, um Einhand die Segelfläche zu verkleinern.

Die Geschichte dazu ist interessant. Rund vier Wochen nach diesem Erlebnis habe ich in Schweden meinen angelverrückten Freund Henning an Bord zu Gast. Jedes Mal, wenn er auf Fishfinder einen vermeintlichen Schwarm unter dem Boot sieht, ruft er: „Halt mal an!“, was auf einem Segelboot bei Windstärken um 5 nun nicht ganz einfach ist. Ich erinnere mich an das auch im dicken Wälzer „Seemannschaft“ beschriebene Manöver „Beiliegen“ und probiere es aus. Seit diesem Tag ist es das Manöver meiner Wahl, um gerade bei viel Wind und Welle einfach einmal „anzuhalten“ und Ruhe ins Boot zu bringen. Auch zum Reffen ist es ganz hervorragend geeignet. Vor Christiansø lasse ich mich allerdings doch noch von Rasmus verprügeln und fahre entsprechend verausgabt in den kleinen Hafen ein.

Es machte mir viel Spaß, einen Tag auf den Erbseninseln zu verbringen, auf denen von den Häusern bis zu den Einheimischen alles ein klein wenig geschrumpft erscheint. Abends besucht mich der einzig andere Segler im Hafen: ein Schwede, mit zwei Dosen Bier an Bord. Er erzählt mir nach einem kurzen Woher und Wohin ausführlich von den Preisen für hochprozentigen Alkohol in Schweden. Ich verstehe den Wink und versorge ihn mit einem guten Glas Single Malt und er mich dafür mit dem schwedischen Wetterbericht, der sich als sehr viel präziser erweist als der vom Deutschen Wetterdienst. Heute noch gehört dieser Wetterbericht von SMHI zu meinen bevorzugten Wetterinfos selbst für die deutschen und dänischen Teile der Ostsee.

Einfach im Reiter „Sweden Weather“ den Begriff „Sea Weather Forecast“ anklicken oder den QR-Code einscannen.

www.smhi.se

Und so liegt der schwedische Kollege auch noch in der Koje, als ich morgens um 6 Uhr aufbrechen will, aber Wind und Welle toben – wie von SMHI vorhergesagt – vor der Hafeneinfahrt. Erst vier Stunden später komme ich los, jetzt aber sind die Bedingungen ideal. Bei halbem Wind aus Südost macht LA MER ungerefft 6,5 Knoten Speed. Auf der Ostsee können ein paar Stunden einen großen Unterschied im Törnverlauf ausmachen. Und so beginnen nun wunderschöne Stunden echtes Traumsegeln. Wenn da nur nicht der Weg über eine auf diesem Kurs gut 8 Seemeilen breite Dampferautobahn wäre. Es ist kein Verkehrstrennungsgebiet (das TSS Bornholmsgat beginnt erst etwas weiter westlich). Ich muss es also nicht zwingend im 90-Grad-Winkel überqueren. Aber da auf jeweils drei Fahrspuren in beide Richtungen die Berufs- und Kreuzfahrtschiffe unterwegs sind, muss man schon gute Nerven beweisen, um hindurchzufahren. Meine Taktik zum Umgang mit der Berufsschifffahrt findet ihr an anderer Stelle in diesem Buch. Sie hat mich erfolgreich hindurchgebracht, ohne dass ich auch nur eine Segel- oder Kurskorrektur vornehmen musste.

In der Sauna auf Utklippan

Nach gut 40 Seemeilen erreiche ich den geschützten Innenhafen von Utklippan, in den man je nach den Bedingungen auf See von zwei Seiten und damit immer in Lee hineinfahren kann. Beim Anlaufen sind unbedingt die vielen flachen Klippen rund um die Insel zu beachten. Es gibt im Hafen 50 bis 70 Gastliegeplätze (längsseits, im Päckchen) und Strom. Drei Ruderboote liegen aus, mit denen man auf die Leuchtturminsel fahren kann. Diesen kann man auch für eine kleine Gebühr besteigen und hat von oben einen großartigen Ausblick, den man so lange genießen kann, wie man möchte. Auf der Südinsel findet man mittlerweile auch eine Kneipe mit Grillterrasse, die alles von Frühstück, Mittagstisch, Kaffee, Kuchen bis hin zum kompletten Barbeque anbietet. Sogar eine mit Holz befeuerte Sauna gibt es.

Schnupper-Schärensegeln

Die Anfahrt zu den „echten" schwedischen Schärengärten erfordert von Deutschland aus immer etwas Zeit. An der schwedischen Ostküste beginnen die typischen Schären eigentlich erst nördlich von Kalmar. Ab dort findet man nicht nur vereinzelte, von ein paar Schären umsäumte Häfen vor, sondern auch lange und vor der offenen See geschützte, betonnte Fahrwasser. Wer jedoch nur einmal in die Schärensegelei hineinschnuppern möchte oder einfach nicht die Zeit für einen langen Törn hat, dem möchte ich die Karlskrona vorgelagerte Schärenwelt ans Herz legen. Denn auch in Südschweden findet man betonnte und geschützte, innenliegende Fahrwasser und der Unterschied zu den oben erwähnten Gebieten liegt eigentlich nur in ihrer Ausdehnung. Erneut muss man sehr aufmerksam navigieren. Der Wind folgt dem Fahrwasser und es gibt kaum Welle; man findet alle typischen Elemente des Schärensegelns vor. Von Utklippan aus hat man einen sehr guten Startpunkt in diese Gewässer und ich laufe am nächsten Tag westlich der Insel Langören in das Schärenfahrwasser ein.

Ich halte mich genau in dem durch rote und grüne Tonnen markierten Fahrwasser durch die Untiefen. Es empfiehlt sich, die Alarmfunktion des Echolots (bei mir auf eine Tiefe von 2 Metern eingestellt) zu aktivieren. Und es ist wichtig, nicht nur nach vorn auf die nächste Einfahrt durch ein Tonnenpaar zu peilen, sondern auch achteraus stets das zuletzt passierte Tonnenpaar in Linie zu halten. Sonst kann es bei Abdrift durch Wind oder Strom schnell passieren, dass man das nächste Tonnenpaar zwar genau voraus hat, trotzdem aber unbemerkt seitlich aus dem Fahrwasser abgekommen ist. Das passiert schneller, als man denkt, und kann bei dem felsigen Grund unter Umständen verheerende Folgen haben. In den Schären sollte man sich stets auch auf seine Augen verlassen und nicht nur stoisch dem Plotterbild folgen.

Kaum bin ich in diese landschaftlich atemberaubende Gegend eingefahren, ist es vorbei mit den Wellen, der Wind kommt achterlich. Vorsichtig, wie ich zu Anfang meiner Reise noch bin, segle ich nur unter Rollgenua, um mich auf das Fahrwasser und nicht auf die Segel konzentrieren zu können. Zum ersten Mal auf dieser Reise spüre ich das unglaubliche Gefühl des Schärensegelns. Die unberührte Natur mit ihren immer dicht vorbeiziehenden Felsen, das lautlose Dahingleiten vor dem Wind, die Anspannung und Konzentration, das glatte Wasser … all das zieht mich sofort in seinen Bann und die Vorfreude auf die kommenden Wochen und Monate wird mit jeder Seemeile, die ich zurücklege, größer. Ich bin angekommen.

Im Törnführer werden zwei Ankerplätze in dieser Region empfohlen, aber diesen fühle ich mich als Einhandsegler noch nicht gewachsen. So laufe ich nach Torhamn ab, einem wunderschönen kleinen Hafen innerhalb der Schären. Zum ersten Mal erlebe ich „echtes“ schwedisches Urlaubsambiente. Rot angemalte Holzhäuser, üppige Natur, wenig Menschen, der Blick auf die Schären. Alles, worauf ich mich seit der Abfahrt gefreut habe, ist an diesem Ort versammelt. Einem langen Spaziergang in den Ort folgt der erste Grillabend des Sommers: Sommerglück pur.

Mein Tagesziel am nächsten Morgen ist die größere Stadt Karlskrona. Dazu soll es nun wieder mitten durch die Schärenwelt gehen bis zu einer Abzweigung, die mir schon auf der Karte Respekt einflößt. Links und rechts der flachen Rinne weist die Karte gerade einmal Tiefen von nur 1,10 bis 1,20 Metern aus. Und die Rinne ist nicht betonnt! Man muss daher zwei Leitbaken in den umliegenden Wäldern suchen, diese in Deckung bringen und – die Baken immer in Deckung haltend – der Rinne folgen, bis man wieder tiefes Wasser erreicht hat. Das klingt aufregend und das ist es auch. Erleichtert wird die Navigation durch den Plotter, der mir stets gute Orientierung und Sicherheit vermittelt.

Die Leitbaken sind erfreulich schnell gefunden. Mein Rezept, wenn Baken oder Leitfeuer aus der Deckung geraten, lautet: immer sofort auf die untere Bake Kurs legen, bis sich wieder Deckung einstellt. Trotzdem bin ich froh, einen anderen Segler mit offensichtlich mehr Tiefgang die Passage in die andere Richtung (direkt auf mich zu) fahren zu sehen. Der Törnführer hat also recht, die Tiefenangaben meines Plotters sind offenbar etwas widersprüchlich. Die Passage erweist sich am Ende als problemlos und meine erste Schärenprüfung ist bestanden.

Kann ich in den Schären segeln?

Die Landschaft und das ruhige Wasser verleiten zunächst dazu, es segeltechnisch ein wenig schleifen zu lassen – zumal wenn man allein unterwegs ist. Auch ich segle nur unter Rollgenua, so wie manch anderer auch. Doch ich werde bald eines Besseren belehrt und gewöhne es mir schnell wieder ab, denn mit voller Besegelung hat man einfach mehr Optionen bezüglich Kurswahl, Kurstreue und schneller Kurskorrektur.

Kurz vor der Brücke über den Möcklösund passiert mir der oben beschriebene Fehler, zu dem es bei laxer Segelführung schnell kommen kann. Das Fahrwasser wird breiter und der nun seitlich kommende Wind nimmt zu. Schon versetzt er LA MER seitlich im Fahrwasser, während ich noch immer weiter brav auf das Tonnenpaar zuhalte. Nur der Alarm des Echolots und der schnelle Blick nach achtern lassen mich diesen Fehler, den ich das erste und letzte Mal auf dieser Reise machen sollte, bemerken. Glück und Unglück oder Segeln und Auflaufen liegen in den Schären sehr dicht beieinander.

Den Rest des Weges nach Karlskrona folge ich nun dem Verlauf des breiten, seeähnlichen Östrafjärden. Er bietet wunderschöne Aussichten auf die umgebende Inselwelt und ihre Felsen. Als sich irgendwann eine Fähre der STENA-Linie beinahe über den Schären schwebend in mein Gesichtsfeld schiebt, weiß ich, das Karlskrona nicht mehr weit sein kann. Aber bis zum sehr schön gelegenen Yachthafen gilt es, noch einigen Tonnen zu folgen und durch recht enge Fahrwasser zu navigieren. Das Festmachen und Finden eines Liegeplatzes in dem sehr großen Hafen ist dann aber kein Problem.

Vier Tipps zu Karlskrona

1. Direkt am Yachthafen liegt der Hauptbahnhof. Via Trelleborg erreicht man recht zügig Deutschland, falls ein Crewwechsel geplant sein sollte.
2. Unweit des Yachthafens gibt es einen Discounter. Aufgrund der Lebensmittelpreise in Schweden sind sie immer lohnende Einkaufsziele. Die Besonderheit in Karlskrona: Der Discounter hat einen eigenen Anleger, sodass man mit dem Dingi zum Einkaufen fahren kann, um sich die Schlepperei zu ersparen. Dazu fährt man einfach unter den drei Brücken der Eisenbahnlinie hindurch und hält sich danach gleich backbords.

3. Das Schifffahrtsmuseum am Hafen ist auf jeden Fall einen Besuch wert.
4. Die Schlange an der Eisdiele in Nähe der Kirche ist nicht umsonst stets sehr lang.

Strecke ist wichtiger als Stil

Von Karlskrona aus könnte man nun durch viele weitere Schärenfahrwasser weiter westwärts laufen und zum Beispiel über Simrishamn, Kåseberga und Ystad die Rückreise in Richtung Deutschland antreten. Diese Route wähle ich 2018 auf dem Rückweg von Tallinn und breche im September von Karlskrona aus auf. Frisch erholt nach einigen Hafentagen, mit aufgefüllten Vorräten und frisch gewaschener Wäsche, lege ich ab. Die Vorhersagen sind wie die der letzten Tage wieder sehr unschön. Aber wenn ich rechtzeitig vor dem sich jetzt bereits abzeichnenden Sturmtief (welches später zur Absage der „Silverrudder-Regatta“ führt) in Deutschland ankommen will, darf ich nicht wählerisch sein und muss das nehmen, was Rasmus mir anbietet. Und so geht es mit gesetztem Groß und Außenborderunterstützung erst einmal gegenan. Ich nenne das meine „Scheißegal-Besegelung“, wenn die Strecke, die ich zurücklegen muss, mehr zählt als der Stil.

Es gibt jedoch ein weit größeres Hindernis als den Gegenwind: die Drehbrücke von Hasslöbron, die von Mai bis September in Betrieb ist. Ich wäre beinahe im April auf dem Hinweg diese Strecke entlang gefahren, hatte aber zum Glück zuvor genau recherchiert. Die Brücke öffnet in dieser Zeit täglich von 08:00 bis 20:00 Uhr stündlich jeweils zur vollen Stunde auf Anfrage. Man versucht sein Glück telefonisch unter +46 455-33 22 40 oder auf UKW-Kanal 12 Kungsholmen.

Wie üblich komme ich an, als sich die Brücke langsam vor mir schließt, und mache daher erst einmal an einer auf dem Wasser verankerten Badeplattform fest, koche mir einen Kaffee und esse ein Brötchen. Danach kontaktiere ich den Brückenwärter und erhalte die Zusage der Öffnung zur nächsten vollen Stunde.

Die Seekarte verzeichnet bis Ronneby zahlreiche Schärenfahrwasser mit Naturhäfen und Ankerplätzen, dazu verstreute Fischerhäfen, die Schutz vor den auflandigen Südwinden bieten. Auch der Törnführer lobt dieses Schärengebiet gerade für deutsche Segler mit wenig Zeit. Dieses schöne Segelrevier würde ich mir gerne mit mehr Zeit ersegeln.

Auf der Insel Tarnö

Heute kreuze ich jedoch in langen Schlägen außerhalb des schützenden Schärengartens 25 lange Seemeilen Kurs über Grund gegen den Südwestwind, bis ich am späten Nachmittag ziemlich erschöpft die Insel Tarnö erreiche und an einem Holzsteg vor einem Restaurant festmache. Im September hat bereits alles geschlossen, aber dafür liege ich fast allein in diesem letzten Schärenidyll meiner Reise. Auf schmalen Pfaden durchstreife ich diese wunderschöne Insel, entdecke liebevoll restaurierte alte Fischerhäuschen, viel Natur und eine feine Badebucht in der Sandvik. Leider ist diese wieder dem Wind zugewandt und erinnert mich daher an meine morgige Weiterreise gegen den Südwestwind. Da bleibe ich doch lieber in meinem windgeschützten Cockpit im Lee der Insel, genieße meinen letzten Abend in Schärenatmosphäre und bediene mich an meinen frisch aufgefüllten Vorräten.

Am nächsten Morgen geht es in aller Frühe – auf der Ostsee weht häufig morgens am wenigsten Wind, was gut ist, wenn man gegenan muss –, auf Südwestkurs in das 40 endlose Seemeilen entfernte Simrishamn. Wenigstens hat der Wind bald ein Einsehen und fällt westlicher ein, je weiter ich segle. Ich verzichte darauf zu kreuzen und fahre so hoch am Wind wie möglich. Auf der so entstehenden Kreisbahn werden es zwar ein paar Meilen mehr, aber es segelt sich weniger frustrierend. Trotzdem ist so ein Tag Einhand hoch am Wind extrem anstrengend, da man ständig auf der Hut sein muss, dass der Autopilot nicht versehentlich durchwendet oder dass man einen Winddreher und damit mehr mögliche Höhe verpasst. Dazu bin ich immer wieder mit Ein- und Ausreffen beschäftigt, je nachdem, wie viel Abdeckung das Land gerade bietet. In finsterer Nacht mache ich endlich in Simrishamn fest und falle in meine Koje. Wieder ist ein großes Stück geschafft.

Zurück in dänische Gewässer

Am nächsten Morgen fahre ich direkt und wie erwähnt mit weniger Wind los und mache mich auf den Weg nach Kåseberga, von wo aus es heute gegen Mitternacht in Richtung Dänemark gehen soll. Es ist ein echtes Meilenfressen, das langsam überhaupt keinen Spaß mehr macht. Aber die Aussicht, alternativ zehn Tage irgendwo eingeweht zu liegen, treibt mich an. Was soll's. Leider macht es Rasmus mir trotz täglichen Opferns kostbarer Getränke wieder einmal schwer. Und ich kreuze endlos, bis ich dieses Kap mit seinen drehenden Winden endlich bezwungen habe. In Kåseberga erklimme ich noch einmal die Steilküste zu der Steinsetzung „Ales Stenar“ und bedanke mich bei den Wikingergöttern für die gelungene Reise, auf der ich im April ja bereits einmal an dieser Stelle vorbeikam und mir damals der Weg nach Tallinn und zurück noch so endlos lang erschien.

Der Rückweg nach Deutschland führt mich schließlich noch in dieser Nacht in einem sehr langen Schlag über Stubbekøbing zurück in dänische Gewässer. Man könnte mit etwas mehr Zeit natürlich auch den Weg über das Smålandsfahrwasser und den Guldborgsund wählen, wenn einen ein interessanter Weg mit etwas mehr Nervenkitzel reizt. Ich beschreibe diesen Törn im Kapitel „Törn ohne Tiefgang“.

Etwas für die Augen

Die Schönheit der Schären lässt sich nur schwer in Worte fassen. Das folgende Video vermittelt daher einen Eindruck meines Törns von Rügen über Bornholm bis Utklippan und den ersten Kontakt mit der südschwedischen Schärenwelt vor Karlskrona 2014. Der QR-Code führt zu meinem YouTube-Kanal und zum Video.

Im nächsten Kapitel stellt Vincent Regenhardt das Folkeboot SAGA vor, das er nach einer Havarie komplett neu aufgebaut hat und mit dem er die Ostsee erkundet.

https://youtu.be/peWzsERUWVs

Folkeboot und Ostsee. Diese zwei Begriffe sind untrennbar miteinander verbunden, seitdem 1942 das erste Folkeboot auf der Arendals-Werft in Göteborg entstand. Vincent Regenhardt erzählt von seiner Leidenschaft für die Ostsee.

Vincent Regenhardt: Mit SAGA, dem Folkeboot, wohin der Wind mich treibt.

Ein Boot, das der breiten Masse den Traum des Segelns ermöglichen sollte – es war eine zunächst schwere Geburt für die junge Konstruktion des Schiffsentwicklers Tord Sundén, denn viele Details haperten am für diese Zeit ungewöhnlichen Design dieses Schiffes.

Ein altertümlicher Klinkerrumpf mit Plattgatt-Heck, an dem das Ruder angehängt wird, stand im absoluten Kontrast zu den schlanken, karweel beplankten und hochgezüchteten Yachten der Vorkriegsjahre. Doch die Optik vermochte nicht den Erfolg aufzuhalten.

Nachdem eine große Zahl an Persönlichkeiten erste Fahrten unternommen hatte, waren diese von dem Verhalten des Folkebootes auf See bei frischer und kräftiger Brise begeistert. Ein schnörkelloses, robustes Boot, das alles Notwendige an Bord hatte. Als der Reeder Sven Salén eine erste Serie von 60 Stück fertigen ließ, verstummten mit jedem neu ausgelieferten Boot weitere Kritiker. Die Beliebtheit wuchs und andere Werften begannen ebenfalls, Folkeboote zu bauen. Der Rest ist Geschichte.

Dies ist nun fast 80 Jahre her. Inzwischen wurden tausende Folkeboote aus Holz, GFK oder als Komposit gebaut.

Zu einer Werft habe ich eine besondere Beziehung: der Børresens Bådebyggeri in Vejle. Dort wurde 1943 unter der ersten Segelnummer in Dänemark (F D 1) das erste dänische Folkeboot von Børge and Albert Børresen gebaut. Es war der Start der neuen Bootsklasse in Dänemark.

SAGA – ihr neues Leben nach dem Untergang

Nur acht Jahre später entstand unter der „Baunummer 80“ ein Folkeboot, auf dem ich nicht nur Jahre später aufwuchs, sondern das mich in meine heutige Heimat brachte. Seit 1956 hört es auf den Namen SAGA, wie die skandinavische Göttin der Gewässer.

SAGA und ich, wir haben einiges zusammen erlebt. 2017 sanken wir in der Förde durch Verlust des Kielballasts. Das stellte uns zwar auf die Probe, aber die Ostsee ließ uns nicht scheiden. Ich brauchte die Ostsee. SAGA auch, denn dafür war sie konstruiert und gebaut worden. Auch das ist ein Grund, warum ich dieses Boot liebe.

Als wir in der Ostsee sanken, war SAGA nach 66 Jahren auf dem Wasser nicht nur eine alte dänische Dame, sondern ein veritables Wrack. Mittlerweile lebte ich seit über einem halben Jahr in Flensburg und wusste, dass das niedersächsische Land nicht mein Platz ist. Die Flensburger Förde mit meinem Folkeboot ist mein inneres Zuhause. Am 20. September 2017 kaufte ich sie von meinen Eltern für einen symbolischen Euro und fing Anfang 2018 mit dem Wiederaufbau an. Die gute Arbeit eines Regattaseglers und Bootsbauers mit dem Spitznamen „Mr. Dragon“ erlaubte es mir, mein Folkeboot so zu restaurieren, dass es alt bleiben durfte. Doch vieles war nicht mehr zu gebrauchen.

Stück für Stück zerlegte ich SAGA von innen heraus und analysierte, was sich der Bootsbauer damals gedacht hatte, als er sie zusammenfügte. Der Ballast des Kiels lag nach wie vor auf dem Grund der Ostsee. Nach monatelanger Suche nach Ersatz kam ich zu dem Entschluss, ein weiteres Folkeboot zum Ausschlachten zu kaufen. So würde ich fehlende Teile ersetzen können, denn alle Boote sind nach dem gleichen Plan gebaut.

Die Fertigungstoleranzen können zwar groß ausfallen, aber ich schaffte es dennoch, die gebrauchte Kielbohle und den Vorsteven mit neuem Achtersteven inklusive Knie in SAGA einzusetzen. Den gebrauchten Ballast darunterzusetzen war eine vergleichsweise leichte Übung. Es folgten komplett neue Bodenwrangen nach Vorbild der Alten und zum Großteil neue Spanten.

Dann nahm ich mir die Einrichtung vor. Das Cockpit konstruierte ich neu. Im Innenraum arbeitete ich viel auf und fertigte stellenweise auch Neues mit Hilfe gebrauchter Hölzer des zersägten Teileträgers. Im August 2020 war es soweit: Nach fast drei Jahren kehrten wir endlich an die Ostsee zurück. Im Winter 2021 folgte die Liste der Nachbesserungen. Und am 9. April 2021 stand ein 70 Jahre altes, vollrestauriertes Folkeboot vor mir, welches nach heutigen Bedürfnissen für Reisen ausgestattet ist.

Die Renovierung der SAGA ist eine Geschichte aus den Anfängen dieser Bootsklasse. Nun darf sie ein zweites Leben auf einem Austausch-Kiel weiterleben. Als die Folkeboote in den ersten Jahren ausschließlich aus Holz gebaut wurden, gingen die Bootsbauer von rund 30 Jahren Lebensdauer aus. Das betraf auch die Bootsklasse als solche. Die meisten Schiffe übertrafen diesen Zeitraum, da sie liebevoll gepflegt wurden. Erik Andresen baute 1975 das erste GFK-Folkeboot und damit war ihr Erfolg in der „neuen" Zeit gesichert.

Mehr Boot braucht kein Mensch

Warum ist ein Folkeboot nun das perfekte Boot für die Ostsee? Die Antwort lautet: Mehr Boot braucht kein Mensch. Man kann als Minimalist weniger oder als der Komfortliebhaber mehr Luxus an Bord haben. Man kann Regatten segeln oder große Fahrten unternehmen. Man kann den Naturstoff Holz leben und pflegen oder ein GFK-Boot mit Alurigg wählen, um sich den ganz persönlichen Traum des Segelns zu erfüllen. Für jeden Anspruch, für jeden Bedarf gibt es das passende Folkeboot. Die Folkeboot-Maße erlauben es jedem Eigner, per Trailer an jeden Ort der Ostsee oder darüber hinaus zu fahren. Dieses Schiff kennt kein Ende des Horizonts – nur das Ziel, das auf dem Weg bereits erreicht wurde. Pausiert man unterwegs in einem Hafen, wird man stets andere Folkeboote antreffen und nie allein sein. Die Folkeboot-Gemeinde ist eingeschworen und hilfsbereit. Allen Folkeboot-Neulingen kann ich nur eines nahelegen: Sucht den Kontakt im Hafen oder über die Vercharterer, wie etwa „Klassisch am Wind“, die meist alle örtlichen Veranstaltungen kennen. Dort kann man die Gemeinschaft und die Boote live erleben. Eines dieser Treffen ist das Folkeboot-Treffen in Arnis an der Schlei: ein kleiner Ort im schönen Angeln, in dem auch viele Werften zu finden sind. Bei passendem Wetter trifft eine kleine Flotte von über 20 Booten mitsamt ihren Gästen zusammen. Es gibt eine Geschwaderfahrt mit anschließendem gemeinsamen Grillen bei Live-Musik und Gesprächen. Nach solch einem herrlichen Treffen kehrt man zufrieden in den Heimathafen zurück.

SAGA liegt, seitdem sie seit 1992 die deutsche Flagge trägt, im Yachthafen Wackerballig – ein kleiner Ort mit sehr persönlichem Kontakt, an dem ich immer gerne bin. Schon bei der Ankunft wechselt man in einer zufriedene Welt. Die Lage am Anfang der Flensburger Förde in der Geltinger Bucht bietet bereits vom Hafen aus den Blick in die Ferne. Jede Himmelrichtung ist möglich. Man segelt, wohin einen der Wind begleitet.

Routenträume mit einem Folkeboot

Die Dänische Südsee ist eines der Reviere, die ich mit SAGA gerne ansteuere. Unter den vielen malerischen Inseln ist mir Langeland die liebste. Dort, in dem Ort Ristinge, verbrachte ich die langen Sommer meiner Kindheit. Damals gab es noch die Butterschifffahrt mit den Fähren GELTING SYD und LANGELAND III. Auch heute noch meine ich, sie in der Ferne an der südlichen Inselspitze am Strand stehend ankommen zu sehen. An einem weiten Strand, der in westlicher Richtung an Klippen vorbei zum Vogelreservat Storeholm führt, ragt ein flaches Gewässer nach Marstal hinüber. Ein Gewässer, das man an sonnigen Sommertagen mit der Karibik verwechselt. Es gibt unzählige versteckte Ort wie diesen und die meisten kenne ich noch nicht. Aber ich kann sie auf SAGA entdecken und erforschen.

Mein nächstes Ziel ist zum einen Aarhus mit Abstechern in kleine Städte oder die gegenüberliegenden Inseln. Das zweite Traumrevier, zu dem ich irgendwann aufbrechen möchte, ist Schweden, mit einem garantierten Zwischenstopp in Kopenhagen. Ich möchte in SAGAs altes Heimatrevier in der Marinestation Holmen segeln, wo sie als Ausbildungsschiff unterwegs war. Von dort aus gibt es unzählige Ziele, die mir noch gar nicht bewusst sind. Die Ostsee entwickelt eine Schönheit, die man in ihrer Vollkommenheit nur von Bord aus erleben kann. Selbst das beste, selbstfotografierte Bild gibt nicht annähernd die Gefühle wider, die man unterwegs hat.

Einmal waren wir auf dem Meer unterwegs, als uns bei Flaute ein Motorausfall überraschte. Ihm verdanke ich die atemberaubendste Nacht meines bisherigen Lebens. Zwischen Als und Fünen sahen wir einen gewaltigen Sonnenuntergang. Als es später dunkel wurde, konnte ich Himmel und Wasseroberfläche nicht mehr voneinander unterscheiden. Ich war vollständig umgeben von einem leuchtenden Sternenhimmel, der sich bis tief hinein ins Wasser fortsetzte. Dazwischen schwebte das Schiff in absoluter Stille. Als ich schließlich nahe am Ufer den Anker steuerbords auswarf, überraschten mich Schweinswale an der Backbordseite. Sie tauchten neben dem Boot, als wären wir selbstverständlicher Teil ihrer Welt. Mit dem Einsetzen der Morgenbrise setzten wir um 04:30 morgens die Segel, um Kurs auf den Heimathafen Wackerballig zu nehmen, den wir gegen 10 Uhr erreichten. Beim Einlaufen wurde auch das letzte Crewmitglied wach. Diese Momente sind Ostsee!

Vincent Regenhardt studiert Elektrotechnik an der Hochschule in Flensburg. Das Folkeboot SAGA ist sein erstes eigenes Schiff. Nach der Havarie und Kenterung des Bootes auf dem Weg nach Fahrensodde vor den Ochseninseln der Ostsee restaurierte er das Schiff in aufwändiger, über dreijähriger Arbeit. Über die Restaurierungsarbeiten und seine Törns mit SAGA berichtet er regelmäßig auf einer eigenen Facebookseite und mit Filmen auf YouTube.

Den Fortschritt der Arbeiten dokumentiert er in einem in Kürze erscheinenden Bildband. Ein Muss für Folkeboot-Liebhaber!

Mehr von Vincent Regenhardt auf seiner Facebookseite oder unter dem Stichwort SAGA bei YouTube.

Stichwort SAGA bei YouTube.

Die Ostsee hat eine lange Geschichte. Die Hauptrolle darin spielen die Wikinger: ihre Eroberungen, ihre Raub- und Handelswege. Auf einem mehrmonatigen Törn segle ich nicht nur im Hier und Jetzt durch ihre Inselwelten, sondern unternehme auf ihren Spuren einen Törn durch die Zeit.

„Die Route der Wikinger."

Die Vorgeschichte

Als ich 2014 nach sechs Monaten von meiner ersten langen Einhandsegelreise zurückkehrte, war es um mich geschehen. Ich hatte mich Hals über Kopf in die Schären Schwedens und der Åland-Inseln verliebt. Tausende von Inseln luden mich zum Anlegen und Übernachten ein, sodass der Traum von der eigenen Insel immer nur ein paar Seemeilen entfernt lag. Doch diese Reise war nun Geschichte – und alles, was blieb, waren Erinnerungen an lange Sommernächte in unberührter einsamer Natur, 19 während der Reise komponierte Songs und jede Menge Videomaterial. Und leider auch die Erkenntnis, dass es nie nur „die eine und einzige" Traumreise im Leben geben kann.

Jeder, der schon einmal für ein paar Monate aus dem Alltag ausgebrochen ist, wird bestätigen, dass erst durch neue Reisepläne die Rückkehr in den Alltag zuhause erträglich wird. „Gegen Fernweh hilft nur das Heimweh!", heißt es in einem Lied des deutschen Sängers, Liedermachers und Gitarristen Gisbert zu Knyphausen. So entstand die Idee zu meiner neuen Segelreise eigentlich in dem Augenblick, als ich 2014 die Leinen wieder in meinem Heimathafen festmachte. In einer Art Schärenfieber produzierte und veröffentlichte ich das Album und den dazugehörigen Dokumentarfilm „Zeitmillionär", hielt Vorträge und schrieb das Buch „SchärenSegeln". Vier weitere Jahre vergingen schnell, bis ich durch Zufall auf eine Reiseroute stieß, die bald die Grundlage für meine Filmtrilogie „Die Route der Wikinger" werden sollte.

Die Idee zur Reise

Beim Einkauf in einem schwedischen Möbelhaus blättere ich in einem wunderschön illustrierten Buch über die Schären und erkenne darin viele der Orte wieder. Mindestens ebenso viele faszinierende Ziele sind mir aber völlig unbekannt. Einige Seiten weiter lese ich über „König Waldemars Segelroute", der ältesten bekannten Wegbeschreibung durch die Ostsee. Es macht „Klick" in meinem Kopf. Noch bevor ich das Buch wieder zuschlage, beschließe ich, genau dieser Route mit LA MER, meiner alten, aber zuverlässigen Dufour 2800, zu folgen. Das Meer hat mich wieder.

Eine Suche im Internet ergibt, dass die Route aus 101 Wegpunkten von Südschweden durch die ostschwedischen und finnischen Schären bis nach Tallinn in Estland besteht und sich somit wieder genau durch mein Sehnsuchtsgebiet schlängelt. Diese Segelroute stammt vermutlich aus der Wikingerzeit und wurde erstmals von Mönchen im frühen 13. Jahrhundert niedergeschrieben. Sie ist Teil des sogenannten „Erdbuches“ von König Waldemar und wird heute im dänischen Nationalarchiv in Kopenhagen aufbewahrt.

Ein Anruf und eine Woche später stehe ich dort mit meiner Kamera vor dem Originaldokument in lateinischer Schrift. Es war wie ein Ruf durch die Jahrhunderte, als ich es das erste Mal aufgeschlagen vor mir liegen sah. Das 800 Jahre alte Buch war – hätte es den noch gebraucht – der letzte Auslöser, diesen Törn tatsächlich in Angriff zu nehmen.

Die Reiseroute

Die Geschichte des „Erdbuches“ ist geheimnisvoll. Es erschien erstmals im 17. Jahrhundert in Schweden und enthält eine Sammlung von verschiedensten Dokumenten. Verzeichnisse der Besitztümer des dänischen Reiches, gemischt mit Listen von Päpsten, Kaisern und Königen sowie religiösen und administrativen Schriften, sind zum ersten Mal in einem Buch festgehalten.

Das „Erdbuch“ König Waldemars enthält zwei Routenbeschreibungen: eine für die Seereise von Ribe in Westdänemark nach Akkon in Israel (interessanterweise werden für die

Strecke nur 37 Tage veranschlagt) und eben die Route meiner geplanten Reise von Utlängan in Südschweden nach Tallinn. Die Routen werden durch eine Abfolge von Orten gekennzeichnet, nur manchmal werden Kurse und Entfernungen genannt. Es ist ungewiss, woher die Mönche ihre Informationen erhielten, aber es scheint, dass das Wissen verschiedener Seefahrer, das bis zu diesem Zeitpunkt nur mündlich weitergegeben wurde, im Buch zum ersten Mal gesammelt und verdichtet wurde.

Bei meiner Recherche finde ich eine Übersetzung, die es mir ermöglicht, fast alle genannten Wegpunkte in den modernen Seekarten zu finden. Deren Verbindung zu einer segelbaren Route, die Reisevorbereitungen, weitere Recherchen vor Ort in Schweden und im berühmten Wikingerschiffsmuseum im dänischen Roskilde sowie ein Crowdfunding füllen die letzten 6 Monate vor der Abreise aus. Ich bin daher mehr als erleichtert, als ich Mitte April – und damit recht früh für eine Reise in den Norden – endlich in Haithabu, einer der wichtigsten Siedlungen der Wikingerzeit, ablegen kann.

Die Wikinger

Schon im Bildband, der im Möbelhaus stand, fand ich den Hinweis, dass die Route mindestens bis in die Zeit der Wikinger zurückreicht. Und auch bei meinen Recherchen stoße ich immer wieder auf die Spuren der Nordmänner. Während die Wikinger im Westen eher durch ihre Plünderungen und ihre Siedlungen im Nordatlantik bekannt wurden, waren sie im Osten überwiegend als weitaus friedlichere Händler tätig. Funde von Münzen aus dem gesamten Orient bei Ausgrabungen auf Gotland und in den großen Wikingersiedlungen in Haithabu und Birka in Schweden, zeichnen das Bild eines globalen Handelsimperiums über die Ostsee und die russischen Flusssysteme bis nach Konstantinopel und zur Seidenstraße.

Im Osten nannte man die Wikinger „Waräger" oder „Rus". Der Name Russland leitet sich davon ab. Betrachtet man nun die Seewege von Haithabu nach Birka und von dort weiter nach Osten, wird die Übereinstimmung mit der Reiseroute von König Waldemar deutlich. Die erstmals beschriebenen Seewege sind also älter und gehen mindestens zurück bis in die Zeit der Wikinger.

Also beschließe ich, diese Thematik in meinen Film zu integrieren, um eine spannende Mischung aus Segelabenteuer, Landschaftsaufnahmen und historischen Fakten zu produzieren.

Leinen los

Mit einem langen Segeltörn von etwa 150 Seemeilen will ich, bereits wenige Tage nach dem Einkranen meines Bootes und dem Setzen des Mastes, den Süden Schwedens erreichen. Meist dauert es ja etwas, bis das Boot nach dem Winterlager vollständig einsatzbereit ist und so kommt für die erste Etappe der Reise mein Freund Lars mit an Bord. Und wie vermutet, gibt es schon unmittelbar nach dem Ablegen mitten in der Nacht diverse Probleme mit dem Motor und der Elektrik. Nach dem Ausfall des Autopiloten wäre ich an dieser Stelle umgedreht, wäre ich allein unterwegs gewesen, aber mein noch unerfahrener, doch hoch motivierter Freund übernimmt als menschlicher Autopilot das Ruder und bereits drei Stunden später ist alles repariert und meine Motivation zurückgekehrt.

Ich hatte 2014 bereits ein Leichtwindsegel in den Schären vermisst und nun wird sich mein neues Parasail bereits auf dem ersten Törn als enorme Hilfe erweisen und uns in 36 Stunden bis nach Ystad ziehen. Von dort aus geht es weiter nach Kåseberga am Eingang der südschwedischen Hanöbucht. Ich segle an einem Bagger vorbei in den Hafen, dessen Einfahrt nun wie bestellt tief genug für LA MER ist. Es wird drei Tage stürmisch, aber nach all der Hektik zu Beginn der Reise finde ich nun endlich Zeit, mich einzuleben, alles ordentlich zu verstauen und mich auf die kommenden Monate zu freuen. Mehr über diesen ersten Abschnitt der Reise findet sich in Kapitel „Auf nach Schweden".

Mein erster Halt am größten Steinschiff Schwedens

Die Verbundenheit der Skandinavier mit der Welt des Meeres zeigen tausende Schiffssetzungen entlang ihrer Küsten. Steinschiffe gibt es in den unterschiedlichsten Größen. In Kåseberga allerdings erreicht das Steinschiff großartige Dimensionen und seine Vollendung. Mit seinen 59 Steinen und einer Länge von fast 70 Metern gilt es als „schwedisches Stonehenge". Vermutlich als Gräber oder Denkmäler gebaut, gibt es die Schiffssetzungen nur in Skandinavien. England, Frankreich oder andere Seefahrernationen kennen sie nicht. „Ales Stenar", wie die Schiffssetzung auf einer Klippe über Kåseberga heißt, liegt so malerisch auf einem Plateau rund 30 Meter über der Küste, dass man sich in die Zeit der Wikinger zurückversetzt fühlt und gleichzeitig hofft wie auch fürchtet, eines ihrer Langschiffe am Horizont auftauchen zu sehen.

Die Eroberungszüge der Wikinger sind legendär. Doch die Gefahren auf See waren allgegenwärtig. Für einen Wikinger war der Tod offenbar nur ein Aufbruch zu neuen Ufern, und so gibt es in der nordischen Mythologie neben Walhalla ein weiteres, hochgeschätztes Reich für die Ertrunkenen. Jeder Seemann trug ein Stück Gold bei sich, um sich bei seinem Tod den Eintritt in dieses glitzernde Reich der Göttin Rán zu erkaufen. Aber auch ein Stück Bernstein und ein Tierkopf am Bug sollten Glück verheißen und begleiten mich daher auch an Bord von LA MER.

Ich muss offenbar eine Eignungsprüfung ablegen, um auf den Spuren der Nordmänner segeln zu dürfen, und diese trifft mich im engen Sund vor Kalmar in Sichtweite der alten Wikingersiedlung Bergkvara. Mit bei mäßigem raumen Wind gesetztem Parasail kommt plötzlich weißes Wasser von vorne auf mich zugerauscht. Ich schaffte es gerade noch, die Schot des Parasails zu lösen und den Bergesack herunterzuziehen, als eine stürmische Böe, nun um 180 Grad gedreht, auf das Boot trifft. In der entstehenden Kreuzsee herrscht Chaos an Bord.

Der Bergesack samt Parasail weht wie eine Fahne an meinem Mast aus, während der 10-PS-Volvo nicht gegen die Wellen ankommt. Es beginnt ein wilder Tanz mit den „Krallen der Rán“: den neun wellenförmigen Töchtern von Aegir, dem mächtigen Meeresgott der Wikinger, und seiner räuberischen Frau Rán.

Doch statt feige das Heck in den Wind zu drehen, entscheide ich mich, die Herausforderung der Götter anzunehmen, und kämpfe mich gut vier Stunden lang zäh, jetzt mit den Segeln im zweiten Reff, gegen die starke Strömung die letzten Meilen nach Kalmar. Damit verdiene ich mir offenbar den Respekt der Meeresgötter, denn danach, auf dem ganzen Weg bis nach Tallinn, werde ich keinen Ärger mehr ihnen haben; im Gegenteil: sie belohnen mich mit einem traumhaften, endlosen Sommer.

Durch die Schären

An Steuerbord kommt die einsame Insel Blå Jungfrun in Sicht, von der man sich in langen Kneipennächten zuraunt, dort hätten sich früher Hexen mit dem Teufel getroffen. Diese auffällige Landmarke wurde daher von Seefahrern stets gemieden und ist auch in der alten Routenbeschreibung König Waldemars nicht erwähnt. Auch für mich geht es Backbord hinein in die Schären und schon nach wenigen Seemeilen weiß ich wieder, was ich die letzten vier Jahre so sehr vermisst habe.

Nicht nur, dass es keine Tide und kaum Strömung gibt und man deshalb in den hellen nördlichen Nächten endlos segeln kann. Am bemerkenswertesten und angenehmsten ist das Fehlen von größeren Wellen. Je nachdem, wie tief man in die Schären vordringt, wird dieser Effekt deutlicher, doch schon die ersten äußeren Schären bilden einen gigantischen Wellenbrecher, der die Atmosphäre eines küstennahen Gebiets vermittelt. Selbst bei Windstärken um 6 bis 7 gleitet man, entsprechend gerefft, über eine fast glatte See.

Es ist fantastisch! Doch alles hat seinen Preis. Diesen Luxus tauscht man gegen unstete und wechselhafte Winde ein, die vor und nach jeder der zahllosen kleinen Inseln ihre Richtung und Stärke wechseln. Da die Navigation ohnehin einen aufmerksamen Steuermann erfordert, macht es das Segeln durch diese wunderbare Landschaft aus verstreuten Inseln und engen Fahrwassern nur noch intensiver.

Friedliches Segeln durch die Schären

Die Fahrrinnen der Schären sind überall deutlich und vor allem gründlich betonnt. Meine Navigationssoftware Navionics ist auf dem Tablet so genau, dass selbst die Einhandnavigation keine große Herausforderung mehr darstellt. Nur die Richtung der Betonnung ändert sich recht häufig, sodass eine einzelne grüne oder rote Boje für Unsicherheit sorgen kann – neben der Boje lauern die Felsen. Die Warnfunktion des Echolots bietet nur ein wenig Sicherheit. Bei den steil aufragenden Unterwasserfelsen, wie es sie zuhauf gibt, muss man sehr schnell reagieren, wenn man aus dem Fahrwasser gerät. Deshalb habe ich mir angewöhnt, die Richtung der Betonnung mit farbigen Wäscheklammern an der Sprayhood zu markieren. So passiere ich die Tonnen immer grün an grün oder rot an rot.

Am Vorabend mache ich eine Routenplanung auf meinen Papierkarten, die eine weitaus bessere Übersicht als das Tablet bieten. Auch die Häfen und empfohlenen Ankerplätze aus den Törnführern markiere ich vorab mit kleinen Post-its, um schnell Alternativen zu finden. Dann übertrage ich alle wichtigen Wegpunkte der geplanten Route in die Navionics-Software. Während der Fahrt führt mich mein Tablet sehr zuverlässig und hochauflösend durch das Insellabyrinth, während ich in der Seekarte nur an relevanten Wegpunkten meine Position markiere. Dieses System kombiniert große Detailtreue mit guter Übersicht und leichtem Handling für mich als Einhandsegler.

Es gibt zahlreiche kostenlose Ankerbuchten und Schärenliegeplätze im Revier und die Hafendichte ist so hoch, dass man auch spontan die Freiheit genießen kann, im Schärengarten zu segeln.

Ich träume von der eigenen Insel

Anfang Mai ist das Schärenrevier menschenleer und die meisten der Inseln gehören mir allein. Das schwedische „Allemansrätten“, das Gewohnheits- oder Jedermannsrecht, erlaubt das Anlegen überall, außer in Sichtweite von Häusern oder den ganz wenigen eingezäunten Bereichen. Das ist Freiheit pur und ich verbringe viele Abende an den Feuerstellen meiner eigenen Robinsoninseln. Das Einleiten von Fäkalien ist selbstredend strengstens verboten, aber man findet überall saubere Trockentoiletten. Die Nächte werden immer kürzer und ich taste mich, Wegpunkt für Wegpunkt, entlang der alten Routenbeschreibung nach Norden.

Das Ankern an einer Schäre mag anfangs schwierig erscheinen, gerade Einhand, und für mich war es das 2014 auch. Ich habe dieses Manöver schließlich für mich in zwei Teile aufgeteilt. Zunächst die Erkundung, dann das eigentliche Ankern. Ist man zu zweit unterwegs, steht ein Crewmitglied auf dem Vorschiff und zeigt Hindernisse unter Wasser deutlich an. Einhand muss man dies leider selbst übernehmen. Daher entdecke auch ich die Langsamkeit als meinen Freund! Schließlich nähere ich mich langsam der Schäre. Wenn alles passt, fahre ich drei bis vier Bootslängen zurück, werfe den Heckanker und nähere LA MER erneut der gewünschten Stelle an.

Zwei Tipps aus eigener Erfahrung: Es ist für das Anlegen an einer Schäre nicht ratsam, auf die gut gemeinten Tipps anderer Skipper zu hören, denn am Ende ist es immer der eigene Kiel, der den Grund berührt. Und: Versucht niemals, mit dem Heck anzulegen, denn ihr werdet euer Ruder mit Sicherheit beschädigen.

Die Wikinger hatten diese Probleme nicht. Sie zogen ihre flachen, kiellosen Boote einfach an Land und verbrachten die

Nacht auf den Inseln. Und so sehe ich mir auf meiner zweiten Reise durch die Schären Land und Wasser mit anderen Augen an und stelle mir die Boote und Nachtlager der Nordmänner vor mehr als 1.000 Jahren vor. War dieser Wegpunkt auf Waldemars Route nur eine Landmarke oder war es ein Lagerplatz? Die lateinischen Schriftzeichen der Reiseroute werden in den Schären nun plötzlich lebendig und eröffnen mir gelegentlich sogar neue Routen, ganz abseits der ausgetretenen Pfade. Und vor allem: Die Sonne scheint täglich. Mit meinem frühen Abreisetermin liege ich also goldrichtig.

Auf den Spuren der Geschichte

Mit Kåseberga und den alten Wikingersiedlungen Bergkvara und Kalmar habe ich nun bereits einige Spuren der Nordmänner gefunden. Es warten noch mehr historische Attraktionen auf mich. Die Namen Dragetskanal, Dragsundet und Dragbergen in der Nähe des Leuchtturms Landsort weisen darauf hin, dass früher an dieser Stelle Schiffe über Land gezogen oder getragen wurden – wohl um die Passage des dortigen, oft stürmischen Kaps zu vermeiden. Ende des 19. Jahrhunderts war das Wasser aufgrund der skandinavischen Landhebung jedoch nur noch 30 Zentimeter tief. Diese sorgt seit dem Ende der letzten Eiszeit vor rund 20.000 Jahren dafür, dass das Land, von der Last des Eises befreit jährlich um ein paar Millimeter in die Höhe steigt. Wenn man so will, taucht Skandinavien immer weiter aus dem Meer auf – mit Effekten, die so manch eine Route durch die Schären im Laufe der Jahrhunderte unpassierbar gemacht haben und manche Bootsstege auch heute im Nichts enden lassen.

Da auch die Torpedoboote der schwedischen Marine für das Kap um Landsort nicht seetüchtig genug waren, wurde ein schmaler Kanal in die Felsen gesprengt. Der so entstandene Dragetskanal ist heute noch schiffbar (die kartierte Tiefe beträgt 1,50 Meter. Die Schilder am Kanal zeigen wiederum 2,00 Meter Tiefe an, was mit meiner Beobachtung übereinstimmt).

Die Durchfahrt durch die steilen Felswände des Kanals ist ein Highlight. Mit ausgestreckten Armen kann man die Felsen fast berühren. Vor der Einfahrt in den Kanal muss man allerdings ein deutliches Signal geben, um eine Begegnung unbedingt zu vermeiden. Beide Boote würden unweigerlich feststecken.

Diese alte Passage wird als eine von zwei Möglichkeiten im Itinerar von König Waldemar erwähnt. Die kleineren Schiffe, die wahrscheinlich zur Versorgung der größeren Flotte dienten, wählten die alte innere und geschützte Route. Die großen Koggen aber, die es in Dänemark schon vor der Zeit der Hanse gab, mussten außen um das Kap herumfahren. Die Schären können bei starkem Ostwind tückisch sein und entlang der alten Routenbeschreibung sind daher viele Schiffswracks zu finden.

Eines davon ist das Wrack der KUGGMAREN bei Jungfruskär in den Stockholmer Schären, das 1215 gebaut wurde und bereits kurz darauf sank. Ich gebe die im Internet genannten Koordinaten als Wegpunkt ein und fahre mit Beiboot, Schnorchelausrüstung und Kamera bewaffnet dicht an diese Stelle heran. Und tatsächlich finde ich das Wrack auf dem Meeresgrund in nur etwa 1,50 Meter Tiefe. Die Schweden scheinen entspannt mit ihren archäologischen Funden umzugehen und außer einem Ankerverbot gibt es keine Einschränkungen. Ich kann daher das Wrack unter Wasser ansehen und könnte es gar berühren. Aufgrund seiner Ladung könnte das Schiff Teil der Expeditionsflotte von König Waldemar gewesen sein, die 1219 Tallinn besetzte – das Ziel meiner Reise. Es ist faszinierend und bringt mich zum Träumen, in unmittelbarer Nähe des Wracks und seiner Geschichte die Nacht vor Anker zu verbringen.

Birka – Handelsplatz der Wikinger im Norden

Mein nächstes Ziel ist Birka, ein weiterer wichtiger Handelsplatz der Wikingerzeit. Tief geschützt im Mälarensee gelegen, war es ein Knotenpunkt der Handelswege von Süd- und Westeuropa nach Osten bis in den Orient. Von 800 bis 1000 n. Chr. war Birka ständig von rund 1.000 Menschen bewohnt. In ihren zahlreichen Gräbern wurden archäologisch wertvolle Funde gemacht. Um nach Birka zu gelangen, fahre ich durch das teilweise sehr enge Fahrwasser Baggenstäket von den Stockholmer Schären aus an den imposanten Villen einiger wohlhabender Stockholmer Bürger vorbei. In Saltsjöbaden, kurz vor den Toren Stockholms, zahle ich die bisher höchsten Hafengebühren, werde dafür aber mit dem Anblick von etwa 50 nackten Damen bei der Gymnastik auf einem Felsen belohnt. Kurz zweifele ich nach den langen Wochen des Einhandsegelns an meiner geistigen Verfassung, erfahre aber später, dass es sich um den Außenbereich einer am Hafen gelegenen Damensauna handelt. Ob die hohe Hafengebühr damit zusammenhängt, konnte ich allerdings nicht in Erfahrung bringen.

Jetzt geht es quer durch die schwedische Hauptstadt Stockholm, durch eine Schleuse in den Mälarensee und weiter nach Birka, dem heutigen Björkö, das rund 30 Kilometer westlich von Stockholm liegt. Während ich mich der Rekonstruktion eines alten Wikingerhafens nähere, fühle ich mich plötzlich selbst wie ein Wikinger auf Handelsreise von Haithabu gen Osten, der in Birka mit seinem Boot haltmacht. Der offizielle Hafen, der im Sommer überfüllt ist, und die etwas touristische Gestaltung der Insel holen mich schnell in die Realität zurück. Wie auch immer, der Besuch des Museums und vor allem die Rekonstruktionen der Häuser und des Hafens sind auf jeden Fall einen Besuch wert.

Ich komme mit einem der Bootsbauer ins Gespräch, der mir von einer Versuchsexpedition im letzten Jahr auf den russischen Flusssystemen erzählt. Die Boote und ihre Ladung erwiesen sich dabei als so schwer, dass die bisherige Theorie, dass Wikinger ihre schweren Boote durch Russland zogen, und das teilweise über Land, um Wasserscheiden und Stromschnellen bis zum Schwarzen oder Kaspischen Meer zu umgehen, fragwürdig erscheint. Es wird mittlerweile vermutet, dass Waren und Sklaven während der Reise, die ohnehin mindestens ein Jahr dauerte, mehrmals auf andere Transportmittel wie kleinere Boote oder Schlitten umgeladen wurden. Viele dieser waghalsigen Wikinger kamen entweder gar nicht mehr oder Jahre später mit so viel Reichtümern beladen zurück, die sie mit einem schweren Leben zuhause auf dem Hof niemals hätten anhäufen können. Felle, Falken, Sklaven, Bernstein und Geweihe wurden gegen Glasperlen, Seidenwaren, Gewürze und Keramik- oder Glasgefäße getauscht. Der durchschnittliche Wikinger bevorzugte jedoch Edelmetalle in Form von Münzen, die oft einfach zerhackt oder zu Armbändern eingeschmolzen wurden, wie vor allem große Edelmetallhorte auf Gotland beweisen.

Immer Richtung Osten

Zurück im sommerlichen Stockholmer Schärengarten, versuchte ich möglichst viele der Wegpunkte abzuhaken, die nun auf drei Routen aufgeteilt sind. Das macht die Planung alles andere als einfach, wenn es mich auch zu interessanten Törns führt. Nach weiteren wunderbaren Tagen auf den Schären und mittlerweile zwei Monaten auf See erreiche ich Arholma, den Ausgangshafen zu den Åland-Inseln, in dem sich die Teilrouten wieder vereinen.

Bei Windstärke 6 prescht LA MER ungeduldig voran. Nach der Ruhe in den Schären fühlt sich das Meer plötzlich ungewohnt rau an. Unterwegs teste ich den Sonnenkompass, der nach den Anweisungen des Kapitäns eines Wikingerschiffs-Nachbaus in Roskilde angefertigt wurde. Esben Jessen ist der Experte für die faszinierende Navigation der Wikinger mit Sonnenschattenbrett, Sonnenstein und Sonnenkompass. Aber auch Gerüche, Wellenformen und -richtungen, Meeresfarben, Vögel und Wale halfen den Wikingern auf dem offenen Meer, ihren Weg zu finden. Dieses Thema fasziniert mich so sehr, dass ich diese Erklärungen sowohl in „Salz & Erde“ als auch in „Skärgard“, den ersten beiden Teilen meines Domumentarfilmtrilogie „Die Route der Wikinger“, ausführlich integriert habe.

Solcherart ausgestattet mit modernen *und* alten Navigationsmitteln, erreiche ich sicher die Åland-Inseln und lasse mich durch die einzigartige Atmosphäre dieser autonomen, zu Finnland gehörenden Inselwelt treiben. Es fühlt sich an, als wäre ich am Ende der Welt unterwegs oder hätte den Übergang gefunden von Midgard, der Welt der Menschen in der nordischen Mythologie, nach Asgard, der Welt der Götter. Ich erhascht sogar einen Blick auf Bifröst, den Regenbogen, der diese beiden Welten verbindet.

Die komplexe Route durch die südlichen Schären wird in der alten Wegbeschreibung des Itinerars nur lapidar mit den Worten „es gibt viele Inseln, die Föglö heißen“ erwähnt. Sie kann kaum mit den gängigen, betonnten Routen übereinstimmen. Daher beschließe ich, meinen eigenen Weg durch das Inselgewirr zu finden, abseits aller betonnten Fahrrinnen.

Es beginnt ein spannendes und nicht ganz unriskantes Unterfangen, aber ich werde von einem hilfsbereiten Finnen mit Ortskenntnis und detaillierten Karten unterstützt. Vorsichtig folge ich der Route, die ich mithilfe meines Tablets gründlich vorbereitet habe, während ich an kritischen Stellen vom Bug aus nach Unterwasserfelsen suche und dabei eine der schönsten Fahrten der Reise, fernab jeglicher Zivilisation, erlebe. Ein Handsonar und mein aufblasbares Kajak, das ich dabeihabe, um mein Schiff notfalls rudernd durch das Felsengewirr zu ziehen, kommen nicht zum Einsatz. Dafür hält meine Drohne die Passage in beeindruckenden Bildern fest. Nachdem ich diese beim ersten Einsatz über Wasser fast versenkt habe, bin ich inzwischen vom Einhandsegler zum Einhandpiloten mutiert und entgegen meinen Befürchtungen wird die Drohne bis zum Ende der Reise durchhalten.

Am Ziel

Finnland ist ein Land, in dessen Natur und Menschen ich mich sofort verliebe. Hier finde ich die spektakulärsten Schärenliegeplätze der Reise, verbringe ganze Abende in den allgegenwärtigen Saunen und erlebe ein rauchiges Festmahl im Wikingermuseum Rosala. Nachts übernachte ich in der großen Festhalle im Wikingerstil, träume von Abenteuern und bin wirklich angekommen in einer Welt, die in meiner Vorstellung aus irgendetwas zwischen Abenteuern, Eroberungen und Entdeckungen besteht.

Nach einer vierwöchigen Konzert-Tournee in Deutschland, meine ganze Reise muss ja irgendwie finanziert werden, erreiche ich Ende August schließlich die estnische Hauptstadt Tallinn, die das Ziel der Reise und damit den Umkehrpunkt für mich darstellt. Meine Erlebnisse im pulsierenden Tallinn, mit der besterhaltenen Altstadt Europas, und meine Reise auf die einst so gefürchtete estnische Pirateninsel Saaremaa, mit einem riesigen Meteoritenkrater und den Funden zweier Wikingerschiffe, führen zu weit, um sie jetzt zu schildern. Wer diese kennenlernen möchte, kann sie in „Weit ist das Meer", dem dritten Teil meiner Doku-Trilogie „Die Route der Wikinger", kennenlernen. Die Zeit auf den Åland-Inseln, in Finnland und in Estland, die raue Überfahrt über das offene Meer und rund um das so beeindruckende Gotland, ein weiteres Zentrum des Wikingerhandels an der Ostsee, werden in diesem Film ebenfalls beschrieben. Eines sei gesagt: Gotland ist für sich allein eine Reise wert. LA MER und ich werden zurückkehren.

Der Originaltext von König Waldemars Routenbeschreibung – zusammen mit seiner Übersetzung und den vollständigen Koordinaten aller besuchten Wegpunkte, Ankerplätze und Häfen während meiner Reise – sind kostenlos auf meiner Webseite www.luvgier.de erhältlich.

Durch Raum und Zeit

Nach meiner relativ schnellen Rückkehr von Tallinn nach Deutschland innerhalb von nur drei Wochen (der Hinweg dauerte drei Monate) und mit 2.000 Seemeilen unter dem Kiel, belege ich die Leinen in Heiligenhafen. Vielen Freunde und Bekannte empfangen mich herzlich, ich spiele ein Rückkehrkonzert und gebe ein Interview für das NDR-Hafenkonzert. Dass ich mit einer Fackel bei der Ankunft beinahe LA MER in Brand setze, möge sie mir verzeihen. Ich hoffe, sie hat es inzwischen vergessen. Bereits einen Tag später steht der Krantermin an. Einer der schönsten und spannendsten Sommer meines Lebens ist vorbei.

Diese Reise durch die Geschichte hat meinen geliebten Schären eine weitere Dimension verliehen, die sie noch aufregender macht. Ich segelte durch Raum *und* Zeit und konnte durch den Blick durch die Augen der Wikinger auf Landschaft und Menschen, Meer und Schären eine Welt und Routen erkunden, die ich als Tourist während meiner ersten „Zeitmillionär"-Reise nicht wahrgenommen habe. Aus den vielen Stunden Videomaterial der Reise wollte ich einen Film machen. Es gab einfach viel zu viel zu entdecken. Unterwegs stieß ich überall auf neue Informationen. Am Ende wurde aus diesem ursprünglich auf einen Film ausgelegten Projekt eine vierstündige Trilogie.

Und nun ist es wieder Zeit für neue Pläne. Zum Erscheinungsdatum dieses Buches werde ich wieder auf den Spuren der Wikinger unterwegs sein, dieses Mal wird mich meine Suche jedoch auf die Nordsee und den Nordatlantik führen. Ihr dürft gespannt sein.

10 Ostseebuchten, in denen du einmal geankert haben solltest.

Revkrogen 55°00‘20“, 10°20‘32“
Lindelse Nor 54°53‘53“, 10°42‘09“
Skarø 55°01‘00“, 10°28‘21“

Drejø 54°58‘04“, 10°23‘27“
Søndernor – Albuen 54°49‘39“, 10°58‘24“

Dyvig 55°02‘35“, 09°41‘59“
Æbelø 55°38‘07“, 10°09‘56“

Nördlich Wackerballig 54°46‘04“, 09°53‘01“
Wormshöfter Noor 54°41‘18“, 09°59‘22“
Kieholm 54°32‘15“, 09°44‘36“

Teil 2: Wie wir auf der Ostsee segeln.

Viele Häfen, kurze Distanzen, moderates Wetter, Boote in Boxen. Die Ostsee unterscheidet sich in vielerlei Hinsicht von anderen Segelrevieren. Und auch in den Häfen gibt es kleine Besonderheiten. Moin Ostsee!

Von Hafenetikette und Ankergebräuchen.

Nachdem ich die ersten Chartertörns im Mittelmeer und in der Karibik gemacht hatte, wurde mir bewusst, dass jedes Segelrevier seine eigenen Regeln und Besonderheiten hat. Vieles, was einem im eigenen Hausrevier als selbstverständlich erscheint, wird anderswo ganz anders gehandhabt.

Das kleine große Revier

Beginnen wir bei der Größe des Reviers. Als ich mich in Kopenhagen mit dem Kapitän einer Replik eines hochseetauglichen Wikingerschiffs über die anspruchsvolle Navigation der Nordmänner und deren Umsetzung in der Praxis unterhielt, sagte er: „Auf der Ostsee kannst du das nicht ausprobieren, sie ist dafür einfach zu klein." Wo sich auf dem Nordatlantik kleine Navigationsfehler im Laufe eines mehrtägigen Törns zu einem „ungefähr genauen" Kurs relativieren, ist man auf der Ostsee nach einem Tag Segeln immer irgendwo angekommen. Vom südlichsten bis zum nördlichsten Punkt sind es etwa 750 Seemeilen, die dennoch kaum jemand nonstop abreißen wird. In Ost-West-Richtung beträgt die größte Entfernung selten mehr als 160 Seemeilen. Das entspricht in etwa den Dimensionen des Kaspischen Meeres, dem größten See der Welt.

In der Tat begann die Ostsee ihr junges Leben erst vor circa 12.000 Jahren als riesiger Schmelzwassersee am Ende der Eiszeit. Rund 2.000 Jahre später lief dieser See in einem katastrophalen Ereignis über Mittelschweden in den Skagerak und damit in die Nordsee über. Schleswig-Holstein, Dänemark und Schweden waren zu dieser Zeit über eine Landbrücke verbunden. Doch die vom tonnenschweren Eis befreiten Landmassen Skandinaviens erhoben sich (und tun dies auch heute noch mit ein paar Zentimetern jährlich) und die Ostsee war wieder ein geschlossener Süßwassersee. Der Meeresspiegel stieg unaufhörlich weiter und vor rund 8.000 Jahren drang schließlich Salzwasser durch den Großen und Kleinen Belt sowie den Øresund in die Ostsee vor. Es entstand die heutige, vom Brackwasser dominierte Ostsee mit ihrem je nach Region geringen Salzgehalt zwischen 0,3 bis 1,8 Prozent. Zum Vergleich: Die Nordsee weist 3,5 Prozent, das Mittelmeer 3,8 Prozent Salzgehalt auf.

Die Ostsee als ein in vielen Dingen gemäßigtes Binnenrevier zu sehen, ist sicher gar nicht so verkehrt. Weniger Seeraum, in dem sich große Wellen aufsteilen können. Weniger Stürme, da das Land ringsum die Bildung großer Wirbelstürme verhindert. Ein geringerer Salzgehalt. Und immer irgendwo ein Ufer mit einem Hafen in erreichbarer Nähe – diese Punkte charakterisieren die Ostsee schon ganz gut. Unterschätzen sollte man sie dabei keinesfalls. Auch sie bringt Yachten zum Kentern oder wirft sie auf Leeküsten. Doch braucht man weder Sextant noch Kurzwelle, kein Boot, auf dem man mehrere Tage und Nächte durchsegeln könnte, und nicht notwendigerweise ein Dinghi, um an Land zu gelangen.

Über das Ankern

Ankern ist im Gegensatz zur Karibik mit ihrer geringen Hafendichte auf den Inseln mehr lauschiger Luxus als Notwendigkeit. Die Hafendichte ist enorm, die längste Distanz an der deutschen Ostseeküste von Hafen zu Hafen beträgt gerade einmal 40 Seemeilen. In den angrenzenden Nachbarländern ist das nicht anders. Und so findet man auch nicht die typischen, rappelvollen Ankerbuchten der Karibik oder des Mittelmeers, in denen man sich erst mühsam einen sicheren Spot für die Nacht suchen muss.

In der Hochsaison kann es in den beliebten Ankerbuchten der Ostsee natürlich auch einmal enger werden, ein Großteil der Schiffe läuft aber die Häfen und Marinas an. Und so gibt es auch keine großen Bojenfelder, höchstens einmal vereinzelte Bojen von Vereinen oder Segelclubs (die man als Nichtmitglied natürlich nicht benutzen sollte).

Die Wassertiefen in den Ankerbuchten sind ebenfalls gering, man muss also nicht die Kettenlängen der Karibik stecken und mitführen. Der Grund ist überwiegend gut haltender Lehm, Sand und Matsch. Lediglich Seegras kann das Eingraben des Ankers gelegentlich verhindern und es gibt auch einige Gebiete mit vielen großen Steinen am Grund. Ein Blick auf die Seekarte und den Grund, bevor man den Anker ausbringt, gehört selbstredend zur guten Seemannschaft. Um sicherzugehen, dass der Anker sich auch aus Felsgrund wieder löst, empfiehlt sich das Anbringen einer Tripleine. Bojen zum Markieren des Ankers sind in der Ostsee unüblich, sodass ich die Tripleine (in der Länge Wassertiefe plus 2,50 Meter) einfach an Ankerbügel und -Kette stecke und zusammen mit dem Anker versenke.

Das Setzen von Ankerlicht und Ankerball ist selbstverständlich. Auf der Ostsee ankert man eher in idyllischen Ankerbuchten als vor größeren Städten oder Orten. Die typischen Dingidocks der Karibik und des Mittelmeeres sucht man vergeblich. Ein Dingi dient eher dazu, an den einsamen Strand einer dänischen Insel zu fahren, als den Großeinkauf zu transportieren. Ein Stand-Up-Paddle oder ein kleines Dingi mit Rudern reicht vollkommen aus. Für einen starken Außenborder besteht schlicht kein Bedarf, selbst meinen kleinen 1,5 PS Yamaha-Motor habe ich wieder verkauft.

Im Gegensatz dazu ist allerdings ein zusätzlicher Heckanker sinnvoll je weiter nördlich man fährt. Zum Anlegen an einer schwedischen Schäre ist er Pflicht. Auch in einigen kleinen Häfen in Dänemark und Schweden liegt man vor Heckanker und mit dem Bug am Steg. Römisch-katholisch, oder mit dem Heck voraus, liegt man eher selten, da man sich sonst sehr schnell das Ruder demoliert. Zum Ufer hin wird es in den Schären und oft auch in den kleinen Häfen nämlich sehr schnell flach. Sehr praktisch für das Ausbringen eines Heckankers sind Ankerrollen mit Gurtband, die es im Zubehörhandel gibt. Sie haben eine Länge von etwa 30 Metern. Mein Heckanker besitzt zusätzlich einen Kettenvorlauf von 5 Metern mit 8 Millimetern Durchmesser, um etwas sichereren Halt zu bieten.

Schild auf „Grün" – hier kann ich hin

Kommen wir nun zu den Häfen und Marinas. Im Mittelmeer ist ein Hafenerlebnis je nach Bootsgröße vergleichbar mit einem Essen im Sternelokal. Die Gebühren liegen selbst für Boote in LA MERs 28-Fuß-Klasse oberhalb von 50 Euro. Man meldet sich per Funk an, wird von Marineros mit Schlauchbooten in Position geschoben, deren Kollegen übernehmen die Leinen und viele der Sanitäranlagen haben den Standard von 5-Sterne Hotels in Dubai. Im kurzen Charterurlaub ist das auch ganz nett, eine ganze Segelsaison rückt damit in finanzielle Ferne. Zumindest für mich.

Auf der Ostsee ist zum Glück alles anders: Man läuft einfach in den Hafen seiner Wahl ein und sucht sich ein mit einem grünen Schild markierten Liegeplatz. Die rot markierten Plätze sind unbedingt freizuhalten. Das System funktioniert nämlich so, dass jeder Inhaber eines Saisonliegeplatzes bei mehrtägiger Abwesenheit sein Schild auf Grün dreht (häufig mit dem handschriftlichen Vermerk „Frei bis…"), um anderen Seglern das Liegen am eigenen Platz zu ermöglichen. Vor der Rückkehr informiert man einfach den Hafenmeister, der das Schild zur geplanten Rückkehr wieder rechtzeitig auf Rot stellt und eventuelle Gastlieger bittet, ihr Schiff an einen anderen Platz zu verlegen. Ein schönes System, das es ermöglicht, in fast jedem Hafen immer ein paar freie Plätze anzubieten. Zwar gibt es die üblichen schwarzen Schafe, die ihr Schild dauerhaft auf Rot stehen lassen. Das spricht sich allerdings schnell bis zum Hafenmeister rum. Genauso ungehobelt und unseemännisch sind

Crews, die sich einfach auf rote Plätze legen, um dann damit zu argumentieren, dass sie jetzt schon zu viel getrunken hätten, um noch fahrtüchtig zu sein. Und auch das neugierige Beobachten des eigenen Anlegemanövers aus der Sicherheit des eigenen Cockpits heraus ist so eine Gepflogenheit, die seltsam erscheint. „Hafenkino" nennt man das. Bei guten Verhältnissen stört es mich nicht, wenn ich zum Star an der Mole werde. Bin ja bühnenerprobt ... Bei viel Seitenwind oder schlechten Bedingungen ist es aber nett, wenn andere mal die Leinen annehmen.

Römisch-katholisch? Kennen wir nicht!

Mit welchen Anlegesituationen muss ein Segler in einem typischen Ostseehafen rechnen? Das römisch-katholische Liegen vor Buganker habe ich an der Ostsee noch nie gesehen, und auch Mooringleinen sind mir erst in zwei Häfen vor Göteborg und Stockholm begegnet (Einhand ist so ein Anlegemanöver sowieso immer unschön). In Schweden kommt es verhältnismäßig häufig vor, dass man vor Heckanker mit Bug am Steg liegt. In Dänemark und Deutschland ist das weitaus seltener der Fall.

Das trifft auch auf Heckbojen zu. In Schweden quasi Standard in den meisten Häfen, gibt es sie in Dänemark nur hin und wieder. In Deutschland fällt mir gerade kein Hafen ein (Ausnahme: Brunsbüttel hinter der Schleuse), der dieses eigentlich wunderbare Feature bietet. Man braucht nur eine Heckleine und einen Bojenhaken. Den hakt man in die Öse auf der Boje ein und macht vorn am Steg fest. Achtern dichtholen, fertig. Einhand ist es das einfachste Manöver. Ein weiterer Vorteil: Es passen mehr Boote nebeneinander. In Schweden in der Hochsaison liegen schon auch mal drei Yachten an einer einzigen Boje.

Noch weitaus häufiger legt man längsseits an. Entweder an Kaimauern in Altstadthäfen oder an festen Holzstegen. Die Ostsee ist nicht die Nordsee mit ihren Tiden, doch auch an dieser Küste sollte man an Wasserstandsveränderungen in den Häfen, etwa durch besondere Wetterlagen, denken. An der Ostsee bieten die moderneren Neubaumarinas Schwimmstege. Je weiter ostwärts man kommt, desto häufiger werden diese. Über begehbare Finger seitwärts vom Steg macht man längsseits fest. Je nach Bootslänge setzt man Springs, damit das Boot nicht vorne anstößt. Diese Art, das Boot festzumachen, ist sehr einfach. Um den Wasserstand muss man sich dann auch keine Gedanken mehr machen. Ein Fingersteg in Lee macht es einem am einfachsten: Daneben aufstoppen und vom Wind drauftreiben lassen – und schon liegt man sicher.

Ab in die Box!

Die weitaus häufigste Anlegesituation in Deutschland und Dänemark ist die Box. In Schweden findet man diese sehr selten. Schwedische Schiffscrews sind daher oft froh, wenn man ihnen in deutschen Häfen die Leinen annimmt. Die Boxen bestehen aus einer Reihe Dalben im Wasser und dem Steg davor. Man fährt durch zwei Dalben in die Box, belegt die Achterleinen auf den Dalben und macht schließlich vorne am Steg fest. Bei wenig Wind ist das im Grunde ganz einfach, bei mehr Wind und wenn man Einhand unterwegs ist, kann es schnell kompliziert werden. Es passiert gerne mal, dass die Achterleinen (vor allem in Luv) nicht über den Dalben kommen und das Boot im Anschluss seitwärts auf den Nachbarn vertreibt. Daher ist es hilfreich, die Achterleinen beim Einfahren in die Box mittschiffs an der breitesten Stelle des Bootes über die Dalben zu legen.

Das ermöglicht es einem, notfalls auch mehrere Versuche anzugehen, wenn es mal nicht gleich klappt. Erst „auf den letzten Drücker“ achtern die Leinen werfen zu wollen, ist riskant und weitaus schwieriger. Der Palstek, der über den Dalben gelegt oder geworfen wird, sollte tendenziell eher zu groß als zu klein bemessen sein. Beim Überlegen der Leine an den Dalben ist ein stets griffbereiter Bootshaken hilfreich, wenn man etwas weiter vom Dalben entfernt ankommt.

Ein kurzer Blick auf den Wind: Der Luvpfahl ist unser Ziel. Andernfalls wird man kaum wieder an ihn herankommen. Liegt die Luvleine achtern über dem Dalben und ist eine Leine am Steg festgemacht, ist man bereits sicher angekommen und kann die weiteren Leinen auch durch Verholen des Bootes ausbringen.

Will ich bei viel Wind in eine Box, wähle ich gerne den Windschatten eines größeren Motor- oder Segelbootes. Die Box in Lee bevorzuge ich leer, dann kann ich dort bei einem missglückten Manöver nichts kaputt machen.

Häufig sind Sorgleinen von den Dalben zum Steg gelegt, die die Box begrenzen und das Boot am seitlichen Vertreiben hindern. Sind sie vorhanden, kann man es als Einhandsegler ruhiger angehen lassen. Bei wirklich viel Seitenwind und nicht vorhandenen Sorgleinen habe ich aber auch schon die gut abgefenderte Bordwand eines großen Nachbarschiffes in Lee gewählt, um mich (mit Leine über dem achterlichen Luvpfahl) einfach drauftreiben zu lassen und dann in Ruhe das Boot nach vorne zu verholen. Ich entschuldige mich hiermit bei den jeweiligen Besitzern für diese Dreistigkeit, die – wenn sie denn gut geplant ist – keine Schäden anrichtet.

Das ungeplante Vertreiben der Bugspitze mit Anker oder Beschlägen nach Lee (sollte man es nicht schaffen, eine Leine an den Steg zu bekommen), bietet hingegen großes Schadenspotenzial.

Unangenehm, aber unkritisch ist es, wenn in einer leeren Boxengasse der Bug bei Seitenwind vertreibt und man quer an den Dalben hängt. Irgendwann kommt schon eine gute Seele am Steg vorbei, dem man eine lange Vorleine zuwerfen kann.

Ein letzter Tipp noch: Wird man im Hafen von stürmischen Gewitterböen überrascht, kann man sich auch zunächst von außen einfach quer an freie Dalben legen oder auch nur eine Leine vom Bug um einen freistehenden Luvpfahl legen, bis sich die Situation wieder beruhigt hat.

Die Fender legt man vor Einlaufen in die Box bereit, bringt sie aber erst in der Box aus, da sie sich gerne an den Dalben verhaken. Ausnahme: ein Bugfender an schmaler Stelle des Bootes, der bei Seitwärtsvertreiben einen Schaden verhindern kann. Die Achterleinen kann man bei viel Wind tauschen und über Kreuz legen, um das Schwojen des Bootes in der Box zu unterdrücken.

Teilweise findet man Metall- oder Holzhaken an den Dalben. Diese dienen nur dazu, zu verhindern, dass die Palsteks der Achterleinen ins Wasser fallen. Sie sind wirklich nicht dazu gedacht, das ganze Boot zu halten. Zum Abschluss noch an etwas Lose in allen Leinen denken, denn der Wasserstand kann schwanken. Und das Boot liegt so auch viel ruhiger. Wenn es nervös hin- und herpendelt, sind meist die Vorleinen zu kurz.

Keine Tide und das Wasser steigt?

In Faaborg habe ich erlebt, dass der Wasserstand über Nacht um gut einen Meter anstieg. Im Halbschlaf dachte ich kurz daran, die Vorleinen zu lockern, bis es irgendwann sehr ruhig wurde. Am nächsten Morgen fand ich LA MER mit komplett strammen Vorleinen hoch über dem Steg vor und konnte diese kaum von den Klampen lösen. Dem Nachbarlieger mit einer russisch sprechenden und nachts lautstark feiernden Crew fehlten nur noch 10 Zentimeter am Dalben, bis dieser komplett unter Wasser gelegen wäre. Damit wären seine Achterleinen frei gewesen. Der beherzte Sprung auf den nun gut 1,50 Meter unter dem Bug liegenden Steg ließ eines der Crewmitglied stolpern und ins Wasser fallen. Instant Karma.

Beim Hafenmeister

Das Boot liegt nun also fest, der nächste Weg führt mich zum Hafenmeister oder seinem digitalen Pendant mit Display. Hier scheiden sich die Geister. Die einen schwören auf ihren „echten“ Hafenmeister, die anderen, so wie ich, auf den stets dienstbereiten Automaten. Je nach Laune lege ich gerne spät ab und segele bis lange in den Abend hinein. Um diese Uhrzeit haben Hafenmeister meist Feierabend und ich stehe vor mit Codes gesicherten Sanitärgebäuden, deren Zugang ich auf anderen Yachten erfragen muss. Oder es gibt gar Schlüssel oder Codekarten. Game over. Manchmal ist auch der Strom nur per Codekarte freizuschalten und im schlimmsten Falle gar der Zugang zum Steg, sollte man den Hafen verlassen wollen. Am nächsten Morgen klopft ein Hafenmeister vorwurfsvoll an den Bugkorb und will trotz minimaler Nutzung der Anlage die volle Gebühr kassieren.

Daher bevorzuge ich die in Dänemark allgegenwärtigen Automaten. Man gibt die Bootslänge, Nationalität, Anzahl der gewünschten Tage, „Codekarte gegen Pfand ja/nein“ ein und auch die Kartenzahlung funktioniert wie überall in Dänemark problemlos. Schon spuckt der Automat einen Aufkleber für das Boot aus und eine Quittung samt WLAN- und Sanitärcode. Alternativ eine Codekarte für Zugänge, Strom und Duschen. Es kann so einfach sein!

Die Hafenpreise liegen je nach Bootsgröße in Deutschland und Dänemark zwischen 10 und 25 Euro pro Nacht. In Schweden sind auch einmal 30 Euro Liegeplatzgebühr und mehr keine Seltenheit. Der Hafenmeister kontrolliert morgens die Aufkleber und wenn alles passt, lässt man Skipper und Crew in Ruhe weiterschlafen. Diese Arbeitsteilung zwischen Hafenmeister und Automat finde ich ideal, denn so ist es möglich, rund um die Uhr einzuchecken, und man hat dennoch einen Ansprechpartner für alle Problemchen rund ums Segeln. Ist man sich also nicht sicher, ob man bis 16 Uhr irgendwo festliegt, empfiehlt es sich immer, den Hafenmeister anzurufen und so zumindest den Zugangscode zu den Sanitärgebäuden vorab zu erfragen.

Anders als etwa im Mittelmeer üblich, erhält man nach dem Einchecken einen Aufkleber oder Anhänger, den man gut sichtbar am Boot befestigt. Erst mit diesem Äquvalent einer Quittung kann man sich dann an Strom und Wasser frei bedienen oder per Codekarte beides freischalten lassen.

Standard für den Strom ist der blaue dreipolige Anschluss mit 230 Volt, selten findet man noch 230-Volt-Schukodosen. Ich führe daher an Bord immer einen Adapter vom blauem 3-Pol auf eine Schukodose mit. Ab da alles im handelsüblichen Schukoformat, sodass ich beliebig mit normalen Kabeltrommeln verlängern kann. Das muss nicht für jedes Boot ideal sein, ich bin damit gut aber schon zweimal um die Ostsee gekommen.

Die Infrastruktur ist selbstredend von Hafen zu Hafen unterschiedlich und reicht von einfacher Toilette mit Waschgelegenheit bis zu Sauna, Küche, Waschmaschine und Trockner. Mal sind diese Extras inklusive, mal gesondert zu bezahlen. Duschen sind häufig zusätzlich zu bezahlen, entweder mit Euro- oder Kronenstücken, Codekarte oder speziellen Münzen. Ich besitze davon mittlerweile eine kleine Sammlung, ohne sie jemals wieder zuordnen zu können.

An Bord zu grillen, ist in den Häfen verboten, doch so mancher Hafen bietet für Grillfans sehr gut angelegte Grillplätze. Oder man nimmt Grillrost und Kohlen mit an den Strand und gräbt sich ein Loch, in dem man die Kohlen entzündet. Darauf kommt der Grillrost und fertig ist das perfekte Sommerbarbeque. Wer am Strand grillt, sollte auf die Umwelt und potenzielle Brandgefahren achten. Also bitte alles gut löschen, und die Kohlereste vergraben und unbedingt den Müll wieder mitnehmen! Die meisten Häfen bieten Müllentsorgung in eigens dafür vorgesehen Behältern oder Containern an.

Und das Tanken? Bootstankstellen gibt es nicht überall. Man sollte daher vorab einen Blick ins Hafenhandbuch werfen oder sich entsprechend erkundigen. Ich bevorzuge es, deutlich günstiger mit Kanistern an hafennahen Tankstellen zu tanken. Google Maps kann dabei sehr hilfreich sein.

Wann beginnt der nächste Tag? Meist muss man bis spätestens mittags den Hafen verlassen haben oder aber noch eine Nacht bezahlen. Diese Regelung ist für Langschläfer human. Wenn alles bezahlt wurde, muss man sich nicht mehr abmelden, sondern fährt los. Den Restwert und das Pfand der Codekarten (oder auch von Schlüsseln) holt man sich vor der Abfahrt vom Automaten oder dem Hafenmeister zurück.

Auf zum nächsten Törn!

Dann heißt es „Leinen los“ für den nächsten Törn. Der nächste Hafen ist nie weit entfernt. Bis auf St. Petersburg im äußersten Osten der Ostsee wird man nirgendwo nach mehr als dem eigenen Personalausweis oder den Bootspapieren gefragt und auch Wechselgeld ist dank EU nur in Schweden und Dänemark mit ihren landeseigenen Kronen kein Problem. Allerdings muss man sich schon sehr anstrengen, um überhaupt einen Ort zu finden, an dem man nicht auch mit Karte zahlen könnte. EC-Karten sind dabei nicht so sehr verbreitet. Kreditkarte *und* PIN sind nötig.

Ich hoffe, ich habe damit alle wichtigen Hafengebräuche berücksichtigt, die euch bei einem Törn auf der Ostsee begegenen können, und wünsche euch wundervolle Törns und Erlebnisse in diesem weltweit einzigartigen Revier.

Und jetzt: Zum Wetter!

Die Ostsee – sie hat den Ruf ,ein Revier mit viel Regen, starkem Westwind und einer ekligen Welle zu sein. Und selbst die, die jahrelang hier unterwegs sind, würden diese drei ihrer eher spröden Charaktereigenschaften wohl kaum dementieren. Sebastian Wache über ein Thema, über das man immer sprechen kann: das Ostseewetter.

Sebastian Wache: Die Ostsee bei jedem Wetter.

Ist das Ostseewetter wirklich so schlecht wie sein Ruf? Und stimmt es, dass der Westwind an der Ostsee zuverlässig ist? Fragt man Segler, so hat sich das Meinungsbild in den letzten Jahren stark gewandelt. Denn egal, welchen Segler man nach dem Ostseewetter fragt, man hört als Antwort: „Entweder ist gar kein Wind oder zu viel! Einen schönen Wind mit 4 Windstärken aus der ‚richtigen' Richtung gibt es nicht mehr."

Tatsächlich ist diese Beobachtung nicht ganz falsch. Denn die Klimaänderung sorgt mittlerweile für andere Wettermuster als wir sie aus der Vergangenheit gewohnt waren.

Doch bevor ich darauf eingehe, kurz ein Wort zu den Wetterlagen, die weiterhin das Wetter an der Ostsee prägen. Zum einen sind es natürlich die westlichen Winde durch Tiefs. Hier dreht der Wind gegen den Uhrzeigersinn um den Kern des Tiefdruckgebiets. Je nach Lage und Zugbahn dieses Kerns dreht also auch der Wind auf der Törnstrecke.

Das absolute Gegenteil davon sind Schwachwindphasen durch nahegelegene Hochs. Diese Schwachwindphasen zeigen sich immer mal wieder. Allerdings kommt es auf die genaue Lage eines Hochs an. Denn im Uhrzeigersinn um das Hoch weht der Wind aus dem Zentrum heraus. Nur im Zentrum ist der Wind schwach. Sobald man sich etwas aus dem inneren Kreis des Hochs entfernt, erreicht man wieder ein Windgebiet. Typisch ist daher auch die Lage mit einem Hoch über Skandinavien, das einen östlichen Wind erzeugt. Schafft es ein Tief, sich von Polen her anzunähern und zu verstärken, wird auch der Ostwind stärker und nicht selten stürmisch.

Soweit die Gegenwart. Nun aber zurück in die Zukunft!

Typische Wetterlagen an der Ostsee

Um zu verstehen, was sich am Ostseewetter ändert, fangen wir besser von vorne an. Die Ostsee ist als relativ kleines Becken bekannt, das sich zwischen 54°N und 65°N befindet. Und genau auf dieser Höhe treffen auch immer die kalten Luftmassen aus der Arktis auf die warmen aus den Subtropen. Das aber passiert überall auf der Erde in diesen Breiten. Dadurch bilden sich Tiefs, meist auf dem Atlantik, die ihren Weg über die Nordsee in die Ostsee finden. Die meisten Tiefs werden spätestens über den Landmassen Skandinaviens eingebremst und abgeschwächt. Ziehen diese Tiefs über Skandinavien, liegt die westliche Ostsee auf ihrer Südseite und damit ist ein starker westlicher Wind zu erwarten. Denn der Wind dreht gegen den Uhrzeigersinn um den Tiefkern auf der Nordhalbkugel. Der Westwind ist also der typische oder vorherrschende Wind in der Region. Und dass Tiefs nicht ohne Regen auf- und durchziehen, ist, so denke ich, jedem klar. Natürlich sorgen die Jahreszeiten und die Erwärmung der Nordhalbkugel in der Segelsaison dafür, dass solche Tiefs seltener vorkommen, auf jeden Fall aber oft schwächer ausfallen.

Stattdessen wirken im Sommer Hochs von den Azoren bis nach Mitteleuropa oder gar bis nach Skandinavien hinein. Die Hochs sorgen für meist länger anhaltend stabilere Wetterverhältnisse und halten Stürme auf diese Weise auf Abstand. Das sind Lagen, wie sie natürlich jeder Segler liebt.

Betrachten wir die Wetterlagen über das ganze Jahr hinweg, dann stellen wir fest, dass trotz der tiefdruckgeprägten Lage der Ostsee markante Starkwindphasen in der Minderheit waren und weiterhin sind. Wir haben im Norden ja nicht das ganze Jahr Sturm beziehungsweise schlechtes Wetter. Diesen Mythos kann ich getrost entkräften. Doch warum ziehen häufig Tiefs über das atlantische Binnenmeer?

Was der Klimawandel mit den Tiefdruckgebieten an der Ostsee zu tun hat

„Über dem Wetter“ thront der mächtige Jetstream, das Starkwindband in 10 Kilometer Höhe, das alles steuert. Dieses Starkwindband kann sehr hohe Windgeschwindigkeiten und einen tendenziell geradlinigen Verlauf (West nach Ost) bilden, wenn die Temperaturgegensätze stark genug sind. Das war lange Zeit der Fall, denn die Luftmassen aus den Subtropen sind sehr warm und die aus der Arktis im Vergleich sehr kalt. Doch in den letzten Jahrzehnten sehen wir Meteorologen Änderungen. Starke Änderungen. Das Stichwort lautet: Klimawandel.

Dadurch, dass die weltweiten Temperaturen immer weiter ansteigen, ist der Gegensatz zwischen Arktis und Subtropen nicht mehr so enorm groß, wie er mal war. Denn die Arktis erwärmt sich viel schneller als alle anderen Regionen der nördlichen Hemisphäre. Der Eispanzer schmilzt rapider beziehungsweise baut sich über den Winter nicht mehr so breitflächig auf, wie er es in der Vergangenheit tat. Dadurch fehlen weiße Flächen, die die Sonnenstrahlen zurück ins All reflektieren. Der eisfreie und damit dunklere Untergrund kann sich somit weiter erwärmen. Ein Teufelskreis. Diese Situation hat direkte Auswirkungen auf den Jetstream und damit auch auf die Ostsee. Und das sehen wir Meteorologen auch seit spätestens 2017 ganz eindrücklich. Der Jetstream zeigt sich zunehmend schwächer in seiner Ausprägung. Und das lenkt ihn aus seiner West-Ost-Bahn hin zu großen Nord-Süd-Wellen. Diese sogenannten „Rossbywellen“ sorgen für stabilere und damit länger anhaltende Wetterlagen. Diese Wellen sind im Prinzip nicht neu und es gab sie schon immer. Sonst hätten wir nicht unsere langen Winter wie 1996 oder den historischen Sommer 2006 erlebt. Neu und auffällig ist, ist dass diese Wellenmuster sich nun länger halten und deutlich seltener von der Normallage in West-Ost-Ausrichtung abgelöst werden. Und genau das ist es, was Segler beobachten und mit dem Satz „entweder kein Wind oder zu viel“ beschreiben. Diese Wellenmuster begünstigen Wetterextreme, da damit ein und dieselben Wetterlagen einfach länger an Ort und Stelle verweilen.

Man stelle sich nun einmal gedanklich eine große Welle vor, die sich von Spanien bis nach Schweden aufsteilt und bei Finnland wieder nach Süden zurückschwenkt. Die Ostsee würde sich somit direkt in dieser sich nach Norden bewegenden Welle, dem Hochdruckrücken, befinden. Bei derartigen Wetterlagen dringt sehr warme Luft aus dem Süden nach Norden und begünstigt Hochdrucklagen und stabileres Wetter. Eine solche Entwicklung haben wir in sehr regelmäßiger Abfolge im Dürresommer 2018 gesehen. Den Ostseeseglern ist er in Erinnerung geblieben: Als eine Saison die schon mediterranes Klima hervorbrachte. Segeln und Badehose bei knapp 30 Grad über dem Wasser und Wassertemperaturen von bis zu 26 Grad – in der Ostsee wohlgemerkt.

Das Gegenteil wäre der Fall, wenn diese riesige, atmosphärische Welle sich nicht nach Norden aufsteilt, sondern von Norden kommend nach Süden verläuft – in einer sogenannten Troglage. Damit wird die Ostsee regelrecht von kalten Luftmassen geflutet. So geschah es 2021, beginnend mit der schneereichen und kalten Phase im Februar. Bis in den Mai hinein kamen wir nicht mehr aus dieser kalten Lage heraus. Kleinere Strohfeuer gab es zwar alle paar Wochen mit einem Vorstoß von sehr milder Luft aus dem Süden, doch wurde die Lage immer wieder von der arktischen Kälte aus dem Norden verdrängt. Auf 20 Grad und mehr folgte plötzlich ein erneuter Wintereinbruch. So etwas kann sich auch über die gesamte Segelsaison hinziehen. Dann ist zwar nicht mit Schnee, aber eben mit kalten Luftmassen zu rechnen.

Übrigens heißen Klimawandel und Erwärmung der Arktis nicht, dass dort im Norden keine kalte Luft mehr produziert wird. Die Jahreszeiten mit den dunklen und kalten Nordwintern wird es geben, so lange sich die Erde mit ihrer Erdachsenneigung weiter um die Sonne dreht. Damit sind also auch weiterhin kalte Phasen und auch schneereiche Winter möglich.

Das Wetter während der Segelsaison

Kommen wir aber nun zurück zur Segelsaison in der Ostsee. Eine derartig langanhaltend stabile, aber kalte Phase mit der nach Süden gerichteten Welle würde also bedeuten, dass es ein in der Luft und im Wasser eher unterkühlter Sommer werden dürfte.

Dies sind die Wetterextreme, vor denen schon seit Jahrzehnten gewarnt wird, und sie erklären, warum es an der Ostsee entweder keinen Wind oder zu viel davon gibt. Stecken wir in einer nach Norden ausgerichteten Welle, bedeutet das hohen Luftdruck und damit kaum Wind. Verläuft die Welle dagegen nach Süden, gelangen die kalten Luftmassen in wärmere Gefilde und begünstigen instabilere Wetterlagen mit viel Wind und wechselhafterem Wetter. Ein gesundes Dazwischen scheint es nicht mehr so häufig zu geben.

Doch die Änderungen haben auch ihre guten Seiten für uns Ostseesegler, denn sie sind in gewisser Weise planbarer. Rossbywellen treten ja nicht plötzlich auf. Die Wettervorhersage wird zu einem gewissen Grad einfacher. Die Umstellung und Ausrichtung dieser Wellenmuster sind viel länger und deutlicher voherzusagen als die exakte Lage einer Regenfront und die genauen Windstärken für die nächsten drei Tage.

Ich kann also 2021 bereits Ende Mai sagen, dass uns in einer Woche eine Lage mit einem vermeintlich sehr starken Tief in der westlichen Ostsee bevorsteht oder sich die Lage klar stabilisiert und wir eine vermeintlich lange Hochdrucklage erwarten können. Dies lässt sich alleine aus der Lage dieser Wellen und dem Jetstream heraus vorhersagen. Ob es dann in sieben bis zehn Tagen 3 Beaufort aus Nordost mit 24 Grad sind, lässt sich nur vermuten und hängt von vielen weiteren Faktoren ab. Doch die Planungen für die bevorstehenden Törns werden einfacher, auch wenn das Wetter auf eine gewisse Weise extremer ausfallen könnte (zu trocken, zu heiß, zu wenig Wind oder umgekehrt).

Für das Ostseewetter der Zukunft heißt das: Die Ostsee wird weiterhin in einer westwindgeprägten Region liegen. Doch die anderen Windrichtungen gewinnen zunehmend an Bedeutung. Die Schwankungsbreite der Windstärken wird dabei ebenfalls größer. 4 Windstärken aus der „richtigen" Richtung wird es immer mal wieder geben. Wann das genau sein wird, sagen euch die Wetterdaten oder euer persönlicher Wetterfrosch im Detail.

Welche Faktoren das Wetter sonst noch beeinflussen

Neben den Windverhältnissen nimmt auch das Wasser einen immer größeren Raum in der Betrachtung des Wettergeschehens ein. Oberflächenströmungen sind in der Ostsee oft windinduziert. Aber auch die Nordsee mit ihren Gezeiten sowie der dort einwirkende Wind spielen eine Rolle beim Strom in der „kleinen Schwestersee". Der Einfluss über das Skagerrak und Kattegat zeigt sich stark im Øresund sowie im Großen wie Kleinen Belt. Bis zu 3 Knoten Strom sind in dieser Region keine Seltenheit. Auch zwischen Fehmarn und Lolland sehen wir Meteorologen phasenweise stärkere Strömungsbänder.

Eine weitere, wenn auch etwas untergeordnete Rolle spielen Salzgehalt und Temperatur im Wasser, die sich über das Jahr verändern. Gerade Starkwindereignisse wälzen durch höhere Wellen das Wasser stark um. Bei ablandigenden Winden wird meist das Oberflächenwasser offshore verdrängt. Kälteres Tiefenwasser dringt auf diese Weise nach oben. Dies kann Einfluss auf Strömungen haben. Wer sich darüber informieren möchte, sollte sich einmal hochaufgelöste Strömungsmodelle ansehen.

Tipps für die Törnplanung

Zum Schluss ein Wort zur Törnplanung. Grundsätzlich sollte man seinen Törn immer nach dem Wind richten und nie stur einem festen Plan folgen. Hat man zwei Wochen Zeit und die Option, in alle Himmelsrichtungen fahren zu können, macht es Sinn, sich vor Antritt des Törns die Großwetterlage und deren Entwicklung anzuschauen. Haben wir eine aufkommende stabile Lage mit einem Hoch, sieht man sich an, wo das Hoch liegen wird und wo man entsprechend den besten Wind aus welcher Richtung auszunutzen kann. Liegt also das Hoch über Skandinavien, ist der Weg nach Ostschweden oder Polen fast versperrt oder wird zumindest durch den teils starken Ostwind beschwerlich.

Ist absehbar, dass sich das Hoch verschiebt, kann es sinnvoll sein, mit dem Hoch und dem schönen Wetter mitzugehen.

Steht dagegen eine Tiefdruckperiode an, wird es deutlich schwieriger. Denn Tiefs sind häufig stark dynamisch. Daher sollte man mindestens zweimal täglich Wetterdaten-Updates checken und prüfen, wo der beste segelbare Wind mit dem geringsten Wetter-Impact zu finden ist. Gerade im Sommer, wenn

Kaltftronten oder Troglagen mit den Tiefs anstehen, kann es auf der Ostsee schnell gefährlich werden. Sturm bis Orkanstärke plus Hagel und Gewitter sind mögliche Szenarien in diesen Wettergebilden. Auch plötzliche Winddreher um 90 Grad und kabbelige Kreuzsee können dramatisch schnell zu einer Gefahr für Schiff und Crew werden.

Ein verantwortungsvoller Segler wird daher immer genau prüfen, wann Gefahr droht, und sich und der eigenen Crew die kritische Frage stellen, ob das Törnziel noch vor dem Wetter erreicht werden kann, oder ob man lieber abwartet, bis sich die Lage beruhigt. Und: Eine Sicherheitsreserve einzuplanen, gehört einfach zu guter Seemannschaft dazu.

Die Wetterdaten sind heute so präzise, dass man eigentlich nicht mehr von Wetterüberraschungen sprechen kann. Aber auch mit Tiefs und meist westlichem Wind lässt sich gut arbeiten. Da der Wind nicht selten einen Südwesteinschlag hat, gelangt man nicht nur gut in Richtung Baltikum, sondern auch bis nach Norwegen. Beschwerlicher kann der Rückweg werden, doch gerade nach Durchzug von Tiefs dreht der Wind auf Nordwest, mit einem neuen Hoch auch über Nord bis teils Nordost. Somit sind Etappen möglich, um nach den Tiefs auch wieder nach Deutschland zurücksegeln zu können, ohne ständig kreuzen zu müssen. Jede Wetterlage hat also Vor- und Nachteile. Den Spruch mit der passenden Kleidung verkneife ich mir aber.

Sebastian Wache ist Diplom-Meteorologe und arbeitet für den bekannten Wetterdienstleister WetterWelt. Dort erstellt er Profi-Seglern wie Boris Herrmann das Wetterrouting. Auf seiner eigenen Webseite WetterWache.de und als „Wetterfrosch“ beim NDR präsentiert er seit 2020 das Wetter im „Schleswig-Holstein Magazin“. Seine Wetterseminare für Segler sind stets ausgebucht.

10 Ostsee-Hafenkneipen, in denen du einmal etwas getrunken (oder gegessen) haben musst.

Vielmeer – Kühlungsborn
Piraten-Nest – Orth
Samoa – Lemkenhafen
Buena Vista – Laboe
Das Schiffercafé – Kiel-Holtenau

Bretterbude – Heiligenhafen
Café Niedlich – Lohme
Kompasset – Faaborg
Kammeratariet – Svendborg
Café Sorgenfrei – Burgtiefe am Strand (nicht das im Hafen)

Welches Boot ist das Beste für die Ostsee? Darüber lässt sich trefflich diskutieren und jeder Eigner wird eine eigene Begründung haben, warum gerade sein Boot für die Ostsee besonders zu empfehlen ist. Ein Versuch ...

Das ideale Boot für die Ostsee.

Die Ostsee ist genauso vielfältig wie die Menschen und Boote, die auf ihr unterwegs sind. Ich habe vieles gesehen. Angefangen von einem kleinen Knirps, für den die Ostsee nur aus der Strander Bucht vor Kiel-Schilksee besteht, die er mit seinem kleinen Optimisten wie einen Ozean besegelt, bis hin zu dem segelnden Rentner mit Sauerstoffflasche und Schlauch zur Atemtherapie auf seinem Einhand-optimierten Schiff, der mich einmal um Hilfe beim Anlegen bat. Pärchen jeden Alters auf den unterschiedlichsten Booten. Familien auf großen Charterschiffen voller Badewäsche und aufblasbaren Gummi-Gizmos. Die klassischen fünf- bis sechsköpfigen Herrencrews, die meist lautstark und feuchtfröhlich unterwegs sind. Regatta-Crews, wie das rosabekleidete „Tutima"-Team einst neben mir in Sønderborg. Liebevoll gepflegte Folkeboote, wie das von Vincent Regenhardt, die auf der Ostsee wohl nie aussterben werden. Geräumige Katamarane. Traditionsschiffe unter holländischer Flagge. Fischkutter. Mondäne Segel- und Motoryachten, die mehr dem Zweck des Wohnens zu dienen scheinen als dem Ankern in versteckten Buchten. Wie die Designer-Segelyacht „A", die mir ebenso wie ein aufgetauchtes U-Boot in der Kieler Förde entgegenkam.

Konzentrieren wir uns aber einmal auf Segelyachten zum Fahrtensegeln: Anders als im Mittelmeer, wo die gängigen Chartermodelle dominieren, sieht man auf der Ostsee viele Eignerschiffe jeden Alters und Typs. Das macht die Antwort auf die Frage nach dem idealen Ostsee-Boot nicht einfacher. Denn jeder Eigner wird einem die Vorteile gerade seines Schiffstyps ausführlich erläutern können. Allerdings gibt es ein paar Themen, die an der Ostsee eine Rolle spielen. Zum Beispiel Brücken ...

Wie hoch darf mein Mast sein, damit er unter den Brücken durchpasst?

Beginnen wir daher wir einfach bei den limitierenden Faktoren und ihren Auswirkungen auf die Einsatzmöglichkeiten eines Schiffes – zum Beispiel bei der Masthöhe. Die Höhen der meisten die Ostsee einzäunenden Brücken sind in absteigender Reihenfolge im nächsten Absatz aufgeführt:

• Großer Belt	65 Meter
• Øresund	57 Meter
• Nord-Ostseekanal	42 Meter
• Strelasund	40 Meter
• Svendborgsundbroen	33 Meter
• Kleiner Belt	33 Meter
• Langelandsbroen	26 Meter
• Storstrømsbroen	26 Meter
• Ulvsund	26 Meter
• Fehmarnsund	21 Meter
• Kalvestrom	20 Meter

Alle anderen Brücken der Ostsee sind Klapp- oder Drehbrücken. Für den durchschnittlichen Segler sind wohl nur die letzten fünf Brücken relevant. Kurz gesagt: Ab 20 Meter Masthöhe muss man außen um Fehmarn und Møn herum, kann aber sonst die ganze Ostsee besegeln.

Und der Tiefgang?

Wenn da nicht auch der Tiefgang wäre, der die Fahrgebiete schon deutlicher einschränkt. Zunächst macht der gewünschte Heimathafen unmissverständliche Vorgaben. Liegt man beispielsweise in Lippe in der Hohwachter Bucht oder in manchen Schlei- oder Boddenhäfen, sollte der Tiefgang 1,40 Meter nicht übersteigen, um überhaupt den Hafen nutzen zu können. Auch in Dänemark gibt es Häfen und Passagen, die schon bei Tiefgängen über 1,20 Meter problematisch werden. Es sind zwar wenige, aber wenn einem diese am Herzen liegen, dann sollte man ein Boot mit entsprechendem Tiefgang oder eines mit Hubkiel oder Kimmkielen wählen.

Nicht zu unterschätzen ist auch der Vorteil, sich in einem bereits vollen Hafen an den flachen Rand quetschen oder abseits eines vollen Ankerfelds den Anker fallen lassen zu können. Häufig sinkt der Komfort an Bord ja leider proportional zum Tiefgang.

Wie verhält es sich aber mit dem anderen Extrem? Wie tief sollte ein Boot maximal gehen, um in der Ostsee zu segeln? Diese Frage ist schon schwieriger zu beantworten. Selbst für Schiffe mit 3 Meter Tiefgang bietet die Ostsee noch genug mondäne Häfen mit Liegeplätzen entsprechender Bootslänge, doch gerade im lauschigen Dänemark und rund um Rügen wird es schwieriger. Generell wird die Navigation bei viel Tiefgang aufregender und so mancher Ostseehafen hat seine Flachs, die einem den Tag verderben können. Persönlich wäre ich mit mehr als 2,20 Meter Tiefgang auf der Ostsee nicht mehr glücklich. Träumt man dann von einem Sommer in den skandinavischen Schärengebieten, können 2,20 Meter schnell den einen oder anderen Schärenliegeplatz ins „Revier der Träume“ katapultieren und unerreichbar machen.

LA MER geht 1,60 Meter tief und hat damit schon einige Male gerade so hindurch- oder hineingepasst. Selbst mit 1,80 Meter würde ich mich ein wenig schwertun in meinen geliebten dänischen Gewässern, würde den Komfortgewinn durch ein größeres Boot dafür aber unter Umständen in Kauf nehmen.

Kleiner geht immer

Womit wir bei der Bootslänge und -breite wären. Die ostseetypischen Dalbenreihen, durch die auch LA MER mit ihren 3 Metern Breite nicht passt, schränken im Sommer das oft nicht üppige Liegeplatzangebot weiter ein.

Ab 40 Fuß Bootslänge kann es in manchen Häfen sehr eng werden. Es kann einem den Törnspaß verderben, wenn man abends sein Boot nirgendwo mehr unterbekommt. In deutschen Häfen und Marinas wird von Hafengebühr bis Winterliegeplatz alles nach Bootsgröße abgerechnet, sodass man als Eigner auch die Kosten im Auge behalten sollte, die einen die zusätzlichen Fuß Raumgewinn bescheren, auch wenn man natürlich mehr Mitsegler unterbringen kann, die zur Bordkasse beitragen.

In Schweden hingegen wird meist pauschal nach Liegeplatz abgerechnet. Das ist für kleine Boote etwas unfair, wenn man für sie die gleiche Gebühr bezahlt wie der Luxus-Motorkreuzer nebenan.

Generell kann man sagen, dass ein größeres Boot stets mehr Probleme bei der Liegeplatzsuche bereiten wird. Mit LA MERs Bootsgröße von 28 Fuß – wir könnten auch 30 daraus machen – bin ich bisher, bis auf ganz wenige Ausnahmen, aber noch in jedem Hafen untergekommen.

Ein paar gute Gründe für ein größeres Boot

Neben dem Komfort an Bord gibt es jedoch ein weiteres Argument für ein größeres Boot, und das ist der Sicherheitsaspekt. Ein größeres und schwereres Boot kann schlicht mehr Wind und Welle vertragen als ein kleineres. Und das sowohl objektiv als subjektiv. Ein größeres Sicherheitsgefühl kann den Unterschied zwischen Urlaub und Stress oder zwischen Leidenschaft und Zwang ausmachen. Und die kurze steile Welle der Ostsee kann es einem wirklich schwermachen.

Lange habe ich mit meiner Friendship 23 gezögert, einmal von Kiel in die Dänische Südsee aufzubrechen. Zweimal legte ich sogar mit diesem Ziel ab, doch wurde ich stets von dem ostseetypischen Starkwind aus Ost überrascht. Vorhersage: 4, real 5, in Böen 6. Und Wellen bis 1 Meter. Ich denke heute, mit mehr Segelerfahrung hätte ich gut gerefft auch hinüberprügeln können. Damals aber war mir das nicht geheuer und es fühlte sich mit dem niedrigen Freibord auch nicht nach Spaß an.

Ganz anders der erste Törn mit LA MER: 3 Tonnen Gewicht. 3 Meter Breite. Ein dick laminierter Rumpf aus den 70ern. Bei den gleichen Windverhältnissen ein gefühlter Unterschied wie zwischen Tretboot und Panzerkreuzer. Bis Windstärke 7 steckt LA MER bisher im zweiten Reff alles weg und sie besitzt für noch mehr Wind eine Sturmfock und ein drittes Reff. Überraschende Windstärken von 8 oder mehr sind – außer kurzzeitig in Gewitterböen – auf der Ostsee sehr selten. Diese Sicherheit verleiht einem ein ganz anderes seglerisches Selbstbewusstsein (bis hin zur entsprechenden Ausstrahlung auf eventuelle Mitsegler), als wenn man bei Windstärke 6 das Potenzial nach oben bereits ausgeschöpft hat.

Ich war allerdings einmal mit einer Bandholm 24 bei viel Wind auf der Ostsee unterwegs und hatte dabei durchaus das Gefühl, dass ich auf diesem Schiff auch alle meine bisherigen Reisen hätte machen können. Es hängt also sehr vom Bootstyp und dessen speziellem Schnitt ab, wie es sich bei Starkwind verhält. Vor dem Bootskauf sollte man daher idealerweise das Boot auch bei mehr Wind auf das subjektive Sicherheitsgefühl hin austesten und im Zweifelsfall einen anderen Typ oder ein größeres Boot wählen.

Es gibt natürlich auch für die größeren Yachten entsprechend modernere Häfen, die großzügiger ausgelegt sind – und in denen man sich mit einem kleineren Boot fast schon wieder verloren fühlt. Die Marinas Sonvik in der Flensburger Förde oder auch die Ancora Marina in Neustadt sind gute Beispiele dafür. Oder auch viele der neugebauten Marinas in Mecklenburg-Vorpommern von Boltenhagen bis zum Yachthafen Hohe Düne in Warnemünde. Ab 45 Fuß Bootslänge wird man in dänischen Häfen wie Birkholm oder Lyø Probleme bekommen. Und in Langballigau in der Flensburger Förde hat man nur vier oder fünf Plätze zur Auswahl ohne viel Chance, im Hafen drehen zu können.

Meine Wunschliste für das perfekte Ostseeschiff

Wie also sieht der optimale Bootstyp für die Ostsee aus? Ein anderer Ansatz für die Beantwortung dieser Frage ist folgender. Ich frage mich selbst: Was würde ich an meinem Boot, auf dem ich nun zwei mehrmonatige Reisen auf der Ostsee unternommen habe, verändern oder verbessern wollen?

Oben auf der Liste steht eine stärkere und zuverlässigere Maschine als mein uralter 10-PS Volvo Penta. Er kommt langsam ans Ende seiner Lebensdauer – schlicht, weil es kaum noch Ersatzteile gibt. Ein zusätzlich montierter Außenborder nimmt ihm inzwischen viel Arbeit auf langen Strecken ab.

Ideal ist das allerdings nicht, zumal ein Außenborder gegenan bei Welle einfach nicht viel taugt. Ich habe mehrere Situationen erlebt, die mit einem stärkeren Diesel viel einfacher zu bewältigen gewesen wären. Stattdessen musste ich teils stundenlang im zweiten Reff aufkreuzen oder meine Pläne ganz aufgeben. Was mich zum zweiten Punkt führt: Die Am-Wind-Eigenschaften von LA MER sind eher durchschnittlich. Die Fähigkeit, 15 oder gar 20 Grad mehr Höhe zu laufen, würden schon einen gewaltigen Unterschied ausmachen. Und ein, zwei Knoten höhere Bootsspeed wären ebenfalls willkommen. Die Geschwindigkeit ist natürlich dem Bootstyp geschuldet und nicht einfach zu verbessern.

Ich las einmal von einer Familie, die in Heiligenhafen ein Charterboot übernehmen wollte. Das gebuchte Boot war defekt und man bot ihnen daher ein Ersatzboot an. Es war eines dieser auf Geschwindigkeit optimierten Schiffe mit breitem und offenem Heck, die bauartbedingt zweistellige Geschwindigkeiten erreichen können. Es wurde zuerst skeptisch beäugt, dann aber dankend angenommen und am Ende wollte die Familie das Boot gar nicht mehr hergeben. Aufgrund seiner Geschwindigkeit waren ganze andere Routen möglich geworden, was den Törnradius in den drei Wochen Urlaub deutlich ausgedehnt hatte. Dies ging allerdings auf Kosten eines anspruchsvolleren Segelns und eines eingeschränkten Platzangebots, was aber gerne in Kauf genommen wurde. Die Gleichung für das ideale Boot weist eben viele Variablen auf.

Ein weiterer meiner Wünsche: Ein kursstabiler Langkieler mit weniger Abdrift wäre mir als Einhandsegler lieber als der Kurzkiel von LA MER.

Ja, mehr Speed unter Segeln und Motor plus mehr Höhe und Kurstabilität bei gleichem Tiefgang würden mich schon sehr glücklich machen. Und auch für Familiencrews mag es wichtig sein, eine starke Maschine zu haben, da das doch recht unberechenbare Wetter auf der Ostsee dazu führen kann, zügig unter Motor Schutz suchen zu müssen oder einen geplanten Hafen zu erreichen, um den Familienfrieden nicht zu gefährden.

Die Bedürfnisse meiner Frau sind wieder anders gelagert als meine. 4 bis 5 Fuß mehr Bootslänge, mehr Platz und eine Kühlung in der Pantry, eine Heizung, Warmwasser samt Duschmöglichkeit und eine Kuchenbude stehen auf ihrer Wunschliste. Denn genauso vielseitig wie die Ostsee, so vielseitig ist auch das Wetter mit teilweise kalten und regnerischen Nächten im norddeutschen Sommer. Aber eben auch mit langen, schwachwindigen und heißen Hochdrucklagen. Man sollte daher bei seinem Boot darauf achten, auch für Schwachwindverhältnisse zumindest ein Leichtwindsegel an Bord zu haben. Am anderen Ende der Skala und bei Starkwindverhältnissen ist es wiederum sinnvoll, mit leicht und schnell reffbaren Segeln arbeiten zu können. Ich hatte am Anfang meiner Seglerkarriere meist versucht, mit ungerefftem Groß und einer Rollfock alle Verhältnisse irgendwie zu bewältigen, was stets zu viel Stress und Bruch an Bord führte und meiner Frau den Zugang zum Ostseesegeln doch erheblich erschwerte. Nicht zu reffen, weil einem das zu aufwändig erscheint, ist einfach keine Option. Nicht nur für die Ostsee gilt: Rigg und Segel für die zu erwartenden Verhältnisse zu optimieren, vergrößert den Segelspaß.

Ob man große Solarpaneele, Wind- oder Benzingeneratoren braucht, muss jeder selbst entscheiden. Die Hafendichte an der Ostsee ist hoch und die Marinas sind im internationalen Vergleich im Preis günstig und zudem gut ausgestattet. Man muss also nicht zwingend ankern, wie in anderen Revieren der Welt. Aber man kann, und das sehr gut. Es macht einen Teil der Faszination der Ostsee aus. Ein gutes Ankergeschirr sorgt dabei für entspannte Nächte. An dieser Stelle ein paar Euros sparen zu wollen, wäre schlichtweg dumm.

Funk sollte möglichst auch an Bord sein, denn das Handynetz verlässt einen oft schon ein paar Meilen abseits der Küste. Ein AIS-Empfänger – bei mir praktischerweise im Funkgerät integriert – macht das Leben mit der Berufsschifffahrt viel entspannter und ich möchte dieses Feature nicht mehr missen. Aktives AIS und/oder Radar müssen allerdings nicht zwingend sein, schaden tun sie aber auch nicht in Seenebelfeldern, wie sie ab und an vorkommen. Sonst bleibt in einem solchen Fall nur das Nebelhorn.

In flacheren Gewässern empfehle ich ein Echolot mit Warnfunktion. Bei mir löst es aus, wenn nur mehr eine Tiefe von weniger als 50 Zentimetern unter dem Kiel bleiben. In den tieferen Schären mit ihren steilen Felsen hatte ich den Alarm meist ab 1,50 Meter Wasser unter dem Kiel eingestellt. Dann noch ein Dinghi oder SUP – ein Stand-Up Paddling Board – an Bord, um vor Anker liegend an Land zu kommen, und dem gelungenen Ostseetörn auf eigenem Kiel steht nichts mehr im Wege.

Die Frage nach dem idealen Schiff für die Ostsee – am Ende wird die Antwort auf diese Frage notwendigerweise immer einen Kompromiss darstellen aus all diesen Hinweisen und Ideen und auch immer individuell auf Segler, Crew sowie deren Pläne und Bedürfnisse zugeschnitten sein.

Das Land kann einem Boot gefährlicher werden als das Wasser. Und Land – in Form von Inseln, Schären, Sandbänken und Festland – gibt es in und um die Ostsee herum mehr als genug.

Törns ohne Tiefgang. Oder: Eine Handbreit Wasser unterm Kiel ist Meer genug.

Die Ostsee ist kein Tidengewässer wie die Nordsee. Natürlich wirkt auch der permanente Einfluss des Mondes und der Sonne auf die See. Allerdings fallen die Auswirkungen des Windes deutlich größer aus – wie auch Sebastian Wache in seinem Kapitel über das Ostseewetter deutlich macht. Die aktuelle Wassertiefe an einer Position lässt sich daher nicht wie in der Nordsee mit einem Tidenkalender präzise vorhersagen, obwohl es einen eigenen Tidenkalender für Dänemark gibt. Es gilt also zu wissen, wie viel Wasser unter dem eigenen Kiel ist, und genau die Seekarte zu studieren. Doch diese weist ein paar Besonderheiten auf ...

Ostseekarten sind anders

Auch die Seekarten unterscheiden sich von denen der Nordsee. Dort ist das Kartennull mit der sogenannten Lowest Astronomical Tide (LAT) definiert. Ist dort also irgendwo eine Tiefe von 2 Metern eingetragen, finde ich diese auch unter den ungünstigsten Umständen – bis auf richtig katastrophale Wetterereignisse – vor. Mit anderen Worten: Es wird nie flacher als in der Karte angegeben. Anders in der Ostsee: Hier ist das Kartennull durch den mittleren Wasserstand definiert, einen Wert, der aus jahrzehntelangen Messungen gewonnen wird. Die echte Wassertiefe schwankt also zu gleichen Teilen nach oben wie nach unten um diesen Mittelwert herum.

Die Chance, dass es zu irgendeinem Zeitpunkt in der Ostsee flacher ist als in der Karte angegeben, liegt also um die 50 Prozent. Im Gegensatz zur Nordsee schwankt der Pegel aber nicht gleich um einige Meter, sondern üblicherweise um wenige Dezimeter. Bei mehrtägigem Sturm aus Ost kann der Pegel an der Ostküste Schleswig-Holsteins auch einmal um 1,50 Meter ansteigen, was hin und wieder zu Schäden an den Stegen der Yachthäfen führt. Oder bei anhaltendem stürmischen Westwind auch in gleichem Maße das Wasser aus den Fjorden und Buchten drücken.

Diese Wetterlagen sind vorher bekannt und man kann und sollte sich darauf bei der Törnplanung einstellen. Die beiden im

Folgenden beschriebenen Törns sollte man etwa gar nicht erst beginnen, wenn abzusehen ist, dass mit weniger als der Kartentiefe zu rechnen ist.

Die aktuellen Pegel für viele Orte der deutschen Ostsee findet man zum Beispiel bei www.bsh.de unter dem Stichwort „Wasserstand Ostsee“ sowie unter www.pegelonline.wsv.de.

www.bsh.de www.pegelonline.wsv.de

Navionics findet für bestimmte Orte (auch in Dänemark) die bekannten Tidensymbole. Üblicherweise schwankt der Wasserstand wie erwähnt nur um wenige Dezimeter und ist daher meist zu vernachlässigen. Relevant wird der Pegel erst in einigen flachen Häfen, in denen 20 Zentimeter den entscheidenden Unterschied zwischen gelungenem Anlegemanöver und großem Hafenkino ausmachen können.

Ein Echolot sollte daher stets an Bord sein, um die aktuelle Wassertiefe mit der auf dem Plotter oder in der Karte angegebenen zu vergleichen und entsprechend vorausschauend zu planen.

Es gibt übrigens attraktive Routen oder schlicht Abkürzungen, die für Boote mit geringem Tiefgang durch flache Gewässer führen. Davon möchte ich jetzt erzählen.

Unterwegs in flachen Gewässern

Spät im Jahr, Ende September 2014 breche ich in Kopenhagen auf zum letzten Stück meines sechsmonatigen Törns. In Kopenhagen habe ich einige stürmische Tage abgewettert und bin sogar für zwei Tage nach Hamburg gefahren, denn die Sehnsucht nach Zuhause wurde täglich größer. Doch beim Ablegen im malerischen Altstadthafen Christianshavn im Zentrum Kopenhagens beschließe ich, die letzten Meilen ruhig angehen zu lassen und zu genießen. Es dauert, bis der Hafen von Kopenhagen endlich zurückbleibt und sich vor mir die gigantische Øresundbrücke erstreckt, die Dänemark mit Schweden verbindet. Hier, nahe Kopenhagen, verschwindet diese Verbindung unter mir im Grund der Ostsee in einem Tunnel, über den ich einfach hinwegsegeln kann. Über mir schwebt ein Flugzeug nach dem anderen zur Landung auf Kopenhagens Flugplatz, die Umgebung wirkt industriell, und ich freue mich auf das überall so angepriesene Smålandsfahrwasser, das vom Eingang des Øresund bis hinein in den Großen Belt nach Westen führt.

Charakteristisch für dieses Fahrwasser ist die 20 mal 30 Seemeilen große und oft flache Bucht, die sich im Nordwesten vor den Inseln Lolland und Falster erstreckt. Es gibt zwölf Inseln, eine schöner als die andere, von denen auch sechs von Yachten angelaufen werden können. Zusammen mit seinen vielen Häfen auf dem Festland, ist dieses Revier damit eine echte und weniger überlaufene Sommeralternative zum südfünischen Inselmeer, der Dänischen Südsee.

Dahin möchte ich und mache auf halbem Weg nach 30 Meilen in der Dunkelheit zunächst in Rødvig fest. Überall wird vor weit ins Meer hinausragenden Stellnetzen gewarnt, daher halte ich gut Abstand zur Küste, bis die Einfahrt in den Hafen genau querab liegt.

Es ist immer noch windig, es steht eine Menge Schwell, selbst als ich die Steinmolen bereits hinter mir habe, und mein Anleger gelingt mir erst im zweiten Anlauf. ‚Hoffentlich beruhigt sich das bis morgen, sonst bekomme ich ein Problem', denke ich. In Rødvig sind bereits die Bürgersteige hochgekappt und ich gehe früh in die Koje. Morgens geht wie immer mein erster Griff zum Handy – und zur App von Windfinder. Der Blick nach draußen bestätigt die Lage: Der Wind weht weiterhin mit 5 Beaufort aus Ost und schiebt eine ziemlich hohe Welle vor sich her. Tendenz abflauend. Immerhin.

Unterwegs im Smålandsfahrwasser

Mein Ziel ist der Bøgestrøm zwischen dem Festland und der Insel Møn im Osten. Diese flache Passage markiert den Beginn des Smålandsfahrwassers und erspart den langen Umweg rund um die Kreidefelsen vor Møn. Bis zur rot-weißen Ansteuerungstonne sind es von Rødvig raumschots auch nur 8 Meilen, aber Wind und Welle stehen genau auf die teilweise nur 50 Zentimeter unter Wasser liegenden Sände, durch die nur eine mit 2,20 Metern angegebene Fahrrinne führt, deren Wassertiefe dann im Verlauf nur noch 2 Meter betragen soll.

Und damit bin ich genau in der eingangs beschriebenen Situation. Ich weiß zum einen nicht, wie sich der Starkwind der letzten Tage auf die Pegelstände ausgewirkt hat, und zum andern nicht, wie hoch die Welle in der Fahrrinne geht. Steht sie hoch, könnte dies in den Wellentälern zu heftigen Grundberührungen oder gar zu einer Kenterung führen. Ich laufe daher von Rødvig aus zunächst mit halbem Wind südwärts. So halte ich mir alle Optionen offen. Rund Møn statt Flachpassage wäre allerdings auch kein Spaß.

Lange Zeit kann ich mich nicht entscheiden. Wechsle immer wieder den Kurs, bis LA MER bockig wird – ein deutliches Zeichen dafür, dass sie für die Welle zu wenig Segel trägt oder der Wind nachlässt. Großartig! Ich bleibe jedoch zunächst gerefft, um Fahrt aus dem Boot zu bekommen und damit Zeit zu gewinnen. Zeit für die Welle, kleiner zu werden, bis ich an der Ansteuerung in den Bøgestrøm stehe. Kaum habe ich diesen erreicht, sehe ich, dass überraschend wenig Welle geht. Ohne Wind hat sie schnell an Kraft verloren und läuft sich auf den Sänden tot. Aufatmen. Jetzt muss nur noch der Wasserstand passen. Direkt vor der Ansteuerungstonne sollen es 6 Meter sein – das passt laut meinem Echolot schon recht genau. Sehr gut.

Ich habe stets die akustische Warnung eingeschaltet, die mir lautstark eine Tiefe von weniger als 2,10 Meter signalisiert. Bei dieser Tiefe habe ich noch 50 Zentimeter Wasser unter dem Kiel und kann reagieren. Wenn man direkt auf ein Untiefe läuft, reicht die Zeit dazu erfahrungsgemäß nicht aus, aber der Alarm hat mich schon häufiger gerettet, wenn ich zum Beispiel langsam aus einem Fahrwasser gedriftet, an eine versandete Stelle geraten bin oder auch schlicht der Wasserstand niedriger war als in der Karte angegeben. Meist steigt der Grund an derartigen Stellen eher langsam an und ich habe noch Reaktionsmöglichkeiten. Im Zweifel heißt es: Erst einmal Pinne herumlegen und 180 Grad auf dem alten Kurs zurück, bis ich die Situation einschätzen kann.

Jetzt wird es schnell flacher und ich erreiche das erste Tonnenpärchen. Ohne die Betonnung würde ich sicher niemals hineinfahren, so flach wird es sichtbar links und rechts der gebaggerten Rinne. An dieser Stelle muss man der Betonnung mehr vertrauen als dem Plotter, denn die Rinne ist veränderlich. Die Warnfunktion des Echolots muss ich bald ausschalten, sie löst ständig aus. Ich passiere penibel Tonne um Tonne und halte mich dabei dicht an die einzeln stehenden. Wie immer zeigen mir rote und grüne Wäscheklammern an der Sprayhood die Betonnungsrichtung an, um Fehler zu verhindern. Noch dazu wirkt dieser Oktobertag einfach nur grau in grau. Auf meinen Fotos sieht es aus, als hätte ich in Schwarz-Weiß fotografiert. In meiner Erinnerung fehlen auch gänzlich Bilder von schönen Landschaften oder Segelstimmungen. Ich weiß nur, dass ich – die Augen am Echolot klebend – 5 lange Seemeilen die Pinne umklammert hielt, bis das Wasser nach einer sehr schmalen Rinne kurzzeitig etwas tiefer wurde. Niemals möchte ich auf meinem Boot bei Starkwind durch den Bøgestrøm durch. Soviel steht fest!

Sorgen eines Flachwasser-Seglers

An manchen Stellen stehen auch nur Kardinaltonnen mit ihren doppelten Dreiecken im Topp. Es erspart Stress, sich vor der Einfahrt ins Gedächtnis einzubrennen, was diese genau bedeuten und wie sie umfahren werden. Klingt lapidar – doch jeder dritte Segler, den ich spaßeshalber frage, wie zum Beispiel eine Kardinaltonne mit zwei Dreiecken nach oben zu umfahren ist, beantwortet die Frage entweder mit einem langen „Äääähhmmm“. Oder mit „im Süden – glaube ich …“.

An Backbord erhebt sich die Insel Nyord aus dem Meer. Alles wirkt wie auf der Nordsee und ich fühle mich wie in einem Priel im Watt gefangen. Die Insel sieht einladend aus und hat auch einen Anleger im Süden, aber ich will meine augenblicklich angenehme Passage ohne Wind und Welle nicht unterbrechen. Zum Anlegen bräuchte ich einfach mehr Ruhe und gerne auch Sonne. Also fahre ich langsam weiter südwestwärts über ein nun großes unbetonntes Flach. Von 1,80 bis 2,80 Metern Tiefe ist alles dabei.

Verflixt noch mal, was gäb' ich jetzt für eine betonnte und gebaggerte Rinne! Ich plotte im Kopf die kürzeste Linie bis in die tiefe, betonnte Fahrrinne, die das Ende dieser aufregenden, immerhin 1,5 Seemeilen langen Passage markiert, und fahre weiter. Langsam, ganz langsam. Mit festgenageltem Blick aufs Echolot. Und stets bereit zu reagieren. Schneller als 1,5 Knoten will ich keinesfalls laufen und so dauert die an sich kurze Passage eine ganze Stunde.

Ich war monatelang in nicht ungefährlichen und felsgespickten Schärengewässern unterwegs, aber dieses endlose Dahinschleichen in diesem flachen Gewässer geht echt an die Nerven. Zudem sinkt der Wasserstand während meiner Fahrt auch noch um 20 Zentimeter. Was würde ich tun, wenn ich festkomme? Es wäre ja nicht das erste Mal. In der Ostsee ist der Grund oft sandig bis schlammig und bei nicht allzu großem Tempo verläuft ein Auflaufen bei sanft ansteigendem Grund meist harmlos und ohne Schäden – gemessen an den Unterwasserfelsen, die in den Schären lauern. Sitzt man erst einmal fest, sollte man sich trotz des Schrecks orientieren und sich eine Landmarke in der Richtung suchen, aus der man gerade gekommen ist. Nur dorthin führt der sichere Weg zurück. Wenn der Wind gut steht, bin ich auch schon zweimal durch Dichtholen der Segel und der daraus resultierenden Krängung plus zusätzlicher Maschinenhilfe freigekommen. So würde immer mein erster Versuch aussehen, freizukommen. Auch einfach mit Maschine rückwärts konnte ich mich einmal in der Schlei befreien. Und mit meinen nur 1,60 Meter Tiefgang wäre mit Körpergröße 1,85 Meter auch der Weg ins Wasser und Freischieben eine Option. Vorher sollte man aber die Segel bergen; ich kenne einen Einhandsegler, dem segelte so sein eigenes Boot davon, nur um danach noch heftiger auf Grund zu laufen.

Hilft das alles nichts, ist man auf fremde Hilfe angewiesen, die man von anderen Booten durch Winken mit der Schleppleine anfordern kann. Oder notfalls über Kanal 16 anfordern muss. In Dänemark über Lyngby Radio, in Deutschland über Bremen Rescue. Ich bleibe heute jedoch davon verschont und erreiche am Ende wieder eine tiefe Fahrrinne und mache kurz danach im auch nur 2,50 Meter tiefen Hafen von Kalvehave fest, wo der Bøgestrøm von Süd nach West abknickt. Die Wasseroberfläche im Hafen ist komplett mit Seegras bedeckt, ich schiebe mich wie ein Eisbrecher hindurch an die Kaimauer. Für heute reicht es mir. Diese Passage ist definitiv kürzer als Møn zu umfahren. Aber ob man dadurch wirklich schneller ist? Ich denke, es würde mehr Sinn machen, ein paar Tage zu verweilen als diese Passage als Abkürzung zu wählen. Auf meinem langen Törn „Die Route der Wikinger" habe ich daher gerne darauf verzichtet und meinen Kurs lieber um Møn herum gewählt.

Strom und Seegrasfelder

Große Seegrasfelder sind nicht unüblich in den Schären und durch diese geht es von Kalvehave weiter durch den Ulvsund in das sehenswerte Vordingborg mit seinem ebenfalls recht flachen Hafen. Im Ulvsund kann die Strömung in beide Richtungen 3 Knoten betragen und sie wechselt alle sechs Stunden die Richtung. Der Einfluss der Tide lässt sich nicht leugnen.

So gering sie auch immer scheinen mag, an Stellen wie diesen addiert sich der durch den Wind erzeugte Strom noch und so segelt oder motort man plötzlich auf der Stelle. Fahrt durchs Wasser: 6 Knoten zeigt die Logge, Fahrt über Grund: 0 Knoten das GPS.

Im Nordwesten von Fünen gibt es eine ähnliche Durchfahrt bei Middelfart, in der man immer mit starkem Strom rechnen muss. Auch dort kann er bis zu 6 Knoten betragen und ist nur unter starker Maschine zu bewältigen.

Wann und wie stark diese Strömungen setzen, ist hochkomplex und von vielen Faktoren abhängig. Hier hilft der Törnführer bei der Planung. Generell gilt, dass am Rand einer solchen Passage der Strom anders setzt als in seiner Mitte – und dies als Neerstrom sogar in Gegenrichtung. Wer vorankommen will, muss sehen, ob es etwas weiter in Ufernähe besser geht. Doch Obacht auf den Tiefenmesser!

Im Guldborgsund

Mutig geworden, und da ich mich nun etwas an die flachen dänischen Gewässer gewöhnt habe, beschließe ich, noch einen draufzusetzen und durch den als wunderschön beschriebenen, 16 Seemeilen langen Guldborgsund zwischen den Inseln Falster und Lolland nach Süden zu fahren.

Wie es mit der Befahrbarkeit aussieht, darüber wird in Segelforen immer wieder durchaus gegensätzlich diskutiert. Ich jedenfalls kann berichten, dass es bei meiner Passage nirgendwo flacher als 1,80 Meter war und dies bei ruhigen Bedingungen und Tiefen, die mit meinen Angaben in Navionics übereinstimmen. Hinter der Festbrücke bei Vordingborg, wo ebenfalls Strom herrscht, setze ich Kurs auf die betonnte Ansteuerung in den Guldborgsund. Mehr als die halbe Wegstrecke lang muss ich mir bis nach Nykøbing um die Wassertiefe keine Sorgen machen, die angegebenen Tiefen stimmen mit denen meines Echolots überein. Passt. Wieder herrscht Strom, der mit den Gezeiten läuft, üblicherweise aber recht schwach ist. Längerer Starkwind kann allerdings einen Strom von 4 bis 5 Knoten erzeugen, der mehrere Tage anhält. Der Wasserstand kann sich dabei um 80 Zentimeter nach oben oder unten verändern.

Starker Südwind verursacht starken Strom in nördlicher Richtung. Derartige Windverhältnisse sollten als Indikator dienen, sich den Wasserstand vor einem Schlag noch einmal genauer anzusehen. Der Unterschied zwischen der Anzeige meines GPS und meiner Logge ist aber minimal, sodass ich mir heute darüber keine Gedanken machen muss. Auch die Ausfahrt aus dem Sund über den Rødsand bei Gedser ist bei starken südlichen Winden nicht zu empfehlen.

Zusammengefasst: Bei viel Südwind sollte man diese Passage nicht wagen. Ich hatte ab Vordingborg mit viel West zu kämpfen, der aber nun kurz vor Guldborg abflaut, sodass ich die Maschine starte. Die erste Klappbrücke kommt in Sicht. Ich melde mich über Funk auf Kanal 12 und 13. „Guldborg Bridge, Guldborg Bridge." Keine Antwort. Das war in Schweden meist ähnlich, ich fahre also einfach weiter und siehe da: Die Brücke öffnet sich wie von Geisterhand. Ich kann einfach passieren. Nun beginnt eine wunderschöne Passage durch ein gut und eindeutig betonntes Fahrwasser. Wie ein Fluss windet es sich durch schöne Ufer und bietet dem Auge vieles. Ich genieße diese Fahrt jedenfalls sehr.

Nach gut 8 Seemeilen kommen die weißen Silos von Nykøbing in Sicht. Ich mache außen an der Spundwand des Hafens fest, um mir etwas zu essen zu besorgen und einen kurzen Blick auf die Stadt zu werfen. Der Wind soll am nächsten Tag auf Südwest drehen, sonst würde ich gerne eine Nacht bleiben. So eile ich etwas hektisch durch die Stadt, werde aber außer den üblichen Hot-Dogs nicht so recht fündig. Es ist eben spät im Jahr, die Touristen sind verschwunden. Ich mache ein Päuschen und fahre weiter durch die zweite Klappbrücke des Sunds. Mein Funkruf wird erhört und ich kann nach 15 Minuten passieren.

Nun ändert sich der Charakter der umgebenden Landschaft. Der Sund wird breiter und sehr, sehr flach. Außerhalb der ausgebaggerten Rinne fällt die Wassertiefe auf 60 Zentimeter.

Nun heißt es, wirklich sehr aufmerksam dem Tonnenstrich zu folgen, der aber klar und deutlich auszumachen und zu verstehen ist. Navionics verzeichnet einen Stein in 1,30 Metern Tiefe, den ich umfahre. Um die Existenz dieses Steins ranken sich einige Gerüchte. Aus den schlechten Erfahrungen eines Freundes weiß ich, dass er tatsächlich an der angegebenen Position liegt. Ich finde heute mehr Wasser unter dem Kiel vor, als es in der Karte eingetragen ist. Ich gewöhne mich daher schnell an die Verhältnisse und finde sie – anders als im Bøgestrøm – auch eindeutiger und einfacher zu segeln.

Diese Passage kann man wirklich genießen. Es fühlt sich etwas skurril an, in Schlangenlinien durch das sichtbar flache Gewässer zu fahren. Bei der Windstille, die ich heute habe, ist es jedenfalls ein einmaliges Erlebnis. Irgendwann spüre ich wieder den Hauch der offenen See, lasse Gedser an Backbord liegen und folge der Betonnung am Fährhafen vorbei in tiefes Wasser. Durch einen riesigen Windpark – ein Fahrwasser hindurch ist durch farblich markierte Pylonen markiert – gelange ich bei einsetzender Dunkelheit glücklich und zufrieden in den Hafen von Rødby.

Guldborgsund, ich komme wieder!

Keine Wirbelstürme, weder Bora noch Mistral, keine Fallwinde in Ankerbuchten. Doch auch die Ostsee hat ihre Tücken, auf die ich jetzt genauer eingehen möchte. Dazu zählen die Berufsschifffahrt, Schießgebiete und das Wetter.

Was dir auf der Ostsee gefährlich werden kann.

Berufsschifffahrt und Verkehrstrennungsgebiete

Es gibt einige vielbefahrene Wege der Berufsschifffahrt auf der Ostsee. Diese sind in den Seekarten verzeichnet, doch weitaus aussagekräftiger finde ich die Anzeigen auf Marine Traffic.

www.marinetraffic.com

Marine Traffic bietet eine hervorragende Übersicht, wie viele Schiffe aktuell auf den Schifffahrtsrouten durch die Ostsee unterwegs sind. Unter dem Tab „Density Maps“ ist die Verkehrsdichte sichtbar.

Die Berufsschifffahrt folgt zum Glück für uns Segler beinahe ausnahmslos den mit Großbuchstaben bezeichneten Fahrwassern. Die einfachste Taktik, um den Lastschiffen nicht zu nahe zu kommen, ist, genug Abstand von diesen Routen zu halten.

Folgt man auf Marine Traffic dem dichtesten Schiffsverkehr mit dem Finger von West nach Ost, sieht man, dass die Schiffe wie an einer Perlenschnur aufgereiht aus dem Nord-Ostsee-Kanal in Kiel kommen, dann nördlich an Fehmarn vorbei und durch die Kadetrinne nördlich von Rostock und weiter gen Osten laufen. An dieser Stelle teilt sich der Strom der Schiffe entweder Richtung Kattegat, nördlich an Bornholm vorbei ins Baltikum und nach Skandinavien oder aber südlich von Bornholm in Richtung Polen. Diese Routen sind sehr stark befahren und folgerichtig an einigen Stellen in Verkehrstrennungsgebiete aufgeteilt.

Verkehrstrennungsgebiete in deutschen Gewässern:

- Adler Grund – nördlich Polen
- North of Rügen – nördlich von Rügen
- South of Gedser – die Kadetrinne nördlich von Rostock
- Off Kiel Lighthouse – vor der Kieler Förde

Verkehrstrennungsgebiete in dänischen Gewässern:

- Bornholmsgat – zwischen Bornholm und Schweden
- Falsteborev – vor dem Øresund
- In the Sound/Entrance to Sound – Ausgang aus dem Øresund
- Great Belt – im Großen Belt

Plus einigen weiteren, neu hinzugekommenen im Kattegat und vor Skagen, um den Verkehr dort zu entzerren. Eine gute Übersicht über die dänischen Verkehrstrennungsgebiete findet man unter www.dma.dk und dort unter „Publikationen zur Navigation in dänischen Gewässern".

Verkehrstrennungsgebiete erstrecken sich häufig über weite Strecken. Das vorgeschriebene Queren im rechten Winkel kann nur vermieden werden, indem man sie schlicht umfährt. Man folgt ihnen am besten in Fahrtrichtung etwas außerhalb und damit in der für uns erlaubten Küstenverkehrszone – aber niemals in der Trennzone! Hineinsegeln, Kreuzen oder das Queren in jedem anderen als einem rechten Winkel sind bei teils hohen Strafen verboten und vor allem wirklich gefährlich.

Sollte sich eine Querung nicht vermeiden lassen (etwa auf dem direkten Weg von Bornholm nach Ystad), dann hat diese ausschließlich im rechten Winkel und so schnell wie möglich zu erfolgen. Besser, man quert diese Routen nicht im Bereich der Verkehrstrennungsgebiete, sondern davor oder danach – auch wenn dies einen Umweg bedeutet. Schon im Interesse der eigenen Sicherheit sollte man sich eher außerhalb parallel zum Verkehrstrennungsgebiet halten und beim Queren so schnell wie möglich sein. Das bedeutet, dass man durchaus seinen Motor zu Hilfe nehmen sollte, wenn man bei wenig Wind unterwegs ist. Auch wenn das Queren im rechten Winkel außerhalb der Verkehrstrennungsgebiete nicht explizit geboten ist, gilt doch, dass die durchgehende Schifffahrt nicht zu behindern ist. Schneller, als einem lieb ist, kann man zum Verkehrshindernis für die Berufsschifffahrt werden.

Aus eigener Erfahrung kann ich sagen, dass man in der Nähe der Hauptrouten der großen und ungeahnt schnellen Pötte immer recht angespannt ist und erst aufatmet, wenn man sie hinter sich hat. Ansonsten hat man mit ihnen auf der Ostsee eigentlich nichts mehr am Hut und teilt sich das Wasser nur mit anderen Seglern, Motorbooten und Fischkuttern.

Meine Tipps für das Queren von Verkehrstrennungsgebieten

Nun lässt sich das Queren der großen Routen zwar hinauszögern, aber eben nicht vermeiden. Ich habe hierfür ein recht gut funktionierendes System entwickelt, nachdem ich anfangs viel Respekt davor hatte und oft unschlüssig und gefährlich zögerlich war.

Im Prinzip basiert meine Taktik auf zwei einfachen Verhaltensweisen:

1. Ich fahre *niemals* vor einem Schiff durch, außer es ist *unzweifelhaft* weit genug entfernt.
2. Ich behalte so lange konsequent meinen Kurs und meine Geschwindigkeit bei, bis ich mir wirklich sicher bin, dass ohne eine Reaktion meinerseits eine gefährliche oder verwirrende Situation entsteht. Dann – und auch erst dann – ändere ich deutlich Kurs und Geschwindigkeit und fahre hinter dem Großschiff durch.

Es ist nicht immer leicht, das Tempo großer Schiffe korrekt einzuschätzen. Mit der Methode einer stehenden Peilung lag ich früher oft daneben. In der Konsequenz liefen die Schiffe, bei denen ich anfangs eine Kollisionsgefahr sah, nicht selten meilenweit vor mir durch. Dafür kamen Schiffe schnell näher, die ich gar nicht auf dem Zettel hatte. Am Ende passte ich ständig Kurs und Tempo an und machte mich und eventuell auch die Brücke des anderen Schiffes verrückt.

Nach ein paar Monaten des Segelns auf der Kieler Förde gewöhnt man sich ein wenig an die Nähe zu den großen Pötten, Fähren und Kreuzfahrern. Letztere sind ja am Ende auch „nur“ 40 Meter breit – eine Entfernung, die man gut in maximal 20 Sekunden bewältigen kann.

Irgendwann wurde mir mein Rumgeeiere dann zu blöd. Seitdem laufe ich so lange weiter, bis mir ein Schiff wirklich nahe genug kommt, um die Situation eindeutig abschätzen zu können. Entweder komme ich dann schon gut und weit vor dem Schiff durch und der Fall hat sich erledigt. Oder ich merke, dass es zu knapp wird, und laufe daher seitlich auf das Schiff zu. So habe ich immer die Kontrolle und kann nicht vor dessen Bug geraten. Und bevor die Crew des Dampfers nervös wird, drehe ich meinen Bug ganz eindeutig zu seinem Heck oder sogar noch ein Stückchen darüber hinaus. Damit signalisiere ich der Brücke klar meine Absicht, und zwar bevor ich in seinem toten Winkel verschwinde. Schließlich passiere ich mit etwas Abstand das Schraubenwasser des Schiffes und bin vorbei.

In der Tat habe ich mir seitdem auch angewöhnt, in Alltagssituationen mit dem Auto, Fahrrad oder zu Fuß rechtzeitig und eindeutig die Initiative zu ergreifen und deutlich zu machen, was ich vorhabe, bevor man einander über den Haufen fährt oder rennt.

Seit 2018 habe ich AIS an Bord und kann sehen, wie nahe mir welches Schiff kommen wird. Es ist eine große Hilfe bei der Einschätzung einer Situation. Erst wenn der CPA – der Closest Point of Approach – mit weniger als 2 Kabellängen angegeben wird, mache ich mir Gedanken. Ein paar Grad Kurskorrektur oder ein wenig die Segel vertrimmen, um etwas Fahrt zu verlieren, reichen meist völlig aus, um klare Verhältnisse zu schaffen.

Die Kieler Förde (ähnlich auch in Travemünde oder Rostock) ist ein Sonderfall. Auf dem Weg zum Nord-Ostsee-Kanal – einem der meistbefahrenen Seewege der Erde – bleibt einem häufig gar nichts anderes übrig, als der Berufsschifffahrt sehr nahe zu kommen, denn das Fahrwasser ist wirklich sehr eng. Man sollte sich daher als Segler angewöhnen, am Rande des Fahrwassers unterwegs zu sein oder eventuell sogar ein paar Meter auf der anderen Seite der Tonnen, dabei aber selbstverständlich ein Auge auf den Tiefenmesser haben. In der Kieler Förde habe ich zumindest für LA MERs 1,60 Meter Tiefgang ausreichend Wasser unter dem Kiel. Auf dem Weg in die Kieler Förde und nach Kiel hinein bleibt man dann besser erst einmal auf der Steuerbordseite des Fahrwassers und kreuzt es erst bei oder nach dem Leuchtturm Friedrichsort. Hier ist das Fahrwasser schmaler und in der Ansteuerung der Schleusen des Nord-Ostsee-Kanals werden die großen Schiffe auch viel langsamer.

Es gilt: Immer hinter dem Heck vorbei! Die Crew oben auf der Brücke hat so viel zu beachten, dass es an Selbstmord grenzt, den großen Schiffen in die Quere zu kommen. Trotzdem hört man in der Saison immer wieder das Tuten der großen Schiffshörner und ich bilde mir ein, manchmal auch die Crews von den Brücken fluchen zu hören, wenn wieder ein Segler vor dem Bug eines Dampfers kreuzt.

Schieß-, Sperr- und Warngebiete – und was sie bedeuten

Sperrgebiete sind mit rot-gelben Tonnen mit der Aufschrift „Sperrgebiet“ gekennzeichnet. Hierbei handelt es sich in deutschen Gewässern um militärische Übungsgebiete, Messstationen oder Munitionslager unter Wasser.

Warngebiete dürfen immer dann durchfahren werden, wenn sie nicht gesperrt sind. Schießgebiete gehören dabei zu den Warngebieten, da sie nicht immer aktiv sind.

Wer eine Übersicht der Regeln und Koordinaten (Anlage 1) für die Gebiete an den schleswig-holsteinischen Küsten sucht, kann sich diese bei www.elwis.de. unter dem Stichwort „Schifffahrtsrecht/SperrWarngebV“ herunterladen.

Eine Übersichtskarte für die gesamte deutsche Ostseeküste, in der zwei weitere Sperrgebiete vor Wismar und Rostock vermerkt sind, gibt es wiederum bei www.bsh.de unter dem Stichwort „Ostsee Nutzungen und Schutzgebiete“.

Mit den nachfolgenden beiden QR-Codes gelangt ihr direkt zur Fundstelle im Netz.

www.elwis.de www.bsh.de

Wichtig! Ich kann keine verbindlichen Auskünfte über die genauen Regeln in diesen Gebieten geben (das können die offiziellen Internetseiten), jedoch möchte ich an dieser Stelle über meine persönlichen Erfahrungen berichten und darüber, wie ich mich an Bord verhalte.

Sperrgebiete sind tabu!

Sie sind bekannt und deutlich in den Seekarten vermerkt. Gerade im Sommer werden im Sperrgebiet Schönhagen vor Damp beinahe stündlich Boote per Funk angerufen und dazu aufgefordert, schnellstens zu verschwinden. Meist bleibt diese Aufforderung ohne Antwort, da Kanal 16 offenbar nicht mitgehört wird. Ich vermute, dass es häufig am Ende nicht ohne Strafe ausgeht, wenn diese Yachten abgefangen und aus dem Gebiet geleitet werden müssen. Meists sind im Sperrgebiet ein bis zwei Kriegsschiffe unterwegs, was ein aufmerksamer Skipper bemerken würde.

Allerdings ist mir das Gleiche einmal in Schweden passiert. In der großen Zoomstufe in Navionics und in meiner Seekarte war ein neues Sperrgebiet nicht markiert und über UKW hörte ich gerade den Wetterbericht von DP07 auf einem Arbeitskanal. Als mich ein Hubschrauber überflog, wurde ich aufmerksam, zoomte in die Karte ein, sah die Tonnen und machte mich sehr zügig aus dem Staub.

Die Warngebiete in der Eckernförder Bucht dienen dem Torpedoschießen. Die Signale am Uferturm sind einlaufend schwer bis fast unmöglich zu erkennen. Meiner Erfahrung nach wird an dieser Stelle nicht ohne Sicherungsboote geschossen. Sind davon im Verlauf der gelben Tonnen keine zu sehen, fahre ich bei Bedarf hinein.

Die deutschen Schießgebiete (plus Polen) inklusive der Schießzeiten findet man bei www.bsh.de unter den Nautischen Informationen und dem Stichwort „Schiessgebiete“:

www.bsh.de

Noch übersichtlicher veröffentlicht diese der mitten im Schießgebiet liegende Yacht-Club Lippe unter dem Stichwort „Schiesszeiten“:

www.ycl-o.de/index.php/schiesszeiten

Sofern keine Übungen angesetzt sind, fahre ich ohne weitere Maßnahmen durch ein Schießgebiet. Sollten Übungen angesetzt sein, werden diese auf UKW-Kanal 11 mitgeteilt (nach Ankündigung auf Kanal 16). Man kann über Kanal 11 Rückfragen stellen. Ich bevorzuge den telefonischen Kontakt unter der Nummer 04385 / 59 – 1313, die ich *immer* anrufe, sobald Schießbetrieb angekündigt ist.

Am Telefon erhalte ich häufig individuellere Auskünfte als über Funk. Nicht immer ist das gesamte Gebiet gesperrt, und oft nicht über den zunächst genannten Zeitraum. Die Beratung ist hilfreich und ich erhielt Auskünfte wie: „Wenn Sie bis 13:00 Uhr die Tonne Papa 5 passiert haben, müssen Sie nicht ganz außenherum“, oder: „Es reicht, wenn Sie sich außerhalb von Tonne Tango 9 halten. Hotel 1-3 müssen Sie nicht beachten.“ Diese klaren Auskünfte sind Gold wert, wenn man unterwegs ist.

Schießgebiete in Dänemark und Schweden

Informationen zu den dänischen Schießgebieten:

http://nautiskinformation.soefartsstyrelsen.dk

Die Informationen finden sich mit allen nötigen Kontaktdaten unter den Stichworten „Downloads“ sowie „Firing Practice Areas at Sea 2021“.

Informationen zu den schwedischen Schießgebieten finden sich wiederum unter:

www.forsvarsmakten.se/en/

Leider sind die Informationen nur auf Schwedisch erhältlich, aber ergänzt durch verständliche Karten, Sperrzeiten und bei Bedarf Telefonnummern. In Südschweden gibt es einige Schießgebiete. Man sollte sich vorher informieren, bevor es an die Törnplanung geht. Ein Alltagstipp: Hafenmeister in der Region wissen Bescheid.

Fischernetze

In der westlichen Ostsee nicht so sehr ein Problem, können Fischernetze einen in den Boddengewässern rund um Rügen und vor allem in Dänemark in den Wahnsinn treiben. Ich meine nicht die hinter Booten hergezogenen Netze. Diesen und den dazugehörigen Fischerbooten gehe ich schlicht aus dem Weg. Es ist zwar nicht immer leicht, den Kurs oder die Absicht eines Kutters zu verstehen, und manchmal denkt man bei einer erneuten Kursänderung eines Fischers, er wolle einen ärgern, aber die Fischer machen einfach ihren Job und mir macht eine Meile Umweg nicht viel aus. Ihre Netze können einem an Bord allerdings Kopfzerbrechen bereiten. Wie erkennt man sie? In Deutschland gilt:

- Rote Flaggen kennzeichnen Netze.
- Schwarze Flaggen kennzeichnen Reusen und Hakenschnüre.
- Doppelflaggen stehen am Anfang und Ende einer sogenannten „Schicht“.

Wenn diese Schicht länger als 1.200 Meter ist, muss mindestens alle 600 Meter eine Einzelflagge gesetzt werden.

Bei hochstehenden Netzen (zum Beispiel Heringsnetzen) müssen die Netze durch Schwimmkörper in ihrem Verlauf erkennbar sein.

In Dänemark ist es ähnlich, nur dass die Flaggen alle Farben außer der Farbe Weiß haben können und nicht zwischen Netzen, Reusen und Hakenleinen unterschieden wird. Außerdem sind in Dänemark Lichtreflektionsbänder vorgeschrieben (ein Handstrahler gehört an Bord).

Stellnetze sind weitaus gefährlicher. Sie ragen teilweise von der Küste weit ins Meer hinein und sind fest verankert. Die Mindestanforderung für eine Kennzeichnung ist ein Ball oder ein runder Schwimmkörper. Häufig ist das Netz im Verlauf mit weiteren Flaggen oder Spieren gekennzeichnet. Soweit die Theorie. In der Praxis wird das von den Fischern leider alles etwas lockerer gehandhabt.

Ich habe mir daher Folgendes angewöhnt: Treffe ich mitten auf der Ostsee auf ein paar rote oder schwarze Flaggen, versuche ich, einen Verlauf und vor allem einen Anfang oder ein Ende zu erkennen. Zur Sicherheit fahre ich dann einfach außen herum. Man kann auch über Netze hinwegfahren, denn diese hängen an langen Stangen und damit unterhalb des geringen Tiefgangs meines Bootes. Trotzdem mache ich das selten – und wenn, dann nur mit ausgekuppeltem Propeller. Niemand möchte seinen Propeller in einem Fischernetz verhaken. Hängengeblieben bin ich noch nie. Nachts ist es allerdings beinahe unmöglich, die Fähnchen rechtzeitig zu erkennen und entsprechend zu reagieren.

Man sieht diese Netze sogar recht häufig vor Hafeneinfahrten. Bei den geringen Wassertiefen ist eine Überfahrt in so einem Fall nicht mehr möglich. Das Hauptfahrwasser wird kein vernünftiger Fischer zustellen, daher gilt es, dieses mit ausreichend Abstand zur Küste rechtzeitig zu identifizieren und ihm genauestens zu folgen oder sich an den anderen (Segel-) Booten zu orientieren.

Dicht unter Land quer bis zur Hafeneinfahrt zu fahren, ist nie eine gute Idee – vor allem in Dänemark, dem Land der Stellnetze, die vom Ufer bis weit ins Wasser hineinragen. Stellnetze kann man nicht überfahren. Man wird zwangsläufig als überdimensionaler Beifang darin hängen bleiben und mehr oder weniger große Schäden an Boot und Netzen verursachen. Daher ist es entscheidend, ausreichend Abstand zur Küste zu halten, bis die Einfahrt und der Weg in den Hafen deutlich zu erkennen sind. Nachts sollte man immer wieder mit einem starken Strahler vorausleuchten. Es heißt von manchen Seglern, dass in den Boddengewässern die Markierungen noch laxer gehandhabt werden. Also vorab noch einmal genaue Infos vor Ort einholen und generell Vorsicht bei Nachttörns in Gewässern mit viel Fischerei!

Wetter

Die Ostsee kann sehr ungemütlich werden. Alle Informationen hierzu liefern der Kieler Meteorologe und Segler Sebastian Wache im nächsten Kapitel zu Stürmen in der Ostsee und die Erlebnisse der beiden Weltumsegler Lin & Larry Pardey direkt im Anschluss.

Seenebel

Auf eine Besonderheit möchte ich dennoch vorab eingehen: Seenebel. Die Törnplanung für den nächsten Tag ist gemacht. Dann wacht man auf und es herrscht dichter Nebel. Das kann auf der Ostsee immer wieder einmal passieren. Ein Indikator dafür ist die Vorhersage „umlaufende Winde“ oder generell

Windstärken unter 2 Beaufort, vor allem im Frühling oder Herbst. Was tun?

Wenn für später am Tag Wind angesagt ist, kann man in Ruhe und gerne etwas länger frühstücken. Im Laufe des Vormittages verweht der Nebel meist. Oder man kann schon einmal vorsichtig losfahren, die Navigationslichter setzen, Schallsignale geben und auf die anderen hören und dabei immer konzentriert Ausguck gehen.

Meiner Erfahrung nach sieht man andere Sportboote zwar relativ spät, aber doch immer noch früh genug, um eine Kollision zu vermeiden. Nie aber (zumindest nicht ohne eingeschaltetem AIS und Radar) würde ich die Wege der Berufsschifffahrt unter derartigen Bedingungen kreuzen.

Mein Freund Mike wurde einmal mitten auf dem 6 Seemeilen breiten Schifffahrtsweg vor Bornholm (siehe das Kapitel „Schweden“) vom Nebel überrascht und nennt es noch heute eines der angsteinflößendsten Erlebnisse auf See, die er je hatte. Wird man vom Nebel mitten auf einem stark befahrenen Seeweg überrascht, kann man nur noch mit Vollgas den kürzesten Weg aus der Zone nehmen und beten. Aktives AIS und Radarreflektor mögen eine gute Hilfe sein, aber das Risiko bleibt unverhältnismäßig hoch. Generell ist es daher bei Nebel sicherer, in flache Küstengewässer zu laufen, da einem dort kein Berufsschiff zu nahe kommen wird.

Untiefen

Mehr dazu gab es bereits im vorangegangenen Kapitel „Törns ohne Tiefgang“ zu lesen. Blättert einfach ein paar Seiten zurück.

Noch einmal das Wetter: Wie Stürme in Ost- und Nordsee entstehen und wie man sie als Segler einschätzt.

Sebastian Wache: Von Tiefs und Stürmen.

Unser europäisches Wetter wird in erster Linie weniger durch Hochs und Tiefs bestimmt, sondern vor allem durch deren Lage zueinander. So unterscheidet man zwischen einer zonalen Zirkulationsform, einer meridionalen und einer gemischten Form.

Bei der zonalen Form bildet sich eine meist westliche Strömung aus, der Wind weht also von West nach Ost, es ist die vorherrschende Windrichtung in unseren Breiten. Seltener sind auch Ost-West-Strömungen, gebildet durch ein stabiles Hochdruckgebiet über Skandinavien ein bis zweimal im Jahr.

Bei der meridionalen Zirkulationsform stellt sich eine eher Nord-Süd oder Süd-Nord ausgerichtete Windströmung ein. Die gemischte Form stellt dabei Zwischenformen dar mit den Nordwest- und Südwestlagen sowie Hochdruckbrücken (Verbindung zweier Hochs) oder auch einem Tief direkt über Mitteleuropa.

Tiefdruckgebiete

Wenn man das Jahr betrachtet, sind Frühjahr und Herbst relevant für Sturmereignisse. Also die Übergangsjahreszeiten, bei denen kalte Luftmassen aus den Polarregionen und warme aus den Subtropen in der Atmosphäre um die Vorherrschaft kämpfen. Hierbei können sich durch die teils stark ausgeprägten Temperaturgegensätze Tiefs/Zyklonen bilden, die nicht nur Sturm-, sondern auch Orkanstärke erreichen können.

Wenn sich eine dieser Wetterlagen eingestellt hat, bleiben sie nicht selten gleich für einige Wochen bestimmend. Dann reiht sich ein Tiefdruckgebiet ans nächste, wie an einer Perlenschnur. Hochs können sich meist nur kurz mal dazwischenschieben und für etwas Ruhe sorgen.

Bei einem typischen Tiefdruckdurchzug auf den Breiten der Nord- und Ostsee erleben wir zunächst einen eher südlichen Wind, der mit der Warmfront und dem dahinterliegenden Warmluftsektor etwas rechts auf Südwest dreht. Nach dem Durchzug der Warmfront folgt eine Zufuhr warmer Luft. Die Unterschiede der Luftmassen davor und der nun einfließenden Warmluft führen schon mal zu einer Windzunahme, meist aber nicht unbedingt gleich in Sturmstärke.

Wenn eine Kaltfront folgt

Anders sieht es bei einer nachfolgenden Kaltfront aus. Diese kehrt die warme Luft aus und lässt kühlere auf der Rückseite des Tiefs nachfließen. Der Wind dreht mit der Front weiter rechts von Südwest auf Nordwest, oft mit einem urplötzlichen Windsprung von 90 Grad. Um das Böenpotenzial so richtig zu erhöhen und auch Sturm- oder Orkanstärke zu erhalten, sickert gleichzeitig aus der Höhe kalte Luft in Richtung Boden ein. Da diese Luft schwerer ist als warme, fällt sie regelrecht aus großen Höhen hinunter. So können einzelne Böen, die sogenannten Fallböen, kurzzeitig brachial ins Segel drücken. Auch bei einem Rückseitentrog, der nach einer Kaltfront noch einmal hindurchschwenken kann, ist solch ein Sturm-/Orkanpotenzial oftmals möglich.

„Die kurze, steile Ostseewelle"

Die Stärken von Tiefs und Fronten werden vorwiegend durch die Temperaturunterschiede vor und hinter solchen Fronten gesteuert. Neben der Stärke macht den Seglern häufig zu schaffen, dass der Sturm/Orkan und auch der Windsprung, bei dem sich gerne auch Kreuzseen bilden, so plötzlich kommen. Dabei addieren sich Wellenberge und Täler aus unterschiedlichen Richtungen, sodass die signifikante Wellenhöhe, die durch den Wind als Windsee schon rauer ist, schnell mal 1,50 bis 2 Meter höher ausfällt. Aber nicht nur in den Übergangsjahreszeiten, wo noch oder schon wieder viele ihr Boot an Land haben, sollte man sich bei solchen Tiefdruckdurchgängen wappnen.

Auch den Sommer – und damit *die* Segelzeit – sollte man nicht unterschätzen. Wer im Sommer auf einem Boot unterwegs ist, hat sicher schon Erfahrungen mit Sommerstürmen gemacht.

Wie erkenne ich, dass schlechtes Wetter naht?

Ein Vorteil des Sommers ist: Fronten lassen sich bei guten Voraussetzungen schon früh erkennen. Geht man von einem sonnigen Sommertag aus, dann sollte man unbedingt darauf achten, ob sich Cirrusbewölkung (eisige Faserwolken) bildet. Damit zeigt sich zumindest schon mal, ob sich eine Front nähert und der sommerliche Hochdruckeinfluss allmählich nachlässt. Aber: Bei Cirren kann man sich irren!

An einer Cirrusbewölkung lässt sich noch nicht endgültig erkennen, ob es sich um eine Warm- oder die gefährlichere Kaltfront handelt, da beide Fronten gerne ihre höchsten Wolkenformen, nämlich Eiswolken in etwa zwölf Kilometern Höhe, vorausschicken. Erst im weiteren Verlauf sollte man beobachten, ob die etwas tiefer liegenden Wolken, die den Cirren nachfolgen, sich eher in die Höhe aufrichten. Oder ob sie sich in der Fläche ausdehnen. Besonders wenn die Wolken beim Wachsen beginnen, wie Blumenkohl zu quellen, sollte höchste Vorsicht geboten sein.

Aus Quellwolken, die wie Türme in die Höhe reichen (den sogenannten „Altocumulus castellanus“), bilden sich nicht selten die berüchtigten Cumulonimbuswolken mit dem mächtigen Eisschirm am oberen Ende. Diese sind die letzte Form, aus denen neben Fallböen auch Hagelschauer und Gewitter „herausfallen“ können.

So schnell Fronten aufziehen, so schnell sind sie oft durchgezogen. Wobei man aber noch etwas relativieren muss. Denn so schnell ziehen sie meist doch nicht auf. Anhand der Wolkenentwicklung lässt sich erahnen, was bevorsteht. Man kann rechtzeitig Vorkehrungen treffen. Ist die Front erst einmal da, zieht das eigentliche schwere Wetter oft recht rasch auf und durch. In seltenen Fällen bleibt die Front an Ort und Stelle oder bildet gar aus einer Gewitterzelle einen ganzen Cluster aus – ein weitreichendes, sehr intensives Gewitter mit mehreren Zellen.

Windsee

Gewitter und Sichtminderung durch Niederschlag sind die einen Gefahren, aber eben auch der sehr böige Wind und die daraus resultierende Windsee mit Wellenhöhen, die in der Nordsee und auch in der Ostsee rasch 2 bis 3 Meter erreichen können. Natürlich liegen die Wellenhöhen in der Nordsee im Einzelfall weitaus höher, doch hierzu bedarf es ein paar anderer Voraussetzungen, wie die vorherige Windeinwirkung und Windrichtung, sowie die Stärke der Front und besonders auch die Einwirkzeit des Tiefs auf die gesamte Wasserfläche.

Zum besseren Verständnis: Hat man einen waschechten Sturm oder Orkan, der auch ein paar Tage länger anhält, sind in der Ostsee Wellenhöhen von 4 bis 5 Metern möglich. In der Nordsee können es 7 bis 8 Meter sein.

Immer auf die Isobaren achten

Hat man also eine Bodendruckkarte mit Fronten vor sich, sollte man zunächst auf die Tiefs achten. Dann auf viele, dicht gedrängte Isobaren (Linien gleichen Drucks). Und schließlich insbesondere auf Kaltfronten. Diese werden als blaue Linien mit Zacken dargestellt. Befinden sie sich in der Nähe der Törnroute, sollte man unbedingt detailliertere Wetterinformationen einholen.

Was das Barometer verrät

Nach Durchzug einer Kaltfront kehrt nicht unbedingt gleich wieder Ruhe ein und es baut sich auch nicht sofort wieder ein Hoch auf. Was nach einer Kaltfront folgt, lässt sich gut am Barometer ablesen. Beobachtet man den Druckverlauf, dann sollte beim Aufbau eines neuen Hochs natürlich auch der Druck steigen. In vielen Fällen zeigt sich aber stattdessen kaum Veränderung im Druckverhalten, gelegentlich auch nochmals ein Druckabfall. Dann gilt allerhöchste Vorsicht, denn es folgt ein sogenannter Rückseitentrog, der giftiger sein kann, als es die Kaltfront war. Ein solcher Trog liegt häufig in der Verlängerung der eigentlichen Frontenlinien auf der Rückseite des Tiefs. Der eigentliche Windreher auf Nordwest nach einer Kaltfront bleibt ebenfalls aus, was ein weiteres Zeichen für einen herannahenden Trog ist. An dieser Trogachse fließt erneut kalte Höhenluft ein, die teils unterwandert wird von milderer Luft, die wiederum auf der Vorderseite des Tiefs mit der Warmfront einmal um das Tief herum geholt wurde. Somit ergeben sich eine nochmals intensivere Lage mit Sturm- oder auch Orkanpotenzial.

Leider wird diese Lage in der Literatur selten erwähnt, wenn es um Tiefs geht. Auch findet man sie kaum in Wetterkarten eingezeichnet. Als verheerendes Beispiel sei das Tief Kyrill 2007 erwähnt. Erst sein Rückseiten-Trog brachte die Verwüstung in Deutschland mit sich, nachdem die Kaltfront recht unspektakulär über unsere Köpfe hinweggezogen war.

Wenn der Himmel aufklart, muss das übrigens nicht automatisch gutes Wetter bedeuten. Allzu oft wähnt man sich in Sicherheit, wenn nach einer Kaltfront der Himmel rasch aufklart. Doch solche Frontendurchgänge heben die Luftmassen rasch an. Nach oben getriebene Luft muss, physikalischen Gesetzen folgend, irgendwann wieder absinken. Dies geschieht direkt hinter den Fronten. Dabei erwärmt sich die Luft leicht, die Wolken können sich auflösen. Ist es dann schnell sonnig und gleich windärmer, sollte man unbedingt den Druckverlauf und die Windrichtung beachten, denn dann könnte das eigentliche Schlechtwetter, das ein Trog bringt, erst folgen.

Dass ihnen auf ihrer zweifachen Weltumsegelung ausgerechnet die Ostsee beinahe zum Verhängnis geworden wäre, damit hatten die beiden Ausnahmesegler Lin & Larry Parday nicht gerechnet. Hier ist ihr Bericht.

Lin & Larry Pardey: Quergeschlagen in der Ostsee

Die Äquinoktialstürme, denen unsere Segelfreunde aus Schweden, Finnland und Polen in der Ostsee begegnet waren, erwiesen sich nicht als Seemannsgarn. Am Morgen des 18. September, nachdem wir im Bornholmer Ronne-Hafen angelegt hatten, wehte ein Oststurm. SERAFFYN lag gemütlich in der Ecke des Fischereihafens, umgeben von fast hundert dänischen Fischdampfern, der Wind stöhnte durch den Mastenwald um uns herum, Regen prasselte wie aus Eimern herab. Fünf Tage lang wehte der Wind in Sturmstärke mit Böen bis zu 70 Knoten.

Jeden Tag kamen die Fischer, denen die Boote um uns herum gehörten, von ihren Häusern aus der Stadt herunter, um ihre Festmacher zu überprüfen, ihre Motoren zu starten und mit Freunden Neuigkeiten auszutauschen. Der eine oder andere übersetzte uns den neuesten Wetterbericht. Am sechsten Tag klarte der Himmel auf. Der Wind schien abzunehmen, als wir am frühen Morgen unseren Niedergang öffneten. Gegen 10:00 Uhr war der Wind merklich abgeflaut, der Eigner einer kleinen Stahlyacht, die in unserer Nähe festgemacht hatte, rief: „Kommt und hört den Wetterbericht an!" Er übersetzte für uns, was der deutsche Sprecher sagte: „Wind aus östlicher Richtung, Stärke 6 bis 7, abnehmend auf 4 oder 5."

Wenig später manövrierten hundert Fischerboote eins nach dem anderen aus dem Innenhafen. Gegen Mittag waren nur noch ein Trawler, die Stahlyacht, und SERAFFYN am Südende des zuvor überfüllten Hafens übrig. „Ich bin mir nicht sicher, ob ich rausgehen würde", sagte ich und klopfte auf das Barometer, das mit fast 1015 Millibar hoch stand. Es bewegte sich keinen Deut. Die Flagge auf dem Büro des Hafenmeisters hatte aufgehört zu schlagen und flatterte fröhlich im leicht böigen Ostwind der Stärke 5. Auch Larry schien zu zögern. „Von hier aus ist das Sturmtief in Lee. Da es noch etwa 85 Meilen bis Lindholm sind, könnten wir erst um 14:00 Uhr aufbrechen und sicher sein, am nächsten Morgen bei Tageslicht anzukommen. Lass uns noch drei oder vier Stunden warten. Sobald der Wind weiter nachlässt, brechen wir auf."

Während ich zum Mittagessen etwas Eintopf zubereitete, sann ich darüber nach, ob es nicht klug wäre, das Abendessen bereits jetzt fertigzumachen, falls wir wegen des Restschwells vom Sturm draußen auf raue See treffen sollten.

Gegen 12:30 Uhr bereitete sich die Besatzung der Stahlyacht aufs Auslaufen vor. Vier junge Deutsche an Bord der 30-Fuß-Yacht TÜMMLER mussten nach Hause und zu ihren Arbeitsplätzen in Kiel zurückkehren. Wir zögerten immer noch, die Leinen loszuwerfen, obwohl keiner von uns benennen konnte, was uns bedrückte. Um 14:00 Uhr fiel uns keine logische Begründung mehr ein, weiter im Hafen zu bleiben. Es war herrliches Segeln, als wir wie mit Flügeln aus dem Hafen von Ronne liefen. Die See war ruhig, geschützt durch die Landmasse der Insel Bornholm. Die Dunkelheit schien an diesem Abend früher hereinzubrechen, da sich der Himmel bewölkte und der Wind zunahm. Bevor ich unter Deck ging, um mich in meine Koje zu legen, half ich Larry, das Großsegel fallen zu lassen, es einzurollen und den Baum zu sichern.

Der Niedergang war bereits mit einem Steckbrett gesichert, obwohl übers Deck keine Gischt wehte. Wir hatten es uns zur eisernen Regel gemacht: Sobald ein Reff im Großsegel ist, wird das Steckbrett in den Niedergang eingesetzt. Da die Oberkante des ersten Steckbretts höher liegt als unser Deck, kann Wasser, das bei schwerem Wetter ins Cockpit schwappt, nicht so leicht unter Deck gelangen.

Larry legte unsere praktische Niedergangsabdeckung aus Segeltuch über den Rest der Öffnung, weil der immer stärker werdende Wind kalt war. Dann zog er das Segeltuch zur Seite und sagte: „Hey Liebling, willst du nicht heute Nacht in meiner Koje schlafen? Die ist auf der Luvseite, wenn also etwas Gischt an Bord kommt, wird dein Schlafsack nicht nass." Ich war über seinen Vorschlag überrascht, denn ich schlafe bei Wind lieber auf der Leeseite an SERAFFYNS Rumpf geschmiegt, vor allem, wenn es eine unruhige Nacht zu werden verspricht. Aber ich tauschte den Schlafsack und befestigte das Leesegel an seinem Platz. Die Öllampe leuchtete sanft über der Kombüse und schwang fröhlich in ihrer kardanischen Halterung, während wir von den Kämmen der wachsenden Seen herunterrauschten. Ich drehte mich herum, bis ich die Persenning über dem Niedergang kurz anheben konnte. Ich sah Larry hinter dem Auflager des Baums stehen, seine Ellbogen über dem massigen Teakholzklotz, auf dem der Baum jetzt ruhte, während wir nur unter Vorsegel liefen. Unsere ölbetriebene Hecklampe hüpfte neben Larry her, das Licht schimmerte von seinen hohen schwarzen Seestiefeln. Er sah zufrieden aus, und es war ihm warm genug in Windbreaker, Pullover und Jeans. Die Schiffsglocke an Bord schlug viermal, als ich mein Leesegel schloss, mich umdrehte und rasch einschlief.

Kann ein Mensch dieses furchteinflößende Gefühl beschreiben, das ich empfand, als ich halb aus der Koje geworfen wurde? Nur das Leesegel bewahrte mich davor, noch weiter zu fallen. SERAFFYN gab einen gequälten Laut von sich, als sie vom Kamm einer brechenden Welle geschleudert wurde. Das schreckliche Krachen von fliegenden Dosen, Werkzeug, Büchern, Bodenbrettern und Geschirr übertönte das Rauschen des gewaltigen Wasserschwalls, der oben an der Persenning entlangströmte. Wir schienen auf dem Kopf zu stehen – dann wurde ich ebenso heftig zurück in meinen Liegeplatz geschleudert. Ich kämpfte mich durch Schlafsack, Laken und Leesegel heraus, es herrschte undurchdringliche Dunkelheit.

Ich konnte nur schreien: „Larry, Larry!“ – dann traten meine Füße knöcheltief ins Wasser, das vorwärts und rückwärts schwappte, als SERAFFYN wieder Fahrt aufnahm. Ich griff nach einer Taschenlampe, als Larry schrie: „Ich bin oben! Fang an zu pumpen!“ Ich nahm den Hebel der Lenzpumpe, steckte ihn hinein und begann mit dem Auf und Ab. Treibende Bodenbretter schlugen in der Dunkelheit gegen meine Knöchel und machten schmatzende Geräusche, als sie mit den Sofapolstern kollidierten. Ich hatte das Wasser bereits fünf oder sechs Zentimeter tiefer, als Larry rief: „Mach dir keine Sorgen, wenn sich die Bewegung des Bootes ändert." Er steckte seinen klatschnassen Kopf an der Persenning in den Niedergang. „Ich gehe gleich in den Wind, um beizudrehen. Alles ist jetzt wieder gut, Liebling!"

Ich ließ kurz den Strahl der Taschenlampe durch den verwüsteten Salon gleiten, während ich unentwegt weiterpumpte. Alle Bücher aus unserem Navigationsregal lagen in der Spüle der Kombüse, die Gläser beider Öllampen lagen in Scherben auf dem Abtropfbrett. Die meisten Werkzeuge aus dem Schapp unter der Steuerbord-Sitzgruppe lagen nun oben auf der gegenüberliegenden Koje. Hätte ich dort geschlafen, wäre ich von mehr als einem Zentner durch die Luft fliegenden scharfkantigen Metallteilen getroffen worden. Larry setzte das doppelt gereffte Großsegel. SERAFFYNS Bewegung änderte sich, sie krängte stark, als ihr Baum die nächste Böe fing. Dann schoss sie in den Wind, wurde langsamer und stoppte schließlich mit einer Krängung von etwa 15 Grad. Als sie begann, jene angenehme, gefahrlose Lage einzunehmen, wusste ich: Larry war es gelungen, beizudrehen.

Er kam nach unten. „Ich muss schnell eine Öllampe zum Brennen bringen. Wir sind ringsum von Fischerbooten umgeben", sagte er, als er meine Taschenlampe nahm und sich umsah. Dann bemerkte er mein tränenüberströmtes Gesicht. Er zog seine triefende Windjacke aus, legte seine durchnässten Arme um mich und fing an, mich zu schaukeln und flüsterte: „Jetzt ist alles in Ordnung, Baby, wir sind okay."

Ich spürte, wie Larry in seinen nassen Klamotten zitterte. Meine bestrumpften Füße standen noch immer im schwappenden Wasser. „Zieh die nassen Sachen aus", gab ich mich selbstbewusst, während ich versuchte, mich wieder zu fassen. Ich tastete nach einem Papierhandtuch, um meine Tränen zu trocknen, aber der Rollenhalter an der Wand offerierte nur eine Handvoll tropfnasser Papiermasse. Larry übernahm das Kommando. „Schau mal, ob du Gläser für die Öllampen findest. Alle Navigationslampen sind geplatzt, als sie sich mit Wasser füllten.“ Unser Wäscheschrank auf der Steuerbordseite war völlig trocken geblieben, also reichte ich Larry ein frisches Handtuch, zusammen mit neuen Gläsern. Zuerst brachte er eine Kabinenlampe in Gang. Dann pumpte er die Bilge leer. „Was bin ich froh, dass wir die Bilgenpumpe in der Kabine statt im Cockpit montiert haben“, brummte er, während ihm unsere Whale Gusher 10 durch ihr Schlürfen und Gurgeln lautstark beipflichtete.

Später erzählte mir Larry die Version unseres Missgeschicks, wie er sie an Deck erlebt hatte: „Nachdem du schlafen gegangen warst, nahm der Wind bedrohlich zu. Die Seen wuchsen, wahrscheinlich weil wir aus der Landabdeckung Bornholms rauskamen. Seraffyn lief allein unter blankem Klüver zu schnell. Ich habe überlegt, ob ich nicht beidrehen sollte, aber da waren all die Fischer, die zurück in den Schutz der Insel strebten. Ich dachte, es wäre am besten, am letzten von ihnen vorbeizulaufen und gleich danach beizudrehen. Also ließ ich das Vorsegel fallen und stellte den Autopiloten so ein, dass der Wind genau von achtern kam. SERAFFYN lief selbst mit blankem Mast mit etwa 3 Knoten weiter. Die Steuerung hielt sie perfekt auf Kurs. Ich stand auf dem Achterdeck hinter der Baumstütze, hielt mich fest und beobachtete die scharfe kleine Steuerfahne bei ihrer Arbeit. Nur etwas tieffliegende Gischt traf meine Seestiefel. Ich dachte keinen Augenblick daran, meine Schwerwettersachen anzuziehen. Als ich kurz hinter mich nach achtern blickte, sah ich sie. „Oh, oh, die wird mich nass machen!“, sagte ich mir noch. Die Welle brach genau über dem Heck. Das Nächste, woran ich mich erinnere, ist, dass ich völlig unter Wasser war und vom Wasserdruck gegen die Baumstütze gepresst wurde. Junge, hab ich mich an der Stütze festgekrallt; ich wette, du findest noch meine Fingerabdrücke im Teak. Dann war mein Kopf wieder klar. Alles, was ich rundum sah, war weißer Schaum, das Boot lag unter ihm. Ich dachte nur noch daran, dass du da unten gefangen warst, bevor ich sah, wie die Spitze unserer Saling aus dem Schaum wieder nach oben kam. Da wusste ich, dass sie hochkommen würde. Der Mast tauchte aus dem Schaum auf, und Sekunden später schien SERAFFYN sich trockenzuschütteln wie ein Hund. Die Windfahnensteuerung nahm die Arbeit wieder auf, wir liefen wieder vor dem Wind, als wäre nichts passiert. Das Erstaunliche ist, dass die Windfahne selbst zwar mindestens 30 Grad nach Backbord gebogen war, aber immer noch das Boot auf Kurs hielt. Es ging alles so schnell! Ich hätte doch beidrehen und mit der großen Taschenlampe an Deck bleiben sollen. Wenn ich jetzt darüber nachdenke: Die Fischerboote hätten uns sicher gesehen; die müssen ja auch Wache gehen.“

SERAFFYN ritt durch den stetig heulenden Sturm, lag etwa 50 Grad vor dem Wind. Wogen und Wind schienen in den nächsten drei Stunden noch zuzunehmen. Einmal krachte eine See gegen unseren Bug und jagte eine schwere Gischtwolke gegen das Deckshaus, aber es kam kein grünes Wasser an Deck. Heftiger Regen setzte ein, und in der Morgendämmerung ließ der Wind so weit nach, dass wir uns sicher fühlten, auf Halbwindkurs den schwedischen Hafen von Ysted in 14 Meilen Entfernung anzusteuern. In der grauen, regennassen Morgendämmerung konnten wir endlich den Schaden abschätzen, den wir erlitten hatten.

Unser ganzer Stolz, die 30 Jahre alte, mit Öllampen beleuchtete Kompasssäule aus Kupfer und Messing, war samt dem vier Jahre alten Ritchie-Kompass aus der hölzernen Halterung verschwunden. Die 2,5 Zentimeter dicke Bronzerohr-Relingstütze, an der wir das Blatt unseres 4 Meter langen Dinghi-Ruders befestigt hatten, war um fast 45 Grad verbogen. Das Beiboot, das fest an den Einbaustücken auf der Kabinenoberseite befestigt gewesen war, war gelockert. Und bei näherer Betrachtung stellte sich heraus, dass eine der bronzenen Klammern, welche die Halterungen an der Kabinenoberseite hielten, wie eine Brezel verbogen und die 14er Schrauben aus dem Eichenrahmen der Kabinenoberseite gerissen waren. Die Innenschale der Kajütdecke war durch die Kraft, die das Beiboot ausgeübt hatte, gebrochen. Im Bootsinneren war der Schaden dennoch minimal: Lackschäden durch fliegende Werkzeuge. Zerbrochene Flaschen. Jede Menge nasser Kleidung und fünf Öllampen-Gläser in Scherben. Wir waren froh, keinen Motor an Bord zu haben. Ausgelaufenes Öl oder Treibstoff aus den Tanks hätten alles weit schlimmer gemacht. Da unsere einzige elektrische Ausrüstung an Bord das tragbare Funkgerät war, das sich auf der Luvseite befand, blieb dieses völlig trocken. Wir konnten trotz der riesigen Wassermenge, die an Bord gekommen war, alle Systeme in kurzer Zeit wieder in Betrieb nehmen. Jeder kleine Schaden, sowohl im Inneren als auch an Deck, betraf die Backbordseite des Bootes – die Seite, auf der SERAFFYN im Wellental aufgeschlagen war.

Wir steuerten mit Handpeilkompass weiter. Ysted tauchte um 10:00 Uhr vor uns auf, obwohl die Sicht durch den Starkregen miserabel war. Ein Reporter der Lokalzeitung wartete auf uns. „Wissen Sie, ein 400 Tonnen schweres Küstenschiff ist gestern Abend nur 17 Meilen entfernt gesunken“, erzählte er uns. Dann fuhr er uns zum Haupthafen, um die geschundene Besatzung eines 200-Tonnen-Küstenschiffs zu treffen, die begonnen hatte, eine Ladung zerborstener Dachziegel zu löschen, um die 17-Grad-Schlagseite zu beseitigen, die ihr Schiff erlitten hatte, als es in der Nacht fast kenterte und dabei den größten

Teil seiner Decksladung verlor. Nur mithilfe einer riesigen Autofähre, die ihr Mayday aufgefangen hatte, war das Schiff in den Hafen zurückgekehrt.

Wir fragten nach der deutschen 30-Fuß-Yacht, die Ronne eine Stunde vor uns verlassen hatte. Doch bis heute wissen wir nicht, was mit TÜMMLER und ihrer vierköpfigen Crew passiert ist. „Ihr solltet es besser wissen, dass man bei Äquinoktialstürmen nicht rausgeht", kommentierte der Reporter und wiederholte die Warnung, die wir von Dutzenden von Ostseeseglern erhalten hatten. Wir hatten sie alle ignoriert. Und hatten den Preis dafür bezahlt.

Lin & Larry Pardey segelten mit ihren beiden selbstgebauten, kleinsten Booten (24 und 28 Fuß) zweimal um die Welt – einmal mit und einmal entgegen der vorherrschenden Windrichtung. In rund 30 gemeinsamen Jahren auf See entwickelten sie das Manöver des Beidrehens und anschließenden Beiliegens zur Perfektion und verhalfen Tausenden Seglern in Vorträgen und mit ihren Büchern zu mehr Sicherheit auf See. Ihr „Handbuch Sturmtaktik", aus dem dieses Kapitel entnommen ist, ist im Verlag millemari. erschienen. Mehr dazu unter: www.millemari.de.

10 Ostseegerichte, die du bei jedem Wetter essen kannst.

Deutschland

Fischbrötchen
Aalrauchmatjes
Dorsch in Senfsauce
Labskaus (Kartoffeln mit Rindfleisch und roter Beete beschreibt es nur unzureichend)
Schnüsch (Gemüseeintopf)
Darßer Hanfsuppe (mit Samen von Nutzhanf)

Dänemark

Hot Dog
Softeis mit Krokant

Schweden

Kanelbulle (Zimtschnecken)
Strömling mit Preiselbeeren

Die Ostsee als Charterdestination:
Routen, Touren und Tipps
von Ümit Uzun – CHARTERBAR Yachting.

Ümit Uzun:
Chartern auf der Ostsee.

Der typische Ostsee-Charterkunde weiß entweder bereits genau, was zu erwarten ist, oder aber Skipper und Crew wissen lediglich, dass dieses Revier einfach anders als die übrigen Reviere ist. Mehr aber auch nicht. Was also erwartet einen, wenn man auf der Ostsee unterwegs sein will? Wie gelangt man an ein Boot? Und vor allem: Kann ich mir dieses Revier zutrauen?

Die Ostsee ist ein Revier, welches ohne mediterrane Küche oder palmenbewachsene Strände auskommt und dennoch die Leidenschaft des Segelns befriedigt. Wenn wir von der Ostsee als Segelrevier sprechen, dann finden sich hier hunderte Häfen und Marinas. Die Baltische See grenzt nicht nur an Deutschland, sondern ist auch von Polen, Litauen, Lettland, Estland, Dänemark, Schweden, Finnland und Russland aus zu besegeln. In all diesen Ländern hat sich der Chartertourismus als Urlaubsform in den letzten Jahren etabliert und jedes dieser Reviere besticht durch seine einzigartigen Charakterzüge, die einem Törn seine Individualität verleihen. Für eine Yachtcharter-Agentur liegt die Herausforderung darin, als erster Ansprechpartner bei der Planung behilflich zu sein und für jeden Kunden das passende Schiff bei vertrauensvollen Vercharterern herauszufiltern.

Warum sollte ich ausgerechnet an der Ostsee chartern?

Eines der Hauptargumente, das für eine Charter im Norden Deutschlands spricht, ist die gute Erreichbarkeit. Während der ersten Coronawelle im Jahr 2020 verzeichneten die Charterbetriebe deutlich größeres Interesse an ihrem Angebot als in den Jahren zuvor. Reise- und Flugbeschränkungen und die daraus folgende Planungsunsicherheit für zukünftige Urlaube ließen immer mehr Chartersegler das Revier vor ihrer Haustüre für sich entdecken. Eine regelrechte Buchungswelle überschwemmte die Flottenbetreiber an der deutschen Ostseeküste, während die Destinationen in Übersee an Nachfrage verloren.

Davon abgesehen, liegen die Vorteile einer schnell und flexibel zu erreichenden Charterbasis natürlich auf der Hand. Wenn das Wetter passt und man kurzfristig Urlaub machen kann, muss nur noch der Seesack gepackt werden und die Crew kann mit dem Auto bis zur Marina fahren.

Wo chartern?

Beschränkt man sich nur auf die deutschen Ausgangshäfen für Charterkunden, stehen für Interessierte Schiffe in so unterschiedlichen Regionen wie Breege auf der Insel Rügen, in Rostock/Warnemünde, Flensburg, Heiligenhafen, Fehmarn, Swinemünde und Greifswald sowie ab Usedom zur Verfügung.

So ist der schöne Yachthafen Burgtiefe auf Fehmarn mit dem Auto über die Fehmarnsundbrücke erreichbar. Von hier aus erstreckt sich ein facettenreiches Segelgebiet, welches dem Segler neben der deutschen Küste auch die Möglichkeit eröffnet, den Törn nach Dänemark oder gar bis Polen auszuweiten. Während man für eine länderübergreifende Route mehr als eine Woche einplanen sollte, hält die Ostsee von ihren einzelnen Stützpunkten zahlreiche Möglichkeiten für einen Siebentagetörn bereit. Aber auch für Abenteurer bietet das Revier Routen, welche die Crew zum Beispiel in 14 Tagen an den Küsten dreier Länder entlangführt – bei durchschnittlich 25 Seemeilen täglich. Eine der möglichen Routen findet sich im Kapitel „Heldentour durch drei Nationen“.

Welche Jahreszeit für einen Chartertörn?

Auch wenn es oft heißt, dass das Segeln auf der Ostsee ruppig und stürmisch sei, so beschränken sich solche Bedingungen doch eher auf die Vor- und Nebensaison, in der es öfter mal regnen kann. In den Sommermonaten darf man aber grundsätzlich mit moderaten und angenehmen Segelbedingungen rechnen. Die Fähigkeit, die Tidentabelle lesen zu können, sowie eine sorgfältige Kartennavigation sind nicht nur auf der Ostsee Voraussetzung für einen entspannten Törn.

Was brauche ich, um zu chartern?

Ein paar Dinge sollte man für eine Yachtcharter in Deutschland beachten. Neben dem Nachweis einer gültigen Fahrerlaubnis (zum Beispiel Sportbootführerschein See für einen deutschen Skipper), werden ein Funkzeugnis sowie der sogenannte „Pyroschein" verlangt. Letzterer ist aufgrund der an Bord befindlichen Leuchtraketen vonnöten. Wer diesen nicht vorweisen kann, hat bei fast allen Vercharterern die Möglichkeit, sich vor Ort einer intensiven Unterweisung zu unterziehen, die gegen ein Entgelt von 10 bis 20 Euro durchgeführt wird und den Kunden somit rechtlich zur Charter befähigt.

Und was ist mit dem Funkzeugnis, wenn es nicht vorliegt? Die Lösung ist pragmatisch: Da in Deutschland jeder, der ein mit Funk ausgerüstetes Schiff führt, auch im Besitz eines entsprechenden Funkzeugnisses sein muss, wird Kunden, die keinen Schein besitzen, ein Schiff angeboten, das kein Funkgerät an Bord führt. Hat das Schiff keinen Funk, so ist der Skipper auch nicht verpflichtet, einen Funkschein zu besitzen. Meist beschränkt sich dieses Angebot allerdings auf Yachten bis etwa 40 Fuß.

Ist das Segeln auf der Ostsee schwierig?

Während die flexible Anreise und die geographische Nähe für einen Chartertörn an der Ostsee sprechen, gibt es auch Gebiete, die ein angeblich hohes Können abverlangen. Dazu gehören die schwedischen Schären. Vor allem, was die Navigation innerhalb der Schären betrifft, stellt sich so mancher Chartersegler die Frage, ob die Herausforderungen dieses Segelgebiets überhaupt zu meistern sind.

Thomas Hallarås von Yachtcharter Göteborg sagte einmal zu mir: „Ich verstehe nicht, weshalb die Kunden so viel Wert auf den Tiefenmesser legen. Der ist in den Schären total überflüssig. Die Untiefen steigen keineswegs langsam an. Sie sind von jetzt auf gleich einfach da. In so kurzer Zeit kann man das Schiff nicht anhalten. Man muss auf der Karte im Vorfeld kontrollieren, wo man sich befindet, und einfach nur der klaren Betonnung folgen, dann kann man seinen Törn genießen. Außerdem: Den meisten Kunden gefällt es, wenn sie endlich ihre Kenntnisse anwenden dürfen."

Aber natürlich ist das GPS wichtig. Teilweise gibt es in den Schären weite, offene Wasserflächen, auf denen die nächsten Seezeichen oft erst mehrere Seemeilen entfernt liegen. Wer sich an die gute Betonnung hält, findet aber immer den „sicheren Weg".

Ein Törn in den schwedischen Schären überwältigt durch die ländliche Idylle im Inneren und die glatten Klippen mit weitem Horizont im Äußeren der Schärengärten. Man macht in der Regel mit Heckboje oder in Boxen fest oder aber ankert in einer der zahlreichen, gut geschützten Ankerbuchten und Naturhäfen, welche teilweise mit Ankerbojen versehen sind. Häufig ist das Ausbringen einer Landleine ratsam. Geankert wird nach dem Jedermannsrecht – also überall, wo man kein Hindernis oder eine Gefahr für andere darstellt und wo Wind und Wasser günstig dafür sind. Nur auf und vor Privatgrund oder -inseln darf man selbstredend nicht festmachen. Und obwohl in den Schären meist bereits Ringe und andere Befestigungsmöglichkeiten angebracht sind, schaden ein paar Schärennägel im Gepäck sicher nicht.

Kann ich auch in Litauen chartern?

Als Außenseiter in Sachen Yachtcharter könnte man das Revier in Litauen bezeichnen. Ein Törn führt vor allem hinter den knapp 30 Seemeilen langen litauischen Teil der Kurischen Nehrung. Hier hat man ein einmaliges Naturerlebnis: Seichtes Wasser, Dünenlandschaften und alte Fischerdörfer sind bezeichnend für dieses geschützte und moderate Revier, das durch seine Ursprünglichkeit besticht. Wer beim nächsten Seglerstammtisch mit seinen Erlebnissen im Mittelpunkt stehen möchte, dem wird mit einem Erfahrungsbericht über einen Törn in Litauen sicher die ungeteilte Aufmerksamkeit derjenigen zuteil, die bereits um die halbe Welt gesegelt sind. Die Ostsee hat am Ende wirklich viel mehr zu bieten, als man auf den ersten Blick annimmt.

5 Tipps für deine Yachtcharter an der Ostsee

1. Wie in jedem anderen Revier ist es wichtig, einen vertrauensvollen Vercharterer zu haben. Bei der Buchung über eine renommierte Charteragentur ist man auf der sicheren Seite und wird objektiv beraten, ohne dafür Mehrausgaben tragen zu müssen. Auf diesen Mehrwert sollte man nicht verzichten.
2. Die Charterbedingungen des Flottenbetreibers sollten in Zeiten der Pandemie entsprechende Covid-19-Bedingungen enthalten, welche die Verfahrensweise im Falle eines coronabedingten Charterausfalls kundenfreundlich regeln.
3. Auch wenn das Revier vor allem in den Sommermonaten mit stabilen Wetterbedingungen punkten kann, sollte man entsprechendes Ölzeug einpacken. Auch ein warmer Pullover und eine Mütze gehören sicherheitshalber immer in den Seesack!

4. Trotz der flexiblen Anreise ist es aufgrund des im Vergleich zum Mittelmeer begrenzten Angebots und der eher kurzen Saison ratsam, seinen Törn nach Möglichkeiten frühzeitig zu fixieren, um das bestmögliche Angebot zu erhalten.
5. Ein zusätzliches Skippertraining hat bei Ostsee-Neulingen schon oft wahre Wunder bewirkt. Wer sich seiner Fähigkeiten nicht sicher ist und eventuell sogar mit einem Törn in der Nebensaison liebäugelt, kann im Vorfeld eines von vielen aktiven Trainingsangeboten in Anspruch nehmen, um auch noch das letzte Stückchen Sicherheit zu erlangen, bevor es aufs Wasser geht.

Ümit Uzun ist in erster Linie Segler. Das darf man wissen, wenn man den Inhaber der Charteragentur CHARTERBAR YACHTING trifft. Mit einem Onlineblog, einem eigenen YouTube-Kanal zum Thema Yachtcharter mit Tipps, Revierinfos, Interviews und mehr sowie jahrelanger Erfahrung im Charterbusiness spricht er Menschen an, die das Meer lieben. Nebenher ist seine eigens installierte Bar auf der Messe BOOT der Anlaufpunkt, um beim besten Kaffee der Messe eine ausführliche Törn- und Charterberatung zu erhalten.

https://www.charterbar-yachting.de

Traditionsschiffe sind nicht nur schön, sondern für die See gemacht. Ob Fischerboot, Schoner oder Plattbodenschiff – einmal im Jahr treffen sich alle: bei der Rumregatta.

Beate Warnecke: Bei der Rumregatta.

Die Liebe zur Ostsee wurde mir schon durch meine Mutter in die Wiege gelegt. Lange konnte ich ihre Sehnsucht als Vertriebene und Danzigerin nicht nachempfinden. Aber ich spürte sie. Bei jedem Besuch am Meer, bei jeder Geschichte, jedem Film über das Meer. Sie war einfach da und hat sich auf mich übertragen. 1989 segelte ich das erste Mal nach Danzig, wanderte auf den Spuren meiner Familie durch die Stadt und die Umgebung. Seitdem war es um mich geschehen. Ich wollte segeln – auf dicken Schiffen, die mich um die ganze Ostsee tragen würden. So habe ich meinen Lebensmittelpunkt von Berlin an die Ostsee nach Lübeck gelegt. Ich entdeckte die Traditionssegler und mit ihnen die Freude an ihrer Geschichte, den traditionellen Segeltechniken, ihrer Pflege und dem Erhalt. Es war nur eine Frage der Zeit, bis ich auf die Rumregatta stoßen würde.

Rum und Rumregatta

Diese nun schon seit etwas mehr als 40 Jahren in der Flensburger Innenförde jährlich am Wochenende nach Himmelfahrt stattfindende Regatta für Traditionssegler ist ein Ereignis der besonderen Art. Man kennt Flensburg als Stadt des Rums, weshalb die Regatta kurzerhand vom Veranstalter, dem Museumshafen Flensburg, als Rumregatta betitelt wurde. Wen wundert es also, dass der Rum bei der Veranstaltung eine große Rolle spielt? Darüber später mehr.

Die Regatta wurde ursprünglich für die noch fahrenden Traditionssegler mit der Absicht ins Leben gerufen, die deutschen und dänischen Schiffe bei einer gemeinsamen Segelveranstaltung vor Ort zu haben und zusammenzubringen. Dies lässt sich gut nachvollziehen, da die Flensburger Förde ja sozusagen ein dänisch-deutsches Revier darstellt. Was vor 40 Jahren klein anfing, ist heute eine der wichtigsten Segelveranstaltungen im Norden Europas mit einem Paket von drei Regatten und einem umfangreichen kulturellen Programm an Land. Die Schiffe kommen aus Polen, Schweden, Deutschland, Dänemark, aber auch aus England und den Niederlanden. Sie segeln über weite Strecken aus den verschiedensten Gebieten der Ost- und Nordsee, um an der Regatta teilzunehmen.

Galeassen, Schoner, Gaffelkutter, Plattbodenschiffe, Zeesboote, Danske Jagten, aber auch die kleinen Lüttfischer, Jugendwanderkutter oder Wikingerschiffe nehmen an dem Spektakel teil. Diese Schiffstypen versetzen einen in ein anderes Zeitalter, als Schnelligkeit auf dem Meer dadurch definiert wurde, wie gut man seine Segel setzte und wie viele man davon hatte. Ihre Form und ihr Charakter sind so unterschiedlich wie ihre Segeleigenschaften und der Zweck, zu dem sie erbaut wurden. Die Regatta vereint all diese Schiffstypen und bringt damit auch die unterschiedlichsten Menschen aus den verschiedenen Ländern der Ostsee zusammen. Im Laufe der Jahre entstanden zwei Zubringerregatten, die inzwischen aus dem Gesamtereignis nicht mehr wegzudenken sind.

Der Elbfischer-Ewer CATARINA

Die Reise beginnt also für fast jedes Schiff an einem anderen Ort. Für mich, die ich schon viele Jahre an der Regatta teilnehme, und das Schiff, auf dem ich derzeit als Crewmitglied segle, ist der Start in Hamburg. Der Elbfischer-Ewer CATARINA, ein mehr als 100 Jahre altes Eichenschiff der Stiftung Hamburg Maritim, wird von den Mitgliedern des Betreibervereins gepflegt und auch gesegelt. Man erkennt CATARINA schnell an ihrem Fischereikennzeichen ALT287 am Bug. ALT steht für den Stadtteil Altenwerder. Das Besondere an CATARINA ist zum einen ihr Alter, zum anderen aber die im Frachtraum verborgene, wasserdurchspülte Bünn – ein Fischkasten, der mit Wasser geflutet ist und in dem die Fische früher bis zum Fischmarkt gehalten wurden, um von dort lebend und frisch verkauft zu werden.

Frisch kalfatert, geölt, gelabsalt und aufgetakelt geht es jedes Jahr wieder gen Rumregatta, meist das erste Ereignis im Jahr, zu dem wir aufbrechen. Es ist immer wieder aufregend. Die Fahrt bis zum Nord-Ostsee-Kanal muss mit der Tide beziehungsweise dem ablaufenden Wasser minutiös choreografiert werden. Vor dem Nord-Ostsee-Kanal müssen wir uns den Anordnungen der Schleusenwärter unterordnen und uns in die Großschifffahrt einordnen. Nach dem Schleusen läuten wir die erste Nacht in Brunsbüttel mit einem entspannten Abendessen ein. Dann ab in die Koje: Alles atmet Holz und Labsal und Teer … es ist unvergleichlich! Mit dem Plätschern des Wassers schlafe ich schnell ein.

Die Fahrt durch den Nordostseekanal bewältigen wir unter Motor. Kein Problem für unseren starken Diesel. Unterwegs ist viel Zeit für die eine oder andere Arbeit an Deck, aber auch für das Genießen der schönen Landschaft zwischen den Meeren. Nach Stunden geht es durch die Schleuse Holtenau in die Ostsee. Die Ostsee, sie hat uns wieder. Oder besser: Wir haben sie! Hier wird das Schiff den Sommer über bleiben.

Doch vorerst geht es weiter auf unserer Tour Richtung Kappeln, wo das Regattageschehen startet. Meine Aufregung und Freude wird mit jeder zurückgelegten Meile größer. Ich werde bekannte und neue Gesichter und Schiffe treffen und ihren Geschichten lauschen. Mit viel Weitsicht werden wir bei der Ankunft im Museumshafen von Kappeln durch die Hafenmeisterin in unser Päckchen eingewiesen. Es startet ein fröhliches Wiedersehen mit den Mitgliedern der Gaffelszene. Unter den Freunden des Gaffelriggs gibt es die unterschiedlichsten Charaktere. Das macht jede Begegnung und das Leben an Bord so reizvoll. Mittlerweile haben sich etwa 40 Schiffe versammelt, der Hafen lockt mit einem Kaltgetränk und Grillgut, begleitet von Lifemusik. Ein schönes Ereignis nimmt seinen Anfang.

Die Nacht ist kurz. Am nächsten Morgen lösen sich die Päckchen auf. Eine Parade aus Traditionsschiffen verlässt den Hafen und passiert die Klappbrücke in Kappeln, um zum Start an die Schleimündung zu schippern. Wie auf einer Perlenschnur reiht sich ein schönes Schiff an das nächste. Ein unglaubliches Bild für die Zuschauer an Land, selbst ich kann mich kaum sattsehen.

Vor Schleimünde liegt die Startlinie zur ersten Regatta, der Heringsregatta, welche vom Kappelner Museumshafenverein ausgerichtet wird. Es wird geschäftig an Bord der Schiffe. Die Segel werden aufgezogen – allein dies ein Vorgang, der stets zahlreiche Crewmitglieder fordert. Vor der Startlinie rangeln die altehrwürdigen Traditionssegler um die beste Startposition, segeln sich aus und nutzen jeden Windhauch, um sich einen Vorteil zu verschaffen. Der Startschuss fällt und los geht es gen Norden an der Ostseeküste entlang. Je nach den vorherrschenden Windverhältnissen verhält sich die See sehr unterschiedlich. Bei auflandigem Wind türmen sich wegen des flachen Wassers die Wellen auf; Grundseen, die sich bei der geringen Wassertiefe aufsteilen, sind keine Seltenheit. Bei ablandigem Wind ist die See wiederum glatt und man kann aus seinem Schiff alles herausholen. Bei diesen Bedingungen kommt schnell der Leuchtturm Kalkgrund in Sicht. Er steht auf einem Sockel mitten im Meer und zeigt uns die Einfahrt in die Flensburger Förde an. Wer von Süden kommt, ist gut beraten, ihn tunlichst an seiner Backbordseite zu lassen!

Sønderborg in Dänemark ist unser zweites Ziel im Regattageschehen, ein kleines beschauliches Städtchen auf der Insel Als mit einem großen Schloss. Claus Aktoprakt beschreibt Als in seinem Kapitel „Rund Als geht immer“. Auch hier finden sich die Schiffe in Päckchen zusammen. Die Flotte hat sich deutlich vergrößert, viele Schiffe aus dem Norden haben sich dazugesellt. Am Abend findet die Preisverleihung statt. Standesgemäß bekommt der Gewinner einen ganzen Hering, die übrigen Teilnehmer erhalten den bedruckten Heringsregattabecher. Nur das Schlusslicht dürfte mit seinem Preis – einer alten Heringsgräte inklusive Kopf, die auf einen Rahmen aufgebracht ist – sicher Probleme haben. Man muss schon etwas härter gesotten sein, den Preis bei den zu erwartenden Ausdünstungen in seinem Schiff aufzuhängen.

Auf der Flensburg-Fjord-Regatta

Nach der morgendlichen Skipperbesprechung geht das Hafengewusel wieder los und die Schiffe verlassen Sønderborg, um zur Startlinie der Flensburg-Fjord-Regatta zu gelangen. Heute sind schon bedeutend mehr Schiffe am Start. Es bietet sich ein wunderbares Bild aus roten, braunen und weißen Segeln und Schiffen aus Holz und Stahl. Man setzt so viele Segel, wie der vorhergesagte Wind erlaubt, denn es kommt auf jeden Quadratmeter Segelfläche an.

Die Innenförde ist noch weit, aber eine Engstelle liegt auf dem Kurs, die man mit möglichst wenigen anderen Schiffen teilen möchte. Gute Kenntnisse der Kollisionsverhütungsregeln sind auf Regatten zwingend notwendig. Die Tonne, an der die Engstelle passiert werden muss, trägt den bedeutsamen Namen „Schwiegermutter“. So geht es weiter nach Flensburg, wo wieder neue Schiffe hinzukommen. Mittlerweile erreicht die Flotte bis zu 100 Regattateilnehmer; in manchen Jahren sind es sogar mehr.

Die Rumregatta wäre nicht die Rumregatta, wenn es nicht zur Begrüßung einer jeden Crew eine Buddel Rum mit dem jährlich neu gestalteten Etikett geben würde. Der Rum spielt später bei der sogenannten „Preisvergeudung“ eine Rolle. Eines sei verraten: Ziel der Regatta ist es nicht, Erster, sondern Zweiter zu werden gemäß dem Slogan „Lieber heil und Zweiter, als kaputt und breiter.“ Also studiert man die Startlisten genauestens, man möchte seine Mitbewerber und deren Schiffe schließlich im Auge behalten.

Im Hafen herrscht reges Treiben mit vielen Buden und Schaulustigen, die zum Teil auch auf den Schiffen anheuern können, um etwas Regattaluft zu schnuppern. Viele haben Open Ship und stehen einem interessierten Publikum für Fragen und Antworten zur Verfügung. Beim Besuch an Bord werden neue Kontakte geknüpft, denn die Traditionsschifffahrt lebt auch von den Spenden und dem Engagement ehrenamtlicher Mitglieder.

Nach der Skipperbesprechung am nächsten Morgen machen sich die Schiffe auf den Weg zum Start, der in der Bucht von Wassersleben liegt – gut gekennzeichnet durch das Motorschiff GESINE und die Tonne 13. Bei rund 100 Schiffen wird die Bucht schnell eng, wodurch bei viel oder auch zu wenig Wind das Manövrieren gleichermaßen schwierig ist.

Nach dem Startschuss möchten alle Schiffe möglichst weit vorne mitfahren, da es für Tonne 12 eine Segelanweisung gibt, diese im Uhrzeigersinn zu umrunden, um dann den Rückweg anzutreten. Hier kommt es oft zu bedrängenden Situationen. Es muss sehr genau entschieden werden, wer denn eigentlich vorfahrtsberechtigt ist. Wegen der nur allzu gut bekannten Schwierigkeiten lautet die Anweisung daher, die Maschine mitlaufen zu lassen, damit notfalls ein Manöver des letzten Augenblicks gefahren werden kann.

Es sind schließlich keine kleinen Jollen. Wenn es kracht, wird es teuer. An dieser Stelle war ich immer froh, nicht als Skipper die Verantwortung zu tragen! Dennoch habe ich auf der Kreuz auch schon knappe Ausweichmanöver erlebt und in einem Fall hatten wir wirklich Glück: Eine Klüverschot hatte sich in der Wende verklemmt und konnte nicht rechtzeitig losgeschmissen werden. So wurde das Klüversegel durch die schlagenden Holzblöcke zerrissen. Das beteiligte Schiff konnte seemännisch ausweichen, sodass es bei verkraftbarem Materialschaden blieb. Es sind Momente, die man an Bord nicht erleben möchte, aber sie kommen vor.

Die „Preisvergeudung"

Die Regatta findet mit dem letzten einlaufenden Schiff ihr Ende. Alle haben wieder im sicheren Hafen festgemacht und können nun zum gemütlichen Teil der Veranstaltung übergehen. Dieser beginnt mit der zweisprachig auf Deutsch und Dänisch durchgeführten und allseits beliebten „Preisvergeudung", wie die Verleihung bei der Rumregatta heißt. Der Zweitplatzierte und die Crew des Siegerschiffs freuen sich über eine Dreiliterflasche Rum. Skurrile Preise für alle anderen Platzierten haben Tradition auf der Regatta, die Preisvergeudung ist der Höhepunkt für jeden Teilnehmer und irgendetwas zwischen Zeremonie und Kabarett.

Das „Flensburger Tageblatt" nannte dieses Ritual folgerichtig einmal eine „milde Form des Wahnsinns". Viele groteske Preise finden strahlende und lachende Besitzer. Das „Last ship home" erhält eine wunderschöne Plastikschildkröte als Ansporn, im nächsten Jahr doch etwas schneller zu segeln. Im Anschluss folgt der beliebte Auftritt des legendären Gaffelorchesters. Es wird musiziert und gesungen bis spät in die Nacht. So findet die Rumregatta wieder einmal ihren gemütlichen Ausklang … und nach der Rumregatta ist bekanntlich vor der Rumregatta. Wenn nicht etwas Außergewöhnliches dazwischen kommt!

Und die Moral von der Geschicht': Die Ostsee hat mit den drei Regatten für Traditionsschiffe an diesem langen Wochenende eine bedeutsame europäische Veranstaltung erhalten, die hoffentlich dazu beiträgt, dass diese wunderschönen Schiffe noch lange Bestandteil des Ostseelebens bleiben.

Das Segeln auf der Ostsee ist nicht so unspektakulär und harmlos, wie es nach außen hin erscheinen mag: Unerwartete Wetterwechsel, böige Winde, schnell aufkommender Nebel, viele Untiefen und die berüchtigte kurze, steile Welle können eine Segelreise schnell ungemütlich machen. Ich kann nur jedem Skipper raten, sich vor dem Start mit den örtlichen Begebenheiten gut vertraut zu machen und den lokalen Wetterbericht regelmäßig abzuhören, dann ist man vor bösen Überraschungen in der Regel gefeit und verliebt sich schnell in dieses Meer. So wie ich!

Die Ostsee – sie ist so vielseitig. Ich wurde einmal gefragt, welches Segelrevier ich am schönsten fände. Meine Antwort kam schnell – zu schnell. Spontan sagte ich, es wäre die dänische Südsee, aber kaum hatte ich dies ausgesprochen, tauchten aus meiner Erinnerung Bilder auf vom Kattegat mit Anholt, den schwedischen Ost- und Westschären, Bornholm, Öland, Gotland, die Ålandinseln, die deutsche Ostseeküste bis Polen und, und, und … Es gibt so vieles, was ich noch auf und an der Ostsee entdecken möchte. Und schon ist sie wieder da – die Sehnsucht.

Beate Warnecke ist Ostseeliebhaberin und Traditionsseglerin. Wenn es darum geht, an Bord anzupacken, ist sie als eine der Ersten dabei. Ihre Leidenschaft: Segeln auf dem Elbfischer-Ewer CATARINA, dem letzten im Original erhaltenen Holz-Ewer aus dem Jahr 1889. Das Schiff ist Eigentum der Stiftung Hamburg Maritim und wird von einem Freundeskreis gesegelt und erhalten. Seit Jahren ist Beate auf der Rumregatta mit diesem Schiff unterwegs.

Ich war auf der Suche nach einem neuen Boot.
Und wie wohl manch ein Eigner bestätigen wird,
fand nicht ich es, sondern LA MER fand mich.
Doch unser Start ist holprig. Ein neues, altes Boot und ein Revier, das seine Zähne zeigte, sind die Zutaten für einen unvergesslichen Überführungstörn, bei dem nicht nur die Liebe zum Boot beinahe auf der Strecke bleibt.

LA MER und ich.

Irgendwann ist es für jeden Eigner so weit: Ein einst perfekt erscheinendes Boot reicht für die Routen nicht mehr aus, von denen man träumt. Ein neues Boot muss her. Meine Friendship 23 wurde mir zu klein. Gaskocher, Chemoklo und gerade einmal Kriechhöhe unter Deck ließen meine jüngst erst entbrannte Leidenschaft für das Segeln nicht unbedingt attraktiver für meine Frau erscheinen. Ich hatte etwas Geld gespart und auch schon einen Interessenten für BLUEBIRD, mein altes Schiff, und war nun ernsthaft auf der Suche nach meinem Traumboot. Zwei Schiffsbesichtigungen hatte ich bereits hinter mir, aber von keinem dieser Schiffe war ich wirklich angetan.

Nun befinde ich mich auf dem Weg nach Grömitz zur Besichtigung eines vielleicht infrage kommenden Schiffes. Unterwegs ruft der Verkäufer an: „Pass' mal auf: Das Schiff in der Halle wird sowieso nicht so schnell fertig und ist auch gar nicht so toll. Ich habe aber eine Dufour 2800, die wird dir bestimmt gefallen." Ich habe mich im Netz ausführlich über das Modell in der Halle – eine Bianca – informiert und von einer Dufour 2800 noch nie gehört. Eigentlich will ich daher sofort kehrt machen. Aber bis nach Grömitz ist es von Hamburg aus weit, ich bin schon fast dort und der Verkäufer lobt das Schiff in den höchsten Tönen.

Einmal angekommen, lasse ich meinen Unmut am Verkäufer aus. An seiner stoischen nordischen Gelassenheit prallt mein Redeschwall ab. „Warte doch mal ab", sagt er. Als ich LA MER im Wasser liegen sehe und das erste Mal unter Deck gehe, passiert es: Es kribbelt. Ich bin verliebt. So viel Schiff hatte ich bei 28 Fuß und einem Kaufpreis von 12.900 Euro nicht erwartet. Erwähnte ich, dass ich zu diesem Zeitpunkt noch nicht viel von Schiffen verstand? Aber dieses Schiff …

Sie ist nicht mehr ganz taufrisch, aber so viel besser als die engen und vergammelten Höhlen, die ich bisher besichtigt habe. Die Welt ist schön. Das Schiff ist schöner. Mir will einfach nichts Negatives auffallen. „Neue Akkus wären mal dran und die Rollanlage hat ihre beste Zeit hinter sich", sagt der Verkäufer. Ich höre kaum hin. Segel, Sprayhood und Persenning seien nagelneu, der Diesel frisch gewartet, verspricht der Mann.

„Kannst direkt losfahren damit. Na, hab‘ ich dir zu viel versprochen?“, lockt er mich.

Ich bin verliebt – leider – und handle nur halbherzig beim Preis, bis wir uns bei 11.000 Euro einigen und vorbehaltlich eines erfolgreichen Probesegelns per Handschlag einig werden. Ich schaue mich noch einmal nach dem Boot um. Habe ich da etwas in den Augen des Verkäufers gesehen? Nein. Er freut sich einfach.

„Diese Stelle hier am Deck ist so komisch weich?“, bemerke ich zaghaft. „Das machen wir dir noch fertig bis zur Abholung“, verspricht er. Ach … Bootskauf kann so einfach sein!

Eine Woche später kehre ich mit meiner Frau Merih wieder zurück: Wir wollen das Boot gemeinsam nach Hamburg überführen. Auf der Fahrt schwärme ich in den höchsten Tönen vom Schiff. Sie bleibt skeptisch, ist aber vom Raumangebot und der Ausstattung angetan. Wer länger auf 23 Fuß unterwegs gewesen ist, dem erscheint eben alles riesig. Das Boot ist bereits segelklar. Wir legen bei lässigen 3 Windstärken ab. LA MER, wie meine neue Liebe heißt, ist nun kein kleines Segelboot mehr, sie ist ein richtig massives Schiff! Ich bin begeistert und träume mich bereits auf die Wellen der Ostsee, denke an endlos lange Törns, die jetzt möglich sind. Und auch Merih lächelt gelöst bei diesem schönen Sommerwetter.

„Das mit dem Deck habe ich nicht mehr geschafft, aber das kriegst du sicher hin, ist ja auch nur eine kleine Stelle“, erwähnt noch der Verkäufer. Naja, was soll’s. Geld, Schlüssel und Papiere wechseln den Besitzer, wir gehen einkaufen und richten uns für die nächsten Tage ein. Der Schiffskauf wird abends gebührend gefeiert. Grömitz mit seinen Restaurants und Bars bietet den perfekten Rahmen dafür.

Am nächsten Morgen geht es unter Segeln nordwärts: Kurs Fehmarn. Wind und Wetter passen, ich segle im Ostsee-Himmel. Die Ansteuerung des Fehmarnsundes, die Schießzeiten für die Hohwachter Bucht, die UKW-Kanäle für den Nord-Ostsee-Kanal – alles ist notiert und in Gedanken vielfach durchgespielt. Für die Fahrt unter der Fehmarnsundbrücke hindurch und bei dem mittlerweile recht strammen Wind von vorne will ich die Segel bergen und den Motor starten. Das Groß ist bereits herunter. Die Fock lässt sich aber nur bis zur Hälfte einrollen, bis die Anlage blockiert. Mist. Irgendwie vertüdelt sich das Fall oben am Vorstag und blockiert das Einrollen. Kein Problem. Also erst einmal den Diesel starten.

Nichts passiert. Schlagartig falle ich aus allen Traumwolken. Die Freude am neuen Boot? Verweht. Irgendwas von „Akkus“ und „Rollanlage“ hatte der Verkäufer gesagt, aber wer hätte gedacht, dass diese gleich beim ersten Törn streiken würden …

Mein neues Traumschiff treibt nun also mit blockierter Fock und motorlos im engen Fehmarnsund. Was nun? Motor oder Segel zuerst? Ich übergebe Merih die Pinne – einen Pinnenpiloten habe ich noch nicht – und laufe erst einmal mit der verklemmten Fock ab. Unter Deck vertausche ich die beiden Akkus und bekomme so den Motor endlich gestartet.

Bei der Übernahme waren mir die losen Wanten aufgefallen, die ich noch in Grömitz nachgespannt habe. Jetzt überlege ich, ob das widerborstige Verhalten der Rollanlage etwas damit zu tun haben könnte? Das Segel muss jedenfalls weg auf dem Weg gegenan durch den Sund. Und da mir nichts Besseres einfällt, löse ich die Schot und wickele den Rest des Segels mit der Hand um das Stag. Geschafft. Wo ist der nächste Hafen? Orth würde passen. Heiligenhafen mit seiner langen und schmalen Anfahrt erscheint mir als zu riskant. Hoffentlich gibt der Diesel jetzt nicht auf, sonst wird es langsam unangenehm.

‚Es sind die Verkettungen von mehreren, an sich kleinen Problemen, die am Ende Ursache von Unfällen werden‘, geht es mir durch den Kopf. Aber der Diesel hält durch und wir machen in Orth fest. Orth ist ein sehr schöner, aber oft windiger Hafen, bei dem man bei der Ansteuerung sehr genau auf die Betonnung achten muss. Ich finde im Innenhafen einen schönen und windgeschützten Platz und wir entspannen uns erst einmal. Wie schnell ein gemütlicher Spätsommertörn doch in Stress umschlägt. Angeschlagen, wie das Boot ist, kann ich nicht durch den Kanal und bis nach Hamburg weiter, soviel steht fest. „Lass uns das Boot morgen nach Heiligenhafen bringen und erst einmal zurück nach Hause fahren. Dann sehen wir weiter“, schlage ich vor. Sehr schnelles zustimmendes Kopfnicken meiner Frau.

‚Wie schnell sich die eigene Unsicherheit an Bord doch überträgt‘, denke ich nicht zum ersten Mal. Da habe ich als Skipper noch viel zu lernen. Die Versorgung an Bord fällt heute lieber aus. Wir gehen ins urige „Piraten-Nest“, das sich nicht ohne Selbstironie als die letzte Festung der Nachkommen von Klaus Störtebeker bezeichnet. Man fühlt sich wie unter Deck eines Piratenschiffs und hat dabei den Orther Hafen vor Augen. Bei deftig-leckerer Fischküche vergessen wir das letzte Stück der Anreise. Am nächsten Morgen geht es nur unter Groß mit mitlaufendem Diesel (ich mag ihn nicht stoppen, bis alles repariert ist) die kurze Strecke nach Heiligenhafen hinüber, von wo aus uns ein Taxi zurück nach Grömitz zu unserem Auto bringt, das wir ja eigentlich erst in ein paar Tagen wiedersehen wollten.

Eine Woche später – und um sechs Tage Hafengebühr ärmer – laufen wir mit neuem Akku und etwas gelockerten Wanten und Stagen (die Rollanlage mag das offenbar lieber so) erneut aus. Leider diesmal mit deutlich mehr Wind aus Südost als vorhergesagt. Merke: Wenn Windfinder oder eine andere Wetter-App regulär Windstärke 3 und in Böen 5 vorhersagt, bedeutet das auf der Ostsee häufig konstante 5 bis 6 Beaufort. Vorsorglich binde ich im Hafen das zweite Reff ein. Auf See auszureffen ist einfacher, als im Stampfen des Bootes ein Reff einzubinden. Doch das Elend dieser Bootsüberführung geht weiter.

Als wir aus dem Schutz der Halbinsel Graswarder kommen, setze ich das Groß, stoppe den Diesel und falle langsam ab. Böige 6 bis 7 Windstärken lassen das Boot krängen. Meine Frau hält sich fest. Es gibt einen Knall. Das Groß schlägt im Wind, das Boot steht überraschend aufrecht. Was ist passiert? Ich will das Groß wieder dichtholen, spüre aber keinen Widerstand. Die Halterung der Großschot am Traveller ist abgerissen.

Langsam treibt das Schiff mit flatterndem Groß auf den untiefen Graswarder zu. Ich will den Motor starten, um die Situation unter Kontrolle zu bringen, aber – ungelogen – er springt nicht wieder an. Ich habe nun auch nicht die Zeit, lange herumzuprobieren oder auch nur zu fluchen. Das einzige Ass im Ärmel: die Fock auf der maroden Rollanlage. Wird sie standhalten? Immerhin klappt das ohne Probleme und ich kann die nötige Höhe laufen, um die Untiefe zu vermeiden, die Großschot erst einmal auf einer Klampe belegen und irgendwie dichtholen. Ich runde die Ost-Tonne Heiligenhafen und befinde mich endlich in freiem Seeraum. Das Schießgebiet ist frei und wir können mit raumem Wind Kurs direkt auf die Kieler Förde anlegen. Dafür reicht die Fock bei diesem Wind völlig aus (einrollen muss ich sie ja erst in der Förde wieder). Ich berge das Groß und repariere die Halterung mit einem Softschäkel, den ich übrigens heute noch auf LA MER habe.

Die Stimmung an Bord ist nach der Aktion gedämpft. Der Seegang und der raume Schaukelkurs machen es nicht besser. Merih geht unter Deck und legt sich hin. Zwei Stunden später wird sie seekrank und hasst nun das Boot, das Segeln und das Meer im Allgemeinen. Irgendwie verständlich. Um die Schaukelei zu beenden und zu verhindern, dass meine Frau mich auch noch auf die Liste der Unerträglichkeiten des Tages setzt, gehe ich auf Vorwindkurs. So werden es zwar ein paar Meilen mehr, dafür sind diese etwas ruhiger. Viele Stunden später laufen wir endlich in die Förde ein. Wie könnte es anders sein: Die Rollfock streikt erneut, so bleibt mir auch dieses Mal nur, sie per Hand aufzuwickeln. Das zumindest kann ich jetzt.

Und dann sind wir endlich fest in Kiel-Holtenau vor dem Nord-Ostsee-Kanal. Für die restliche Fahrt bis nach Hamburg konnte ich unterwegs einen Freund mobilisieren – vom Einhandsegeln bin ich damals noch weit entfernt. Seine Freundin bringt ihn nach Kiel und Merih zu unserem Auto in Heiligenhafen. Es wird einige Zeit dauern, bis sie das nächste Mal wieder freiwillig an Bord kommt.

Ich will die Geschichte kurz zu Ende zu bringen: Der Rest der Fahrt verläuft unspektakulär. Ich bringe LA MER in Hamburg an Land. Während des Winters kommen eine neue Lichtmaschine, Laderegler, Ladegerät, Funk, eine neue Rollanlage und tausend weitere Dinge an Bord. Ich warte den Diesel übergründlich und habe zum Start der nächsten Saison ein sehr zuverlässiges Schiff. Nur der „kleine" Schaden mit der weichen Stelle an Deck wächst sich zu einer kapitalen Decksanierung mit Austausch des Balsakerns gegen einen Schaumkern aus. Diese Arbeiten erledige ich in Eigenarbeit und atemlos unter einer Plane im Freilager. Dabei nehme mir ganz fest vor, nie wieder einen Bootskauf ohne Gutachter zu tätigen.

Nun besitze ich LA MER seit mittlerweile neun Jahren. Einige tausend Seemeilen, inklusive zweier monatelanger Reisen durch Skandinaviens Schärenwelt haben wir gemeinsam absolviert. Das ist keine schlechte Bilanz und ich bin LA MER für jede gesegelte Meile dankbar. Nur das mit Merih und dem Segeln auf offener See klappt immer noch nicht so richtig. Aber wir arbeiten daran.

10 Videos, die du über die Ostsee gesehen haben musst.

Ich filme nicht erst seit meiner Film-Trilogie „Die Route der Wikinger“, daher gibt es zu vielen der Routen und Häfen in diesem Buch Videos in meinem YouTube-Kanal The Sailing Bassman. Scannt den QR-Code ein, der direkt zu meinem Kanal führt, und ruft im Anschluss die folgenden Begriffe auf.

Marina Minde bis Eckernförde
Eckernförde bis Laboe

Kiel bis Warnemünde
Laboe bis Boltenhagen

Boltenhagen bis Warnemünde
Warnemünde bis Glowe
Kühlungsborn nach Marina Minde (via Rödby)

Ich geh' segeln – Die Geschichte des Songs

Falls ihr wissen wollt, wohin meine nächste Reise führt: Das verrate ich ebenfalls auf YouTube, unter dem Stichwort *Islands & Highlands*.

Ein letzter Tipp: Meine Filme aus der Trilogie *Die Route der Wikinger* findet ihr bei www.millemari.de.

Wörterbuch für Landratten.

Abdrift – durch den Wind verursachtes, seitliches Abtreiben eines Bootes
achtern – hinten
Achterschiff – der hintere Teil eines Schiffes
achteraus – vom Schiff aus nach hinten oder hinter dem Schiff
achterlich – von hinten kommend achtern – hinten
Ankerauf gehen – den Anker einholen
auflandig – Wind, der von See kommt und auf das Land gerichtet ist
Autopilot – ➡ nützlich für die *Navigation* insbesondere für ➡ *Einhandsegler*

Backbord – die linke Seite eines Schiffs vom Heck zum Bug gesehen
Backskiste – Kasten in einer Sitzbank zum Verstauen von Gegenständen
Bake – an Land als unbefeuertes Seezeichen aufgestelltes Gerüst von auffälliger Form
Baum – eine ➡ *Spiere*, die beweglich am Mast befestigt ist und ein Segel hält, z. B. das ➡ *Groß* am Großbaum. Der Baum kann aus Aluminium oder Holz gefertigt sein

Barkasse – robustes, größeres Verkehrsboot mit Motorantrieb für den Hafenverkehr

beidrehen – Manöver, um das Boot so zu legen, dass es möglichst wenig Fahrt voraus macht. Man dreht bei, um stürmisches Wetter oder hohem Wellengang abzuwettern. Durch das Beidrehen wird eine möglichst ruhige Lage des Schiffes erreicht. Das Boot driftet dabei nach ➥ *Lee*

belegen – ein Ende (Tau), auf welchem Zug steht, an einem Teil des Fahrzeugs oder an Land festmachen

Belegklampe – Beschlag zum Belegen eines Endes oder ➥ *Falls* an Deck bzw. am Mast

Bilge – Raum unter den Bodenbrettern, in dem sich alles Wasser sammelt, dass von außen ins Schiff eingedrungen ist oder unter Deck verschüttet wird

Bodden – sehr flaches Küstengewässer z. B. in der Ostsee, vom offenen Meer durch Inseln oder Halbinseln abgetrennt. Lagunengewässer vor Rügen

Bug – vorderer Teil eines Schiffes

Bugkorb – Reling aus Stahl am ➥ *Bug* zur Sicherung beim Segelsetzen

Bullauge – meist rundes, wasserdicht verschließbares Fenster in der Bordwand

Cockpit – der im hinteren Teil des Bootes liegende offene Sitzraum

Dansk Jagt – Dänische Küstenhandelsschiffe, im 18. Jahrhundert hauptsächlich zum Transport von Ernten eingesetzt

Deckshaus – bei größeren Yachten ein auf Deck stehender Aufbau

Dichtholen – Durchsetzen, Anziehen einer Schot, mit der das Segel bedient wird

Dingi (oder Dinghi) – kleines Beiboot

driften – treiben, abtreiben

dümpeln – unregelmäßiges Geschaukel bei Windstille oder am Ankerplatz

Dünung – Wellenbewegung des Wassers, die von einem nachlassenden oder nicht mehr vorhandenen Wind hervorgerufen wurde

Echolot – elektronisches Gerät zur Bestimmung der Wassertiefe mithilfe von Schall

Einhandsegler – das Segeln eines Bootes mit nur einer Person, vom englischen Begriff „hand“ für „Besatzungsmitglied“

Fall – (Kunststoff-)Tauwerk oder Stahlseil zum Setzen eines Segels
Fender – aus Kunststoff, Gummi oder Faser hergestellter, mit (Press-) Luft aufgepumpter weicher Ball, der die Außenhaut eines Schiffes vor Beschädigung durch andere Schiffe, die Hafenmauer oder ➥ *Pier* schützt
Festmacher – Leine zum Festmachen des Bootes
fieren – ein Ende (Leine, Tau) nachgeben, nachlassen
Fischer-Ewer – traditionelles, aus Friesland stammendes Fischerboot, ursprünglich ➥ *Plattbodenboot* für seichte Gewässer
Fock – bei kleinen Segelbooten, die nur einen Mast besitzen, gewöhnlich dreieckiges Vorsegel, das vor dem Mast steht
Freibord – mittschiffs gemessene Höhe der Bordwand über der Wasserlinie. Verändert sich je nach Beladung des Schiffes
Funkfeuer – Funksender in Küstennähe
Fock – Vorsegel, das vor dem Mast steht

Galeasse – traditionelles Handels- oder Frachtschiff an den Küsten der Nord- und Ostsee
Genua – großes und leichtes Vorsegel, das bei schwachem Wind gesetzt wird
Groß – Großsegel
Großfall – Fall zum Setzen des Großsegels
Großmast – der Hauptmast eines Bootes
Großschot – Ende (Leine) zum Halten (Einstellen) des ➥ *Baums* und damit des Segels
Großsegel – auf einer Yacht das am ➥ *Großmast* gesetzte Segel
Halse – Segelmanöver, bei dem man vor dem Wind wendet (auf den anderen ➥ *Bug* geht)
Heck – der hintere Teil eines Bootes
heißen (*hissen*) – eine Flagge oder ein Segel setzen (hochziehen)
hoch am Wind segeln – ein Boot im spitzen Winkel gegen die Windrichtung segeln lassen, in der Regel 40 bis 50 Grad

Jolle – kleines, offenes Segelboot

Kajüte – der geschlossene Wohn- und Schlafraum unter Deck
Kajütschott (Schott) – Kajüttür, die das Eindringen von Wasser

verhindert und abschließbar ist. Verriegelt damit den Eingang zur Kajüte

killen – Flattern des Segels

Klampe – Beschlag zum Belegen eines Endes oder Falls

Knoten – Maßeinheit für die Geschwindigkeit eines Schiffes oder des Windes, angegeben in zurückgelegten Seemeilen (1 Knoten (kn) = Seemeile/Stunde = 1.852 m pro Stunde)

knüppeln „gegenan“ – hart ankämpfen gegen See und Wind

Koje – fest eingebauter Schlafplatz an Bord

Kompassrose – Scheibe zur Bezeichnung von Richtungsangaben (360-Grad-Teilung)

krängen – seitliche Neigung eines Bootes

Kreuzseen – unangenehmer, teils sehr hoher ➥ *Seegang*, der entsteht, wenn Wellensysteme aus unterschiedlichen Richtungen aufeinander treffen

Kutter – schneller Bootstyp, bei dem der Vorsteven fast senkrecht und ➥ *Bug* und ➥ *Heck* deutlich verjüngt sind. Als Fischerei-, Kriegs- und Beiboote im Einsatz

Längsseits – an der Seite des Schiffes: längsseitsgehen, -liegen

Lee – Richtung, in die der Wind weht

Leichter – offenes Lastschiff ohne eigenen Antrieb, zum Be- und Entladen von Fracht

Leine – Sammelbezeichnung für alle Arten von Tauwerk an Bord

Liek – Kante eines Segels

Log – Messgerät für die Schiffsgeschwindigkeit

Luk – verschließbare Öffnung an Deck eines Schiffes

Lüttfischer – traditionelle Jollen (kleine Segelboote) der Ostseefischer

Luv – Richtung, aus der der Wind kommt

Masttop – die Spitze des Masts

Navigation – die Kunst, auf See ein Ziel anzusteuern

Niedergang – steile Treppe an Bord eines Schiffes, die in die Kajüte führt

Niedrigwasser – der während einer ➥ *Tide* erreichte, niedrigste Wasserstand

Pantry – Kücheneinrichtung an Bord

peilen – Richtungsbestimmung, bei der der Winkel zwischen dem gepeilten Objekt und einer Bezugsrichtung (Himmelsrichtung) gemessen wird

Persenning – Plane zum Abdecken des Schiffs

Pier – Anlegeplatz für Schiffe

Pinne – in der Regel eine Holzstange, mit der das ➥ *Ruder* von Hand bedient wird

Plattbodenboot – Flachboot für den Einsatz in flachen Gewässern

Plicht – auch: Cockpit

Poller – meist eiserner kurzer Pfahl zum Festmachen von Leinen an Land oder auf einer ➥ *Pier*

Positionslampen – vorgeschriebene grüne, rote und weiße Lampen, die nachts die Position und Fahrtrichtung eines Schiffes erkennen lassen

querab – Richtung rechtwinklig zur Längsschiffrichtung

raumer Wind – Wind, der in bezug auf die Kursrichtung eines Fahrzeugs so gedreht hat, dass er mehr von ➥ *achtern,* also schräg von hinten, einfällt

reffen – die Segelfläche durch Rollen oder Falten des/der Segel(s) verkleinern

Rigg – die gesamte ➥ *Takelage*, d. h. Mast, ➥ *Stage* und *Wanten,* einschließlich des beweglichen Tauwerks

Ruder – Steuer eines Bootes

Rumpf – Bootskörper

Saling – Querstreben am Mast

Schäkel – U-förmiger, verschließbarer Bügel aus Edelstahl (früher auch Bronze) zum Verbinden von Blöcken, Leinen, Segeln, Ketten

Schapp – kleines Fach im Boot

Schiebeluk – ein ➥ *Luk*, das nicht durch Klappen, sondern durch Schieben geöffnet wird

Schlag – die zwischen zwei Wenden zurückgelegte Strecke; häufig auch als Bezeichnung für einen Tagestörn verwendet

Schoner – Segelschiff mit zwei oder mehr Masten. Der hintere Mast ist höher als der vordere

Schot – Leine, die ein Segel hält und mit deren Hilfe das Segel bedient und getrimmt wird

Schott – Zwischenwand im Schiff

Schwell – ➥ *Dünung*, die in einen Hafen hineinläuft oder durch vorbeifahrende Schiffe entsteht

Seegang – die durch den herrschenden Wind oder durch ➥ *Dünung* aus anderen Seegebieten erzeugte Wellen

Seehandbuch – amtliches Handbuch mit Beschreibung der verschiedenen Küsten, Küstengewässer und Häfen

Seekarte – Karte, auf der die Wassertiefe, die Beschaffenheit des Meeresgrunds (Felsen, Untiefen etc.) sowie Küsten, Seezeichen oder Fahrrinnen dargestellt sind

Seemeile – Abkürzung: sm. Eine Bogenminute (= 1/60 Breitengrad) auf dem Gradsystem der Erde = 1,852 km

Skipper – Kapitän einer Yacht

Sextant – Instrument zum Messen eines Winkels, in der astronomischen Navigation des Winkels zwischen Horizont und Gestirn

Slip(bahn) – Schiene oder schräge Bahn, auf der ein Boot aus dem Wasser gezogen wird

Spiere – Rundholz, z. B. ➥ *Baum*

Stag – Stahlseil zum Abstützen des Mastes

Steckschott – eine Türe, die eingesteckt wird, um den Eingang zur ➥ *Kajüte* wasserdicht und einbruchsicher zu schließen

Steuerbord – rechte Seite eines Bootes in Fahrtrichtung

Strom – Wasserströmung

Steven – Bezeichnung des vorderen oder hinteren Teils eines Schiffes

Sturmsegel (auch ➥ *Trysegel*) – kleines Segel aus besonders starkem Tuch, sehr fest genäht, um großem Winddruck standzuhalten. Ersetzt bei Sturm das ➥ *Groß*

Sund – Meerenge zwischen dem Festland und einer Insel oder zwischen zwei Inseln

Takelage – Mast, ➥ *Baum* und alles bewegliche und nichtbewegliche Gut, welches notwendig ist, um Mast und Segel zu halten

Tampen – auch Ende genannt, ein Stück geflochtenes Tauwerk (Leine)

Tide – Gezeit (Ebbe und Flut)

Tidenhub – Höhenunterschied zwischen Hoch- und Niedrigwasser

Toppzeichen – von allen Seiten erkennbare Zeichen auf Seezeichen

Trimm (der Segel) – Stellung der Segel zum Wind

Trosse – schwere Leine

Trysegel – kleines, schweres, dreieckiges ➥ *Sturmsegel*, das bei Sturm ohne Verbindung des Unterlieks zum ➥ *Baum* anstelle des ➥ *Großsegels* gefahren wird

Verholen – ein Boot entweder schleppen oder von Hand mit einer Leine ziehen, also nicht mit dessen eigener Kraft an eine andere Stelle bewegen

Verklicker – Windrichtungsanzeiger auf dem Mast

Verkehrstrennungsgebiet – vereinfacht gesagt, Einbahnstraßen für die Schifffahrt in viel befahrenen Regionen. Verkehrstrennungsgebiete dürfen nur im rechten Winkel durchfahren werden

Vorschiff – der vordere Teil des Schiffes an und unter Deck

Vorstag – das ➥ *Stag* (Stahlseil), das den Mast von vorne, also vom ➥ *Bugbeschlag* aus hält

Want(en) – Stahltauwerk zum seitlichen Abstützen des Masts

Wende – Kursänderung, bei der das Boot mit dem ➥ *Bug* durch den Wind dreht und die Segel auf die andere Seite übergehen

Windfahne – Selbststeuerungsanlage, die über ein kleines Segel oder eine Platte (Windfahne) vom Wind bedient wird und ein Schiff bei gleichbleibenden Winden auf Kurs hält

Winsch – Seilwinde, die dazu dient, größere Zugkräfte der Schoten aufzunehmen

Wikingerschiff – Bezeichnung für diverse Schiffstypen zur Zeit der Wikinger

Zeesboot (auch Zeesenboot) – früher im Fischfang eingesetztes Segelboot für seichte Gewässer wie etwa im ➥ *Bodden*

Stichwortverzeichnis für Wasserratten: Ostseeorte, -Inseln, -Leuchttürme.

T

U

V

Die Boote.

LA MER

FAIRLADY

Rumregatta

POMERANUS II

SPRINGBOK

SAGA

Die Autoren.

Claus Aktoprak

Anja Rathmer

Beate Warnecke

Markus Howest

Sebastian Wache

Vincent Regenhardt

Ümit Uzun

Impressum.

Osterseenstraße 10 B, 82393 Iffeldorf
Web: www.millemari.de Mail: info@millemari.de

Autor & Herausgeber: Claus Aktoprak
Gastautoren: Anja Rathmer, Beate Warnecke, Markus Howest, Sebastian Wache, Vincent Regenhardt, Ümit Uzun
Das Kapitel „Quergeschlagen in der Ostsee“ aus dem Buch „Handbuch Sturmtaktik“ von Lin & Larry Pardey, © millemari.

Lektorat: Susanne Guidera, Thomas Käsbohrer
Korrektur: Inken Kaiser
Layout: bora-dtp, Wolfgang Appun, Susanne Guidera
Coverdesign: Verodesign, Renate Karletz
Cover- und Schmuckabbildungen: © Shutterstock

© Karten:
S. 16 Dänische Südsee: © Svenskan/Wikimedia Commons https://commons.wikimedia.org/wiki/File:Daenische-suedsee-DE.jpg
S. 29 Lübecker Bucht: © NordNordWest/Wikimedia Commons. https://de.wikipedia.org/wiki/Datei:Western_Baltic_Sea_adm_location_map.svg
S. 42 d-maps.com
S. 57 Rügen: © Shutterstock
S. 66 Skandinavien: © d-maps.com
S. 75 Skandinavien: © d-maps.com
S. 84 Dänemark: © Shutterstock
S. 90 Dänemark: © Shutterstock
S. 116 Schlei: Maximilian Dörrbecker (Chumwa)/Creative Commons/Wikipedia. https://de.wikipedia.org/wiki/Schlei#/media/Datei:Karte_Naturpark_Schlei.png
S. 135 Skandinavien: d-maps.com.
S. 155 Schleswig-Holstein: d-maps.com.
S. 162 Skandinavien: d-maps.com.

Bilder der Boote & Autoren: © privat.
© Foto Vincent Regenhardt, Seite 295 © Wiebke Bohlen

ISBN 978-3-96706-044-7 Paperback
ISBN 978-3-96706-045-4 gebunden mit Schutzumschlag
ISBN 978-3-96706-046-1 eBook

Fürs Bücherschapp: Mehr von Claus Aktoprak

ALLEIN AN BORD
Einhandpraxis für Einsteiger
ISBN 978-3-946014-99-7
DVD 24,99 €
Download 19,99 €

DIE ROUTE DER WIKINGER.
Die gesamte Trilogie
ISBN 978-3-96706-040-9
16 GB USB-Stick in DVD-Box 39,99 €

SCHÄRENSEGELN.
Eine Auszeit unter Segeln.
Von Kiel nach Kökar und zurück.
ISBN 978-3-946014-13-3
Paperback 24,95 €
Geschenkausgabe 39,95 €
eBook: 14,99 €

mehr unter: www.millemari.de